我们一起解决问题

ADFAITH MANAGEMENT REVIEW

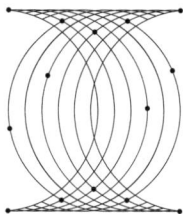

正略咨询◎著

Adfaith
正略|集团

正略管理评论

（第13辑）

人民邮电出版社
北京

图书在版编目（CIP）数据

正略管理评论. 第13辑 / 正略咨询著. -- 北京：
人民邮电出版社，2024. -- ISBN 978-7-115-65303-1

Ⅰ. F272-53

中国国家版本馆 CIP 数据核字第 20245FW897 号

内 容 提 要

　　《正略管理评论（第13辑）》由正略咨询旗下各咨询团队倾情撰写，从国有企业改革观察、开发园区研究、产业研究、金融研究、交通研究、生命科学研究、组织建设、财务管理、人力资源管理九个方面，通过42篇文章，论述了企业在运营和发展过程中普遍存在的现实问题，并提出了操作性较强的问题解决方案。本书内容扎实、案例生动，有理论、有方法、有工具，是一部难得的管理评论文集。

　　本书适合企业管理者尤其是国有企业从业人员、人力资源管理人员、财务人员、行业规划方面的咨询人员阅读和使用。

◆　　著　　正略咨询
　　责任编辑　贾淑艳
　　责任印制　彭志环
◆ 人民邮电出版社出版发行　　北京市丰台区成寿寺路 11 号
　　邮编 100164　　电子邮件 315@ptpress.com.cn
　　网址 https://www.ptpress.com.cn
　　涿州市京南印刷厂印刷
◆ 开本：700×1000　1/16
　　印张：17.5　　　　　　　　　　　2024 年 9 月第 1 版
　　字数：288 千字　　　　　　　　　2024 年 9 月河北第 1 次印刷

定　价：85.00 元

读者服务热线：（010）81055656　印装质量热线：（010）81055316
反盗版热线：（010）81055315
广告经营许可证：京东市监广登字20170147号

目　录

第四章　金融研究

第九章 人力资源管理

第一章

国有企业改革观察

1. 国有企业改革行至何处，走向何方

▶ 2022-11-14

国有企业（简称"国企"）不仅是中国特色社会主义的重要物质基础和政治基础，也是中国共产党执政兴国的重要支柱和主要力量之一。2016年7月，全国国有企业改革座谈会上，习近平总书记指出："国有企业是壮大国家综合实力、保障人民共同利益的重要力量，必须理直气壮做强做优做大，不断增强活力、影响力、抗风险能力，实现国有资产保值增值。"同年，在全国国有企业党的建设工作会议上，习近平谈到，要通过加强和完善党对国有企业的领导、加强和改进国有企业党的建设，使国有企业成为党和国家最可信赖的依靠力量。推进国有企业的改革和发展，增强国有企业的活力和全面提高国有经济的控制力，对建立社会主义市场经济体制，继续推进高速健康的经济发展，进一步提高居民生活水平，维护安定团结的政治局面，巩固社会主义制度，都具有十分重要的意义。2022年是国企改革三年行动的最后一年，也是做好收官行动和探究未来部署的关键之年，下一阶段国企改革将朝哪些方向发展呢？

一、国企改革的新时代背景，世界进入新发展格局

如今世界正在经历深刻变动，我国也正在发生深刻变革，国企发展面临的国内外形势也正在发生重大改变。世界经济重心的转移、世界政治格局的悄然转变，以及全球化进程的巨大变化导致未知的不定变数明显增多，今后一段时期我国将面临更加错综复杂的外部环境。

在此背景下，我国需要利用好市场规模巨大的优势和挖掘国内需求的潜力，逐步形成以国内大循环为主体、国内国际双循环相互促进的新发展格局，打造新形势下我国参与国际合作和竞争新优势。构建新发展格局的关键在于经济循环系统的畅通性，最根本的要求是实现高水平的自立自强，要建

立起扩大内需的有效制度，在更高层次上实行对外开放。

可见，在新发展阶段下，国企特别是中央企业（简称"央企"）在实现建设社会主义现代化国家这个宏大历史愿望的过程中要肩负新的使命和责任。国务院国有资产监督管理委员会（以下简称"国务院国资委"）党委书记、主任郝鹏指出，国企要全面参与构建新发展格局，充分发挥好央企的带动和牵引作用，为全面建设社会主义现代化国家做出新的更大贡献。

二、国企改革的机遇与挑战、竞争与发展同在

1. 国内环境

国企作为中国特色社会主义的重要物质基础和政治基础，在推进构建以国内大循环为主体、国内国际双循环相互促进的新发展格局的任务中必须担负起战略支撑的作用。构建以国内大循环为主体、国内国际双循环相互促进的新发展格局，长期战略目标是通过内循环逐步提升在全球产业链中的地位，关键要解决两大问题：国内供给升级和国内需求释放。这要求国企在稳定宏观经济、提升产业、培育核心竞争力和提高管理水平等方面下功夫，以实现国力跃升、产业升级、经济高质量发展，打造面向未来的高水平的国际竞争新优势。

2. 国外环境

在全球发展不确定性增强的关键时期，我国需要坚持加强加深对外开放的水平，持续推进高水平对外开放及合作。这为国企对标世界一流提供有利条件的同时，也有助于推动我国产业结构的调整和优化，进一步提升国企在全球经济分工格局中的影响力。进一步开放国际合作要求国企在稳步提升金融实力、打破科学技术垄断、完善人才发展机制等方面做出努力，以更好地应对来自国际市场的挑战。

三、国企改革三年行动的回顾

1. 成果

首先，通过实施国企改革三年行动，进一步完善和确立了中国特色现代

企业制度，在精准落实的基础上使党及党组织在企业公司治理结构中的法定地位更加明晰。在健全公司治理、市场化选拔聘用人才、中长期激励机制、全体员工绩效考核等方面取得了积极进展。具体表现在：党的领导和完善公司治理相统一、发挥混合所有制改革对转机制的重要作用、三项制度改革大范围破冰破局、人才激励和创新效果不断提升等。

此外，国企改革三年行动开展以来，国资监管体制日益成熟，设立和优化劣质企业退出机制，推动资产盘活止损，国企发展活力和动力迈上新台阶。做到了国资监管体制进一步健全，国资监管大格局加速形成；监管职责定位更加明确；监督方式持续优化；等等。

其次，国企改革三年行动开展以来，国资国企加快推动国有经济布局优化和结构调整。其中，央企进行了一系列战略上的调整组合和业务上的专业化整合，让资源配置效率持续提升、服务保障国家重大战略更加有力。例如，围绕主业实施改组，在产业链的中高端布局，各地区的一体化步伐持续推进，产业集中度进一步提高，企业间相互加强合作创新。加速向战略性新兴产业方向发展，着力推进一批数字协同创新平台（新能源汽车、北斗卫星导航、区块链等）的建设，加大了对新型通信基础设施（5G和千兆光网等）的建设投资。

最后，在国企改革三年行动中，国资国企加大对战略性新兴产业的布局，收获了更强发展动能，科技创新政策实施效果显著。可以看出，"科改示范企业"成为国企改革三年行动中的"领头雁"，再推出一批具有重大变革意义、紧迫感和必要性的国有高新技术型企业，为科技创新提供改革赋能支撑和奠定了专业基础。培育"策源地"和"链长"迈出实质性一步，第一批策源地企业和链长企业实现认证，加快出台推动国企孵化原创技术策源地的文件。

2. 未达预期之处

国企改革三年行动取得不少进展，但也仍存在一些未达预期之处。国务院国企改革领导小组在中央政治局会议上提出，改革仍存在不平衡、穿透基层一线不够、部分重点改革任务形到神不到、改革质量和实效仍需提高等突出问题。例如，企业的竞争活力尚有待提高，部分改革政策和措施未能在基层企业有效贯彻落实等。集中体现在以下三个方面。

- 在公司治理方面，怎样更加明确地划分各治理主体的权力、义务与责任，如何推动公司章程和议事程序的个性化设定，形成更加合理的公司治理机制，将国企转变为真正有自主性的市场实体，仍是我国国企改革过程中困扰大多数企业的重要关卡。
- 在优化经济布局方面，专业化整合在广度和深度上仍略显欠缺，导致业务较为分散，产生相对明显的重复投资现象，无法发挥规模经济效应。
- 在混合所有制改革方面，混合所有制企业尤其是对控股混改国企的管理，已经成为我国国企改革的一个难点，也是最明显的问题、最突出的弱项。目前仍面临的不足主要表现在：民营企业真正参与混合所有制改革后面临一些隐性障碍、对相关改革措施的意义和影响缺乏深入理解和领悟、民营资本在进入国企进行混合所有制改革后产权保护不到位、国有资本与民营资本混合所有制改革后无法有效实现深度融合。

四、国企改革的未来方向展望：发挥国有经济战略支撑作用，做好社会经济高质量发展"压舱石"

1. 方向展望

"切实担负起发挥国有经济战略支撑作用的重大使命"，这是党从国企的发展历程中总结多次应对突发事件、重大危机的经验所得出的深切启示，也是习近平总书记和党中央结合新发展形势赋予国企、国有经济的新的光荣使命。国企改革三年行动方案要求深入推动国企改革向纵深发展，以改革带领国企在构建新发展格局中积极做出表率，从而更有效发挥国有经济战略支撑作用，更好助力巩固经济回升、向好趋势。同时，回顾我国社会主义一路走来的建设、改革和发展经历，不管经济发展到哪个层次，不管国内外局势如何变动，国企都是发展提高综合国力、推动经济社会发展的重要力量，尤其是在发展实体经济的进程中起着独一无二的"压舱石"作用。

因此，"发挥国有经济战略支撑作用，做好社会经济高质量发展'压舱石'"是下一阶段国企改革的可行方向。

2.思路设想

稳中求进工作总基调是治国理政的重要方针，也是开展经济工作的方法论。当前我国经济发展面临消费和投资两大内需恢复偏慢、产业产品升级所需要的关键零部件外部供给紧张、居民与企业等微观个体对未来经济增长预期减弱的三重困境。

- 从需求角度来说，居民消费有诸多不确定的因素影响投资稳定增长。
- 从供给角度来说，产业链、供应链仍存在部分"断点""堵点"，企业综合成本依然呈攀升态势，下游中小企业的生产经营也存在一定的困难。
- 从预期角度来说，全球疫情发展冲击导致了流行病对经济发展产生影响受到关注，未来流行病的发展仍存在较大变数和不确定性，造成经济运行存在不稳定的风险，市场预期和企业信心会随之出现一定波动。

因此，稳字当头、稳中求进的重要性就更加凸显。习近平总书记在深化党和国家机构改革总结会议上强调，要推动改革往实里走，确保改革方案成色和实施成效。要解决发展中不平衡、不协调、不可持续问题，必须推动改革往实里走、往深处走。

综合考虑上述背景，提出以"勇担社会责任，稳中求进，全面走深走实"为国企改革三年行动收官后的工作思路。

3.实施路径

以"补短板强弱项→稳固成效→调动积极性、提升活力→监督考评机制"为实施路径。

国企改革三年行动后，国资国企改革将开启新征程，结合我国进一步巩固经济恢复态势和促进经济长期持续健康高质量发展的新趋势，对国企改革路径提炼出四个关键因素。首先是要补短板强弱项，聚焦核心问题，解决主要突出矛盾，力争在深层次问题上取得重大突破，在破解矛盾问题的过程中推动国企改革高质量发展。其次是稳固改革成效，继续平稳推进改革发展，坚持不改变方向、不偏离道路、不减小力度的原则，新时代改革开放不仅要走得稳，更要走得远。再次是进一步调动企业积极性，提升企业发展动力，释放企业发展活力，同时突破体制机制的制约因素，释放国企创新动力。最后是进一步健全国资监管体系和建立相应的考评机制，立足强化国企创新能力的需求，结合国家政策导向，加快构建相关监管机制和考评激励机制，确保改革秩序和提高资源配置效率。

4. 推进举措

为更好地落实国企改革各项要求和目标，以下三个方面需要重点关注。

第一，未来一段时间内需延续开展的改革措施。在已有成绩的基础上，进一步坚定不移地深化国企改革，加快构建现代企业制度，调动各类人才积极性、主动性、创造性，激发各类要素活力，以更大力度扎实推动国资央企提质增效、稳增长和高质量发展。

- 继续建立健全权责明确、运转有效的决策议事机构，明晰党委会、董事会、监事会和管理层之间的任务分工和权力与责任。
- 坚持以问题为导向，精准施策，坚持混合所有制改革规范有序运作，坚持系统性、整体性和协同性促进企业混合所有制改革。
- 持续推进战略重组，优化资本布局，提升经营效率。加大力度推动实施结构调整和"瘦身健体"，坚决防范、化解重大风险。

第二，需继续深化开展的改革措施。为了更好地顺应经济全球化趋势和潮流，推动经济增长，国企需要将推动党建和国资监管体系作为切入点和着力点，强党建、促监管，切实提升贯彻落实国企改革的各项工作要求的能力和水平，更好地实现高质量发展。

- 深度推进加强党的领导与完善公司治理相统一的整合过程。进一步扩大党的组织覆盖面，持续深化示范党支部、"党建+"等有效载体，为改革穿透基层提供组织基础和政治保障。
- 全方位加强专业化、体系化、法治化的监管监督作用，确保国有资本监管的有效性得到充分发挥。

第三，需根据时代背景变化而新增的重点工作。未来科技创新是新时代国企的重大任务，在新一轮科技革命和产业变革中，国企要找准定位、调整战略，通过强化创新带动经济发展，着力形成原创技术策源地，加快打造具备全球竞争力的世界一流企业，实现企业优质增长，更进一步实现国有经济战略支撑作用和保障功能。

- 加强理论基础和应用技术研究、行业共性技术开发，不断强化原创技术供给，努力实现关键核心技术自主可控。
- 增加研发支持经费，全方位培育、吸纳、用好人力资源；健全产业链上下游企业之间、不同规模的企业之间协同创新合作机制，促进企业、科研院所和高等学校间深度融合。

本文通过回顾 2020 年以来国企改革三年行动的工作成绩，重点围绕国家"十四五"发展规划，在全面分析了经济发展面临的新形势、新要求的基础上，深入剖析国企改革未来的重点方向与思路，提出相应的实施路径和推进举措，以期能够在新的国际、国内复杂局势与环境中，推动习近平总书记关于国企是"中国特色社会主义的重要物质基础和政治基础，是我们党执政兴国的重要支柱和依靠力量"的定位贯彻落实，实现国有资产保值增值，助力我国综合竞争力与国际话语权的提升。

参考文献

［1］国世才.国有企业如何走出高质量发展新路［J］.人民论坛，2021（13）：82-83.

［2］郝鹏.深入贯彻中央经济工作会议精神 在稳定宏观经济大盘中彰显国资央企担当［J］.国资报告，2022（02）：6-9.

［3］郝鹏.深入实施国企改革三年行动 推动国资国企高质量发展［J］.企业观察家，2021（01）：90-93.

［4］郝鹏.深入学习贯彻习近平总书记重要论述 新时代国资央企取得历史性成就［J］.国资报告，2022（05）：6-12.

［5］郝鹏.新时代国有企业改革发展和党的建设的科学指南［J］.国有资产管理，2022（08）：4-8.

［6］季晓南．国企改革三年行动方案要聚焦和突破难点［J］.国企管理，2020（02）：50-55.

［7］刘青山．理顺五大关系提升改革效果 国企改革三年行动打响收官之战［J］.国资报告，2022（02）：26-31.

［8］闫永，郭大鹏，刘青山．全面发力 多点突破——地方国企改革三年行动进展综述［J］.国资报告，2022（05）：72-79.

［9］张喜亮，李强，李炜．坚定信心 深化改革 做强做优做大国有企业——学习习近平总书记对"全国国有企业改革座谈会"的指示［J］.现代国企研究，2016（15）：31-36.

2. 2022 年国有企业企业文化建设风向标

▶ 2022-02-28

"文化能把战略当成早餐吃掉"，现代管理学之父彼得·德鲁克的这句名言，形象地说明了企业文化的重要性。世界一流企业无不深谙企业文化与公司战略、组织管理、人才建设的融合共通之道，国有企业（简称"国企"）中也不乏企业文化建设优秀的公司。

2021 年 6 月以来，招商局集团、中国石油、华润集团、国投集团、中国铁建等中央企业（简称"央企"），陆续发布"十四五"期间新企业文化体系，部分央企举行了专门的企业文化发布会。央企本轮的新企业文化体系，既传承历史，又有创新突破，凸显了新时代的新特征。

2022 年，是国企改革三年行动的收官之年，是国企"十四五"规划落地实施的关键之年，企业文化建设不可或缺。研究和总结头部央企的新企业文化特征，对国企的企业文化建设具有重要参考作用。正略咨询近年协助多家国企完成企业文化建设规划，通过对国企的近距离观察，总结出国企"十四五"企业文化建设的七个特征、二十二个知识点，供业界同仁参考。

一、特征一：党建引领，三层融合，强根铸魂

2016 年 10 月的全国国企党建工作会议，为国企的企业文化建设指明了方向。企业文化体系可分为理念层、制度层、物质层，三个层面均需和党建工作深度融合，需要重点关注。

- 知识点一：党建工作和理念层融合。企业文化理念的优化，需要将党建理念内涵作为重要的文化因子提炼来源。比如，某央企通过对国企"六种力量"的解析，提炼出忠诚、担当、发展等文化因子，将其融入企业文化理念体系中。

- 知识点二：党建工作和制度层融合。企业文化的制度层中，需要广泛吸纳党建对干部的行为要求。比如，将国企党建工作会议中提出的"对国企领导人的五个要求"，通过解析和提炼，融入制度层面的中高层胜任力模型中。

- 知识点三：党建工作和物质层的融合。通过企业文化体验地图等工具，把党建工作和企业文化氛围营造系统结合起来。比如，历史悠久的央企，多有筹建历史文化陈列馆，把历史文化陈列馆作为塑造超常文化体验的关键场景，在其中融入党建内容，对内增强员工自豪感、凝聚力，对外利于聚合发展力量，以高质量党建引领高质量发展。

二、特征二：理念层，与时俱进，形象呈现

在 2021 年陆续发布的央企"十四五"企业文化体系中，文化理念既彰显出不同央企的个性化特征，也体现了浓郁的新时代精神。除了"党建引领"的应有之义，国企的文化理念层，还应特别关注如下知识点。

- 知识点四：与时俱进，紧扣时代主题。在央企的新企业文化理念中，虽然具体用词可能不同，但一般都体现满足人民对美好生活的向往，体现加快建设世界一流企业的目标追求，体现勇担国家战略、地区发展、产业结构优化、实现高质量发展的责任担当。比如，华润集团的新愿景为"成为大众信赖和喜爱的世界一流企业"，中国石油的愿景为"建设基业长青的世界一流综合性国际能源公司"。"世界一流"已然成为大型央企愿景定义中出现频率最高的热词之一。

- 知识点五："使命"靠前，强调"不忘初心"。央企新企业文化中，"使命"位于"愿景"之前，"使命"比"愿景"更加突出。部分央企使用了"企业基因"的概念，强调"我是谁""我从哪里来"，体现"国之大者"的央企担当，凸显"牢记使命、不忘初心"的理念。

- 知识点六：逻辑自洽，内容更全面。理念层的逻辑和内容，包括九个基本命题：我是谁（企业基因、战略定位），为什么存在（使命），发展目标是什么（愿景），发展过程遵循什么价值准则（价值观），要打造一支什么样的队伍（企业精神），对内如何做管理（管理理念），对

外如何谋发展（发展策略），营造什么样的工作氛围（组织氛围），干部、员工要遵循什么样的行为规范（行为准则）。不同企业会结合自身情况，选定适合自身的文化要素，搭建理念体系。目前央企发布的新企业文化体系，多数对九个基本命题进行了回答或定义。

- 知识点七：国企的理念层，可分为两个范式。单一主业公司，一般会提炼如研发、安全等管理理念；多元化业务集团，一般不再提炼管理理念。比如，航天科技很清晰地定义了质量文化、成本文化、班组文化、保密文化等管理专项理念；保利集团、华润集团、招商局集团等，均没有定义管理理念。

图 1 红色基因五角星

- 知识点八：理念视觉识别（Visual Identity，VI），形象化表达。央企"十四五"企业文化体系中，一个非常鲜明的特征是，部分头部企业增加了"理念VI"，更形象地表达出理念体系的组成要素，让人们更容易记忆，更容易传播。比如，华润集团的理念VI是红色基因五角星（见图1），中投集团的理念VI为天圆地方古钱币（见图2）。

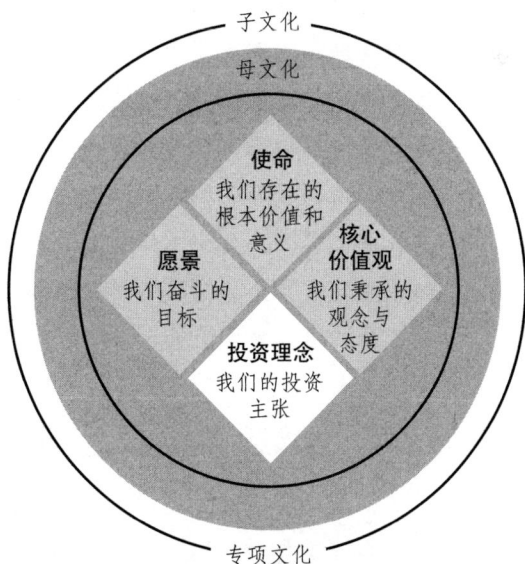

图 2 天圆地方古钱币

三、特征三：制度层，融合落地，力抓重点

不同的企业，发展阶段不同、管理基础不同、战略目标不同，在推动制度落地时，重点就有所不同。企业应抓主要矛盾、抓重点问题，追求面面俱到反而可能一面不到。

2022 年是国企改革三年行动的收官之年。企业文化的制度层落地，更需配合推动国企改革三年行动各项改革任务。为此，需要重点关注三点。

- 知识点九：企业文化与混合所有制改革的制度协同。混合所有制改革是国企改革三年行动的重点任务。对混合所有制改革企业实施差异化管控，推动混合所有制改革企业建立灵活高效的市场化经营机制，需要灵活高效的文化价值主张与之匹配。在推动混合所有制改革之时，需要旗帜鲜明地推动灵活高效的市场绩效文化，通过企业文化助力甚至引领组织变革。

- 知识点十：企业文化与健全市场化经营机制的制度协同。健全市场化经营机制，包括经理层成员任期制和契约化管理、职业经理人制度、市场化薪酬分配机制等，和利益高度相关，改革难度极大。在推动健全市场化经营机制的变革时，稳字当头，通过全员参与来凝聚变革共识，在形成组织变革的环境氛围后，再把市场型文化落实到三项制度改革中去，逐步融化坚硬机制，是相对稳妥的改革路径。

- 知识点十一：将企业文化融入人力资源类制度中，解决企业发展过程中"人的问题"，是重中之重。比如，干部数量和能力难以支撑业务发展，那么，企业文化就需要尽快和招聘体系、胜任力模型融合落地。再比如，企业要战略转型、转变发展模式，那么，基于新战略的新企业文化就要尽快融入培训体系中，强化新企业文化的宣贯。

四、特征四：物质层，动静结合，体验为先

企业文化理念层搭建完成后，物质层的梳理和落地就要提上日程。物质层的落地，企业文化 VI 系统是基础，办公环境的文化氛围是重点。站在企业文化内外部受众的角度，通过动态分析和静态分析，优化办公环境和文化

氛围的布置，强化企业文化理念体系的 360 度全方位熏陶，加速推动企业文化理念落地。

- 知识点十二：关注员工企业文化体验度，是企业文化物质层建设的重大趋势。国内企业的企业文化建设，很早以前非常强调员工忠诚度，企业处于强势地位；近十年来，很多企业强调员工幸福度，强调企业和员工的和谐关系；未来，员工的企业文化体验度，特别是年轻员工的文化体验度越来越重要，没有超常体验则无感情认同。如何塑造员工的企业文化体验，或将是国企下一步企业文化建设的重大课题。

- 知识点十三：通过引入企业文化体验地图，识别企业文化体验的关键时刻。模拟企业文化内外部受众的企业文化信息接收全过程，比如，新员工入职、重要商务合作伙伴来访等，模拟演练企业文化内外部受众的企业文化体验旅程，锁定不同受众企业文化体验的关键时刻，增大和提高文化体验接触点的密度和质量。

- 知识点十四：企业文化场景静态分析，是塑造企业文化超常体验的有效工具。对动态分析产生的重点文化体验场景进行重点分析和优化，提高文化体验的愉悦兴奋程度，进而塑造企业文化的超常体验，将是国企推动企业文化物质层落地的有效手段。

五、特征五：品牌协同，渠道融合，讲好故事

2021 年以来，多家央企发布新企业文化体系时，均同时发布了新版品牌体系。在多数大型央企官方网站上，"文化和品牌"被放在了同一个内容板块里面。同步呈现企业文化和品牌内涵，强化企业文化与品牌建设的融合共建，是国企品牌和文化建设的重要特征。在品牌协同方面，有三个关注要点。

- 知识点十五：企业文化和品牌建设，需要实现内外部渠道的融合。渠道建设要与品牌传播渠道充分融合形成合力，借助品牌渠道外部传播的优势积极输出文化理念，同时充分利用内部刊物、企业培训等内部渠道强化内部企业文化认同度，可以通过融媒体建设，整合企业文化

和品牌传播的线上、线下渠道。

比如，中国建筑组建成立融媒体中心，在技术层面上实现全流程数字化管理，在传播层面上实现内外部传播渠道融合，建立资源中心并推动各层级融媒体分中心建设。

- 知识点十六：企业文化和品牌建设，都需要讲好企业故事。要以人带事，讲好央企故事、国企故事。国务院国资委前副主任翁杰明曾经提出，讲央企故事，要把握好见物更要见人的规则，突出故事的感染力和针对性。

比如，2019年国家电网出品的《你用电，我用心》，获得首届中央企业故事大赛的一等奖。该作品讲述了浙江慈溪市供电公司员工钱海军的故事，践行国家电网公司"人民电业为人民"的企业宗旨，20年间为100多位老人上门服务1万余次，并发起"千户万灯"等公益项目，惠及数万人，诠释了国家电网公司"你用电，我用心"的服务承诺。这个故事，突出了人物主体，用"人"带动"故事"，形象生动。这既是企业文化故事，也是品牌故事，实现了企业文化和品牌建设的高度协同和融合。

- 知识点十七：企业文化和品牌建设，都需要强化针对年轻受众的传播。受众策略要结合品牌个性，加强对年轻受众的传播，输出的内容需要娱乐化、人格化，注重自我个性表达和快速沟通反馈，把互联网作为与年轻人交流的关键渠道，充分利用好微信、小红书、抖音、快手、哔哩哔哩等媒体。

比如，中国联通推进品牌年轻化战略，摆脱以往严谨和无趣的形象，其抖音粉丝达到461万人（截至2022年3月），成为抖音平台央企第一大账号，主要策略是以客服形象为切入点，打造亲民的品牌形象，形成与年轻受众交互的独特品牌个性。

六、特征六：机制保障，一横一纵，共建管理

大型的国企往往有多个业务板块，数十家乃至上百家各级下属单位。如

何上下协同，形成全集团的企业文化建设合力，机制保障尤为关键。除了传统的组织保障、资金保障、人才保障、考核保障，还需要关注以下方面。

- 知识点十八：一横一纵，闭环管理。横向上，集团归口管理部门和其他部门的分工要明确，人力部门、审计部门、行政部门等各司其职，不留职责空档，形成闭环的 PDCA 循环。纵向上，从集团总部到下属各级单位，要厘清企业文化建设的职责权限，形成上下一盘棋的局面。

- 知识点十九：企业文化共建，是理念，也是机制。让企业文化入脑入心，绝非易事。企业文化建设的主体是全体员工，在理念提炼时就应该发动员工积极参与，凝聚理念共识；在企业文化落地过程中，企业文化归口管理部门应搭建员工参与的沟通平台，让员工参与到企业文化建设各项活动中来。

七、特征七：战略高度，OD 视角，干部为基

从"战略－组织－文化－干部"的组织发展（Organizational Development，OD）视角来看企业文化，把企业文化和干部管理提升到战略地位，加强企业文化对国企改革的驱动和引领，已经是不少国企体制内企业家的基本认知和常规操作。

- 知识点二十：战略性的企业文化建设，需要厘清 OD 场景，找到不同的机制抓手。战略转型，整合重组，五年再造，运营改善，危机管理、业务创新等不同的组织发展场景中，企业文化建设的策略和抓手不同。

比如，国企中常见的整合重组场景，重组的新公司，其核心人才经常来自五湖四海。在这种情况下，建立清晰的议事规则，推动核心人才达成使命、愿景、价值观共识。在达成使命、愿景、价值观共识的基础上，才能更好地同频共振，更好地实现整合重组的目标。

- 知识点二十一：战略性的企业文化建设，在稳字当头的改革环境下，

需要处理好存量改革和增量改革的关系。当存量具备改革条件时，就推动存量改革，企业文化应当遵循组织变革的规律，通过感性的力量，让员工通过"目睹 – 感受 – 改变"来促成变革。

比如，张瑞敏 1985 年砸掉 76 台不合格冰箱，宋志平 1993 年在北新建材拉"工资年年涨，房子年年盖"的气球条幅，就是典型的文化变革行为。

当存量不具备改革条件时，就需要在增量改革上入手。增量改革推崇灵活高效的市场绩效文化，存量改革稳字当头，稳妥推进。比如，湖南广电的第一轮改革，先在增量改革上入手，新成立湖南经济电视台作为试验田，推行灵活高效的创新文化、市场绩效文化，实施全面改革激活机制。在湖南经济电视台的增量改革取得成效后，再去带动湖南卫视乃至整个湖南广电系统的存量改革。

- 知识点二十二：干部管理是企业文化发挥战略引领作用的基石，企业文化建设需要和战略、组织、人才形成节奏协同。毛主席说，"政治路线确定后，干部就是决定的因素"。在推行市场化机制改革的过程中，要旗帜鲜明地倡导市场绩效文化，给干事创业的闯将型干部搭建事业平台。这批干部成长起来后，反过来进一步强化市场绩效文化，为市场化经营机制改革提供源源不断的动力。

比如，上文提到的湖南广电第一轮改革中成长起来的新生代干部，就成了湖南广电第二轮、第三轮改革的生力军。

3.国有企业对标世界一流企业价值创造行动工具箱

▶ 2023-03-06

2020 年至 2023 年 3 月，国有企业（简称"国企"）从对标世界一流管理提升行动，到国企改革三年行动收官，再到领会党的二十大精神，直至渐进式启动对标世界一流企业价值创造行动，国务院国资委践行了从管理引领向价值引领的升维。正略咨询借助近几年在国企实践对标世界一流咨询项目的经验和探索，结合对标世界一流企业价值创造行动的核心要求，提出部分适用性较强的企业价值评估工具方法及应用建议，以期助力行动方案在国企的深化实施。在工具的使用中，建议关注：四个实现、三个结合、三个衔接。

一、四个实现

对标世界一流企业价值创造行动的关注方向，是国企在价值评价体系建设与优化过程中的核心纲领，是在新的外部环境下，对企业效率效益、科技创新转化能力、结合新的产业布局合理配置资源的进阶要求，是国企价值创造体系建设需要重点实现的工作目标。

1. 实现效益效率

坚持以国企考核中全员劳动生产率、净资产收益率、经济增加值率等业绩考核指标为核心，辅以体现"产品卓越、品牌卓著、创新领先、治理现代"的世界一流企业的指标量化和分解体系，才能实现国企效益效率的指标完整性，并突出体现质量型发展路径的指标项。

2. 实现创新驱动

在关注研发投入指标的基础上，健全对核心技术的评价标准建设，明确科技投入的成果范畴，并对范畴内的收益变量进行监测与跟踪，及时做出评价，对研发投入决策部门进行反馈，提升研发投入环节的精准度。

在企业风控体系中，为关键领域的科技创新留出充足的风险容忍度空间。同时，基于国企改革三年行动对科技创新适应性组织的建设与组织绩效体系的搭建，灵活精准地运用改革工具箱，实现人才激励及约束机制。

3. 实现产业优化升级

如何识别战略性新兴产业，产业链链长建设及链长企业规划成为企业内部价值链外部延伸的基本依据。产业链链长建设已经形成了一大批以各种形式构成的产业联盟，同时，外部价值创造的评价体系由于建立在产业融合的判断基础上，具备了指标关联，可以形成逻辑清晰的测算模型。这是从单一价值理念向整体价值理念转变的体现。可考虑在评价中增加企业向产业链赋能（专项投入）指标，分离通过产业链引领或产业链建设而形成的专项收益数据。

4. 实现服务大局

国企在战略任务分解中，在关系到区域重大战略、重要行业领域的任务及下沉指标中，增加加权项，并对加权规则广泛听取战略及行业专家意见，作为指标体系建设过程中，结合国家大战略的关键修正值，形成企业对重大方向提供支撑价值的重要事项。

二、三个结合

在服务于国企对标世界一流的工作过程中，将价值创造体系建设分为两个主要部分：①价值创造体系设计（价值目标、价值组成、价值管理、价值评价、价值提升、价值保障）；②对标世界一流企业（总体对标、分类对标）。其中，价值管理又包括诊断方法、组织建设、权责体系、执行体系几个部分，以及相对应的管理流程。

在2020年提出的对标世界一流管理提升行动中，国企在管理体系和对标方法上已经积累了改革的成功经验，在此不做赘述，以下重点讲价值创造体系设计中需要明确的设计要点。

1. 价值创造体系设计与战略目标相结合

"十四五"行至中局，价值评价体系将成为国企战略修编的一盏明灯。以战略体系为引领，突出企业价值创造在战略实施中的核心作用。表1是以战略地图为架构，结合一家央企展开的对标世界一流企业价值评估的核心指标体系（由于篇幅限制，并未展示全部）。它关注的是以战略目标体系为起点，对价值创造任务及具体动作的评估进行分解的组成框架。同时，通过"十四五"战略规划的实施，收集企业价值创造各个维度中各环节的支撑数据，让决策做到可追溯，从而实现基本实践的敏捷式管理，在"十四五"期间对战略目标做出精准调节及纠偏。

2. 企业价值理论与国企特点、主业所在行业特点相结合

价值创造在国际学术界和企业界已经有了几十年的探讨与总结。例如，迈克尔·波特（Michael Porter）教授的企业内部价值链分析模型，由工序法向成本法再向价值论演进，由功能化分析模型向财务、市场、生产、人力等业务及管理数据模型演进，由通用分析视角向各行业差异化分析深度演进。

2020年，波特教授邀请主攻财务方向的罗伯特·卡普兰（Robert Kaplan）教授针对医疗机构这一核心组织价值差异非常大的组织群体进行了深化设计。从这一理论深化分析过程中可以看到，企业价值来源于企业所提供的产品或服务在其客户群中得到的体验或接受度，并转化为组织近期与远期的收益。而提供产品或服务的效率，以及服务对象对服务的满意度或接受度，在行业间存在差异性，甚至会改变商业逻辑。因此，在价值创造体系中设置业务维度的指标是必要的，在很多情况下，会单独形成业务子报告，以期对企业内部核心价值链的运行形成精细化判定。

3. 短期绩效与长期价值相结合

世界500强企业通常每年会提供两份报告，一份是体现其市场表现的年报，另一份是体现其可持续发展能力的环境、社会和公司治理（Environmental，Social and Governance，ESG）报告，一份是财务、资产视角，一份是长远价值视角。这与国务院国资委的行动动议不谋而合，即国企应在企业价值创造的过程中，关注短期绩效表现与长期价值实现的平衡。短

表 1　某央企对标世界一流企业价值评估的核心指标体系（部分）

序号	对标方法	指标类别	指标名称		序号	对标方法	指标类别	指标名称
1	定量指标对比分析	经营实力	资产总额		23	定量与定性相结合	品牌	信用评级
2			权益总额		24		影响力	国际品牌榜单排名
3			营业收入		25			履行社会责任
4			EBITDA		26			安全管理
5			主业1业务规模	细分主业1业务规模	27			碳减排
6				细分主业2业务规模	28		科技创新	研发投入强度
7			主业2业务规模		29			科技工作人员总数及比例
8		财务绩效	盈利能力	总资产报酬率	30			专利及科研成果情况
9				净资产收益率	31			科技创新平台
10				营业收入利润率	32		数字化建设	数字化建设覆盖率
11				EBITDA利润率	33		人力资源	人工总量与结构
12			资产质量	总资产周转率	34			人均效能
13				应收账款周转率	35			中长期激励
14			债务风险	流动比率	36			人才培养
15				速动比率	37		业务发展	资源获取
16				资产负债率	38			业务布局
17			经营增长	营业收入增长率	39			产业链布局
18				资产总额增长率	40			国际化布局
19				权益总额增长率	41		公司治理	治理评价报告结果
20		市场表现	国际市场占有率		42		组织管理	组织评价报告结果
21			单位占用率成本					
22			客户满意度					

期绩效是管理能力的体现，而长期价值则是需要前瞻性投入才可以获得的收益。

通过实践发现，财务指标与非财务指标间形成的相互支撑与印证，是在价值分析中实现短期绩效与长期价值间平衡的钥匙。将目光转入世界一流企业价值评价体系的设计中，通过分析过去三年中大量国企对标世界一流的咨询项目，价值评价体系的设计大体可分为几个方向，或其中多个方向的组合，即以市值为核心的评估、以资产保值增值为核心的评估、以企业能力建设为核心的评价、以可持续发展为标准的评价，这其实也体现出了不同企业对核心价值的定义差异。此次国务院国资委的行动纲领，将企业价值创造的目标定位在了"对标世界一流"，是一种综合标准的体现。企业需要将非量化数据进行量化处理，并加入长期时间维度，对未来加以测算。

三、三个衔接

企业价值创造体系建设过程中，同时也需要关注其与企业各体系建设间的衔接。

1. 企业价值创造体系与大风控体系的衔接

2021年第三份大风控建设任务文件中，重点强调要提升风险量化指标的预见性，以及指标由表内向表外延伸以支撑业务发展的要求。大风控体系的建设已经形成了高效、高质的业务支撑作用。在国企价值创造的进程中，大风控体系对内外部负面影响因素进行有效的判断与控制；而其发挥作用的数据来源也将受益于价值创造体系对企业经营的量化管理。

2. 企业价值创造体系与管理任务体系的衔接

应该充分利用国企改革三年行动在治理体系、产业布局、科技创新、激发活力、监管体系、管理机制、改革推行方法等方面积累的大量成功经验，以及在国企改革三年行动进程中所获得的企业各级经营及管理体系建设成果，为企业价值创造提供坚实的运行基础和组织活力。

3. 企业价值创造体系与数字化体系的衔接

企业价值创造体系的设计与实施，将在根本上实现职能及业务管理的标准化与指标定量化。在行动方案制定中，指标要求和实施标准都将逐步定量化和清晰化，为方案的执行提供明确的指引；在执行进程中，一线数据的及时反馈也是敏捷优化实施方案的重要动作；加之在众多行业中，业务线所带来的大数据分析结果将直接作用于企业价值的重新定义。因此，数字化载体在企业价值创造行动方案实施的进程中，就显得尤为重要。

4.国有企业做好战略评估与修编的"五步五法"

▶ 2023-11-30

五年规划是我国国民经济与社会发展的重要部分,也是我党坚持长期主义推动实现中国式现代化的重要治理手段。国有企业作为党执政兴国的重要支柱和依靠力量,也通常会以五年为周期进行战略规划编制。然而,随着市场环境的不断变化和全球竞争的加剧,五年战略期的跨度较大,往往较难精准把握规划中后期的形势变化,需要开展中期评估与修编。

相较于其他性质的企业,国有企业开展战略评估与修编具有"三强"的特殊性。

- 一是政策导向性强。国有企业的发展往往受到政府政策较强的影响,在战略评估与修编过程中,需要充分考虑新阶段政府的产业政策、发展目标和调控措施等因素,确保企业的战略与国家发展战略相一致。
- 二是结构约束性强。国有企业五年规划制定时,往往有具体的结构要求,如战略目标、业务板块、主要任务、重点举措等部分。在中期评估时,亦需要针对相应格式开展评估,确保评估与修编工作可对比并可向上级主管部门交付。
- 三是方法科学性强。国有企业的利益相关者涉及政府、员工、投资者、社会公众等多个方面,监管要求更严格,决策程序更严谨。这就要求在开展战略规划每一部分的评估与修编时给出足够充分的理由,使用足够科学、专业的工具,确保战略选择能够得到广泛的支持和认可。

在此背景下,本研究提出国有企业五年规划的"五步五法",以助力国有企业高质量开展战略评估与修编。

一、第一步——以时间进度对比法评估战略目标

战略目标是整个战略规划的核心部分。战略目标的评估应主要围绕规划中提出的主要经济指标、产业布局或结构指标、行业及综合影响力指标、资本发展指标、管理要求指标等发展目标指标，开展效果性分析和成长性评估，结合中期时点数据，进行完成情况、实现进度的定量测度，对是否达到预期进度、能否完成五年预定目标等进行分析评估和论证说明。

由于战略目标数据通常为定量数据，因此应采用比较简单直观的时间进度对比法进行评估。将规划初期的指标数据作为起始值，将目标数据作为终点值，评估现值处于整体完成进度的百分比，进而与时间进度相对比，评估目标完成速度是快还是慢。同时，应分析快慢差距原因，以便为目标调整提供依据。

二、第二步——以二维矩阵法评估业务板块

业务板块是战略规划中的重要组成部分，在评估时应分析企业各板块发展情况、板块间协同情况等内容。业务板块评估既包括各自目标完成的情况，又包括板块规划本身是否合理，具有定量和定性的双重特点。

业务板块评估可采用二维矩阵法，即以板块规划的科学性和板块规划的执行度为两个维度，构建二维矩阵。其中，在板块规划的科学性维度，可具体细分为前瞻性、实操性、系统性、时效性、细致性五方面的打分依据，分别赋予权重进行专家打分；在板块规划的执行度维度，可具体细分为企业宣贯、组织保障、行动计划、执行效果四方面的打分依据，分别赋予权重进行专家打分。根据打分结果，各业务板块的综合得分将落在二维矩阵的不同区间内，进而为板块继续发展、调整发展等给出依据。这一方法既可适应业务板块的定性特点，又通过细分指标的设置，兼顾定量目标数据，可以较为全面地评估业务板块的发展情况。

三、第三步——以量表法评估主要任务和重点举措

主要任务和重点举措的评价方向是分析相关任务和举措的落实情况及主要成效，特别是服务国家和省市重大战略、扩大有效投资、保障民生服务、

关键核心技术攻关等情况。由于这些内容通常为定性的经营管理动作，较难客观反映各项任务的实施进展。因此，在进行评价时，一方面应注重总结主要成绩、提炼标志性成果，分析查找短板、提出对策措施；另一方面应注重将定性行为进行量化转化，以达到可衡量、可对比的目的。

对主要任务和重点举措的评价可采用李克特量表法进行打分评价，即将每一项任务或举措的完成情况作为问题，将完成程度作为选项并赋予分值。量表得分设计根据任务或举措不同可以有所不同，例如，对必须完成的政府任务可以采用"非此即彼"（如完成了得 100 分，未完成得 0 分）设计选项得分，对企业自身的举措则可以采用综合评价法（如"完全落实、落实较好、落实一般、落实较差、完全未落实"，分别给予得分）设计选项得分等。通过全员问卷的形式对主要任务和重点举措进行打分，结合针对性访谈、资料数据分析等，分析具体未完成原因，给出定量与定性相结合的科学评价。

四、第四步——以层次分析法研究新形势和新禀赋

战略规划的修编不仅应以评估中的问题为唯一导向，也应考虑战略执行以来，内外部经营环境的变化。在此分析中，国有企业应重点对标国家和省市重大战略决策部署，政府对规划期后半程所提出的新政策、新目标和新任务，深入分析企业面临的资源能力变化情况。

在此分析中，企业通常可以采用 SWOT 分析法。但传统 SWOT 分析存在诸多局限，如 SWOT 分析较为孤立地分析内部条件和外部环境，然而外部机会是否能为企业所把握，更多取决于企业内部条件是否有能力来把握和利用外部环境变化所赋予的机会。同时，传统的 SWOT 分析没有考虑各因素的重要性差异，也没有明确所形成的战略措施的优先级顺序，这就导致所制定的战略没有抓住主要机会和优势，缺乏实际可操作性。

基于此，国有企业可将层次分析法应用于 SWOT 分析中。在分析外部机会、威胁时，将企业的战略目标作为准则层，对外部机会、威胁逐一进行权值因子判断打分。在分析内部优势、劣势时，将机会、威胁作为准则层，对优劣势逐一进行权值因子判断打分。最终可有效形成每一项分析策略的得分值，进而形成战略举措和实施路径。

五、第五步——以"四再法"开展战略修编

国有企业战略修编应以评估出的问题和内外部新形势为导向，重点围绕目标再调整、产业再优化、能力再培育、路径再明晰开展工作。

- 目标再调整是指对国有企业的战略目标进行重新审视和调整，这包括根据评估分析结果，决定是否需要重新定义企业的使命、愿景、目标等。例如，通过战略评估发现企业很难达成或已达成之前所执行的目标，则可以根据市场需求，确定新的增长目标或盈利目标，并制定相应的战略措施。

- 产业再优化是指对国有企业所涉及的产业结构进行重新优化和调整。一方面，国有企业可以考虑退出在评估中不具备竞争优势的领域，加大对具有潜力和增长空间的领域的投资和发展。另一方面，国有企业可响应外部环境分析的结果，加快布局战略性新兴产业并对传统产业进行转型升级。

- 能力再培育是指为有效落实修编后的战略，提升企业的核心能力和竞争力，国有企业应重点针对商业模式、专业技术、体制机制等进行重点调整。例如，国有企业应加强主动对接国家区域战略的能力、强化央地合作的能力、加快培育数智化转型的能力等。

- 路径再明晰是指确定实现战略目标的具体路径和行动计划。在这方面，国有企业应根据新的战略目标和业务布局，明晰具体的任务落实节奏，确定资源配置、组织结构调整等方面的具体举措。

5. 国有企业驶入全面风险防控一体化管理新航道

▶ 2023-04-24

党的二十大报告提出，要"完善中国特色现代企业制度"，党的十九大报告也曾提出"三大攻坚战"，将"防范化解重大风险"列在首位，并且明确提出要实现高质量发展。习近平法治思想是新时代全面依法治国伟大实践的根基，在国有企业的经营与发展中，应当始终贯穿"全面依法治国"这一鲜明主题。我国国有企业想要实现现代化、国际化，要做强做优做大，法治化管理是必经之路。

在国有企业不断发展的过程中，很多国有企业将风险防控所涉及的法务管理、合规管理、风险管理、内部控制（简称"内控"）等工作分设于不同的职能部门，这是企业不断壮大、加强、细化和优化公司治理的结果。然而，如何将国有企业法务管理、合规管理、风险管理、内控各司其职的建设工作，逐步由"重合"走向"融合"，以及在此进程中提升不同管理体系在融合、协同、有效等方面的实施质量，成为当前国有企业全面风险防控一体化管理体系的重要研究课题。

一、政策导向——立于高瞻远瞩，行于未雨绸缪

国务院国资委立足于进一步提升国有企业风险防控的能力和水平，夯实国有企业高质量发展基础的出发点，2006年以来，出台多项与风险管理、内部控制、法务管理、合规管理等方面相关的监管要求，不断明确职责定位，逐步完善制度机制。自《关于全面推进法治央企建设的意见》（国资发法规〔2015〕166号）文件开始，明确提出逐步探索建设法律、合规、风险、内控一体化管理平台。国务院国资委在印发《关于印发〈关于加强中央企业内部控制体系建设与监督工作的实施意见〉的通知》（国资发监督规〔2019〕101号）之后也逐年提出年度任务，对风险体系的融合建设提供了大量具体的工

作指引，并对风险防控报告的汇报及时性、处置完整性等提出了更高要求。

二、纲领契合——提供框架基础，探寻整合路径

在风险管理、内部控制、法务管理和合规管理方面，四个体系的要求具有很高的趋同性，这为全面风险防控体系融合提供了基础，这些契合通用的部分，可以帮助企业寻找到融合的框架和路径，达到有效、低成本、少变革的快速体系搭建。

1. 组织治理体系趋同

在组织体系上，这四个管理体系在治理机构、专门委员会、审计监督、其他职能部门与业务单位日常管理职责、子公司组织体系等方面都具有趋同的要求和规定。在国有企业现有的架构中，如果继续按照不同体系设置组织架构，那么冗余的人员设置容易带来权责不清、效率低下等问题。

2. 管理流程和环节趋同

在梳理风险管理体系中具体的流程和环节时，可以发现这四个管理体系基本秉承一贯的管理规则，管理事项中一般由管理目标、制度体系、审计与监督、考核与评价、宣传与培训、信息管理、文化建设等模块组成。这些管理事项运行流程也具备高度的一致性，同样造成了原来散落在各处的工作重复实施。因此，构建全面风险防控体系一体化能够提升整体工作效率。

3. 制度体系趋同

在制度体系上，虽然四个不同内容的制度体系都基于各自职责而存在差异，但因为在流程环节有大量的相似性，所以风险管理、审计与监督、宣传与培训、计划与报告、管理信息系统、文化建设等的制度流程方面都存在趋同性。在风险管理、内控、法务管理、合规管理中，有不同的视角和要求，如果不能将制度体系融合，那么管理上必定会分散，容易产生制度上的不一致或重复。

三、治理需求——从此分足鼎立合为"四位一体"

2022 年 10 月 1 日起，《中央企业合规管理办法》（简称《办法》）正式施

行。在《办法》中，提出"结合实际建立健全合规管理与法务管理、内部控制、风险管理等协同运作机制，加强统筹协调，避免交叉重复"的要求，这昭示着，未来国有企业应该通过筑牢全面风险防控一体化管理格局，实现风险管理机制效能的提升。

党中央决策部署中央企业要加强全面风险管理，是加快建设世界一流企业的根本保障，是国有企业加强公司治理的未来指引。在过去随着政策的指引、市场的需求，国有企业逐步建立了风险管理、内控、法务管理、合规管理的防控体系，但是现在要从战略层面的高度，从法治化的全局考虑，深刻理解加强全面风险防控一体化管理的必要性、重要性、紧迫性。要着力提高政治站位，国有企业是国民经济之本，要着力深化全面风险防控一体化管理的大监督格局，增强各管理体系的协同性，助力国有企业强管理、防风险、促发展。

四、总结

内外部环境情况复杂多变，必须充分认识到国有企业目前面临的风险挑战，变得比过去更加多元化、复杂化，内外部的风险也变得更加变幻莫测，对内要加强风险管理和控制，对外要合规经营，全方位防范风险，这样才能驶向百年新征程。

国有企业需要从自身管理体系的优化角度出发，在目前风险管理体系的成果上，逐步建立风险管理、内控、合规管理、法务管理的全面风险防控一体化管理新的防控体系，构建框架整合、有效协同、提质增效的全面风险防控机制，当制度和流程趋于平稳顺畅，搭建信息化平台，利用大数据、人工智能等数字化先进技术手段，顺利开展全面风险管理工作，确保国有企业风险管理信息化与企业经营管理信息化建设同步，打通部门之间数据共享渠道，积累风险管理经验，建立数字化的风险预警机制。并且在此基础之上，承担国有企业的社会责任，利用自身的经验数据，为更多的企业经营发展提供借鉴，为国有企业公司治理、全面风险管理体系建设起保障和促进作用，推动国有企业未来合规经营，高质量、可持续、协调发展。

第二章

■ ■ | 开发园区研究

1. 市级开发区体制机制改革的实施经验与思考

▶ 2022-02-11

2019 年 5 月，国务院发布《国务院关于推进国家级经济技术开发区创新提升打造改革开放新高地的意见》，指引全国的开发区改革创新发展迈向新的阶段。2020 年 2 月，某市政府有关部门印发了《关于推进开发区体制机制改革的指导意见》，从园区整顿、机构设置、职权明晰、人事改革、绩效工资、财政管理等层面进一步明确了该市开发区改革的主要措施。

基于此，正略咨询充分结合该开发区实际，通过技术支持，深入推进实施开发区体制机制改革，不断完善开发区改革落地方案。本文将对该开发区在体制机制改革实施中积累的经验，进行总结思考和分析，以助推开发区转型发展。

一、市级开发区的体制机制改革情况

1. 改革背景

该市辖区内有经济技术开发区、高新技术产业开发区、农业科技园区三个国家级园区，以及其他各类中小型工业园区，规模大小各有差异，发展阶段也不尽相同。

整体而言，该市经济技术开发区（以下简称"市级开发区"）是种类最全、发展相对成熟的园区，站在新的发展关口，该市级开发区还存在一些体制机制方面的问题：

- 一是功能定位不明，开发区的主业是经济建设、招商引资和企业服务，但近年来承担的社会事务日益繁重，在增加管理成本和难度的同时也分散了工作精力；

- 二是权责权限不清，开发区管理机构主体资格不明确，相关的经济、建设管理和审批权限上收后，招商效率和服务响应明显下滑；

- 三是人事机制不畅，开发区用人缺乏自主权，晋升通道不畅，人才流失现象严重；

- 四是激励机制不活，薪酬缺乏竞争力，分配方式不合理，考核流于形式，造成忙闲不均，影响了现有人员的干事创业激情。

2. 改革经验

（1）园区清理优化整合，保留国家级、××级园区牌子，撤销小规模园区

整合后将高新技术产业开发区、农业科技园区及其他中小园区统一纳入市级开发区统一开发管理，并保留国家级高新区、农业科技园区的牌子。其他中小型园区不再保留其园区的牌子。同时撤销无发展前景的园区。

（2）整合后园区实行"一套人马四块牌子"的管理体制，集聚域内优势资源，集中支持发展平台建设

整合后的开发区按照"一套人马四块牌子"的管理体制，实行统一规划建设、统一项目布局、统一财政投入、统一管理运行，实现××开发区的"全市一盘棋"。同时明确各园区的核心产业，待其发展成熟后，可以补链、延链，更可以与发达城市共建各类产业转移园区。

（3）统筹考虑赋权要求和机构设置，充分赋予开发区经济管理权限，剥离开发区社会事务职能

在设置开发区机构时，首先把制定权责清单等涉及赋权的事项做在机构整合归并的前面，这样可以在机构岗位设置时明确哪些职能需要纳入，哪些不予考虑，然后根据"两到位"的赋权要求，涉及经济管理、项目建设和安全生产等方面的权限，由市人民政府赋予开发区管委会，社会事务职能则剥离出开发区，由属地政府、街道承担，新组建开发区国资公司，承担市场开发运营职能。

（4）保证机构人员精简和职能覆盖，压缩管理层级，科学测算员额总数，采用"大岗位制"岗位设置，促进复合型人才培养

在机构设置方面遵循"大部门、扁平化、去行政化"的原则设置"五中心—公司"："五中心"的整合考虑将职能相近的部门合并，实现一件事情由一个部门负责，一个法定机构对应服务一类市场主体，变"多龙治水"为"一龙管水"，包括党群服务中心、投资服务中心、经济发展中心、应急管理中心、资金管理中心；"一公司"为市级开发区建设发展集团有限公司。同时，推行扁平化管理，减少管理层级，构建"管委会－部门－个人"的三级扁平化管理体系。

改革后采用员额制进行企业化管理，结合开发区的管辖面积、经济体量、职能职责、发展阶段、人员素质和安全生产等因素进行测算，设置管委会员额，重点向招商引资、投资服务、经济发展和科技创新倾斜。在岗位设置层面，设置"大岗位"，强化岗位功能的复合化，明确专业分工，同时保证上下对口关系的顺畅。

（5）推行全员岗位聘任制，由第三方机构组织，自上而下分批次聘任，保证聘任的公平公正性

开发区管理机构除主要领导外，其他人员全部实行岗位聘任制，第一轮面向机关事业单位和开发区现有人员，第二轮面向社会公开招聘，聘任工作由第三方机构组织开展，依照党政干部公开竞争选拔的程序及要求，由第三方机构选派外部专家组成评委团，在市纪委监委、市党委组织部、市人力资源和社会保障局（简称"人社局"）、开发区职工代表的现场监督下，通过简历评价、竞聘演讲、互动问答三个环节，从任职经历、现场表现（包括岗位理解、工作规划、沟通表达、思维方式）对候选人做出评价，满分100分，本着宁缺毋滥、优中选优的原则设置合格线为80分，然后根据岗位设置员额和得分高低排序，择优选拔候选人。

（6）兼顾历史和未来，合理设置聘任条件，制定分流安置方案，保障改革平稳推进

在聘任条件设置时，充分摸排现有人员情况（含年龄、学历、工龄、任职时间等），同时与未来岗位聘任体系中的各岗位任职条件兼容，通过一系列聘任程序，进一步优化了开发区干部队伍的结构，专业化、年轻化成为改革的主要方向。同时，制定分流安置方案，面向落聘人员，"给足机会"，即员工在上一批次落聘后可无差别申报下一批次开放职位，提供待岗培训、自谋职业、内部退养等多种安置措施，承认历史贡献，给予合理安置。

（7）构建管理、专业双通道，拓宽员工职业发展路径，促进员工持续提升专业能力和工作绩效

改革后为全体员工设置管理和专业双通道职业发展路径，更大程度地激发全体员工的主动性、积极性和创造性，其中：管理通道按传统职务设置级别，强调员工管理能力的提升；专业通道设置初级专员、中级专员、高级专员和资深专员四个职级，强调员工专业能力的提升。员工职级晋升需满足绩效考核、学历、职称等一系列条件并参加专业能力认定，严控高职级人员比例。专业职级聘期为三年，到期全体人员解除职级，重新参与专业职级认证定级工作。

（8）引入企业化的宽带薪酬体系，合理区分岗位价值，加大绩效工资比重，促进奖优罚劣

开发区薪酬总量根据市对开发区整体考核情况，参照同地区同级公益一类事业单位人员平均工资收入水平的 1 ~ 5 倍核定。采用企业化的薪级薪档表，纵向为薪级，根据岗位层级确定；横向为薪档，根据员工绩效考核结果可上下浮动，实现薪酬能增能减。

根据工作性质及特点，将改革后的工作机构划分为投资服务类（A 类）和综合协调类（B 类），投资服务中心为 A 类，党群服务中心、经济发展中心、应急管理中心、资金管理中心为 B 类。同层级岗位中，A 类薪酬高于 B 类，引导人员向投资服务类部门和一线岗位流动。

将工资按照"固定＋浮动"的结构划分为岗位工资和绩效工资两部分，绩效工资占比按照"层级越高、占比越大"的原则，从上至下激发人员主观能动性。

设立项目发展突出贡献奖，包括招商引资专项奖、项目建设专项奖、技术创新专项奖等，根据招商引资、项目建设需求，以首期固定资产投资额所处区间为标准，面向社会对引荐人按照相应的比例计发奖励。

设立管委会特别奖，对年度完成专项任务，表现非常突出的部门、员工和派驻机构，从管委会特别奖中拨出一定额度予以奖励。

（9）分类考核管委会内设机构和国资公司，建立"管委会－内设机构－员工"三层考核指标体系，强化考核结果应用机制

对管委会工作机构、国资公司分类考核，党工委管委会领导对照市下达开发区的考核结果，结合领导分工，进行评定，A类中心重点考核经济指标和企业服务工作的完成情况，B类中心重点考核重要工作的完成情况，开发区国资公司重点考核开发区确定的经济指标、重点项目建设、企业税收增幅等完成情况。

建立"党工委管委会－工作部门－个人"的三级关键绩效指标（Key Performance Index，KPI）体系，指标层层分解，压力层层传导。考核结果评级共分为优秀、良好、合格、不合格四级，同时采取强制比例分布机制，每个中心优秀员工的数量不超过一定比例，对投资服务中心设置更高的优秀比例，将考核结果作为绩效工资兑现的主要依据，并与薪酬调整、职级调整、岗位调整、评优评先、人员淘汰等挂钩，建立末位淘汰制，对考核等级为合格及以下的部门，该部门人员个人绩效强制设置5%的不合格比例。

二、市级开发区改革实施的一些思考

1.统筹制订改革实施计划，加强与市相关部门的汇报沟通

开发区体制机制改革涉及的维度、内容非常多，各环节间也有一定的关联性，同时改革进度控制也有一定的要求，因此在改革推进时首先需要统筹各方面因素，系统制订实施计划，特别是要加强与市相关部门的汇报沟通，比如，剥离社会职能需要和市政府汇报沟通，由其作为中间人协调开发区和属地政府街道，员额编制需要和党委组织部、编办等部门沟通确定结果，岗位聘任需要和党委组织部、编办、人社局等部门沟通聘任程序要求，薪酬改革需要和人社局沟通确定社保缴纳规则等。

2.做好员工的宣传引导，控制好聘任节奏，合理进行人才分流

改革就是利益的再分配，部分员工难免会对改革抱有迟疑心态，因此做好舆论宣传尤为重要。首先需要通过召开改革动员大会，向全员传递改革的理念和精神，消除员工疑虑。其次在聘任环节，需要摸清现有人员的编制、工作表现等情况，做好尽职调查，为人员聘任提供更全面、更客观的参考，聘任过程中保持一定的节奏，先通过配齐班子成员，再由上至下层层选拔，聘任结果即时公示，然后再启动下一批次竞聘程序，有序推进。对新组建公

司来说，一旦很少人竞聘公司岗位，将会导致公司无法正常运转，因此需要统筹考虑管委会和国资公司之间的人员交流通道，吸引人员到公司任职，合理进行人才分流。

3.采用试点形式逐步导入绩效考核文化，以工作实绩论英雄，同时强化工作过程控制

改革后开发区实行全员绩效考核制，对之前未实行考核或考核执行力度不大的开发区来说，最重要的是需要全员接受考核机制，融入考核文化，因此可以在初期采用考核试点的形式，给予一定的缓冲期，逐步进行引导。在考核执行过程中，需要以工作实绩为标准，尽可能避免人情和突发因素，强化考核的刚性约束力，同时需以周期的方式建立过程监控机制。考核分为季度考核和年度考核，季度考核偏向于过程监控，年度考核偏向于结果监控。对于年终考核的可量化指标，要明确在季度需要完成哪些工作，在季度考核的时候，这些工作的完成程度将作为季度考核的重要评价部分。

2. 新形势下经济技术开发区体制机制改革研究

▶ 2022-07-14

经济技术开发区（简称"经开区"）作为享受特殊经济政策、实施特殊经济管理、开展特定经济活动的专门区域，是我国改革开放的成功实践，在吸引外部生产要素、形成产业聚集、促进区域经济发展等方面发挥了重要引领作用。

但随着经济环境的深刻变化，经开区的体制机制由于不能适应新形势下的发展要求而存在诸多问题，例如，机构设置过多，造成人员冗余与组织运行效率的降低；绩效考核以主观评定为主，且与经营业绩不直接挂钩，做好做坏一个样，造成人员动力不足；薪酬体系以固定工资为主，不同岗位差异性较小，造成人员激励性不足；等等。

因此，推进经开区体制机制改革刻不容缓，改革可从以下几个方面入手。

1. 加快剥离社会职能

由于经开区权责关系不清、职能定位模糊、社会事务管理压力大等问题，需要对经开区管委会进行精简和"瘦身"，剥离其社会职能。比如，可将经开区目前承担的城市管理、信访等社会管理职能，交由上级政府相关职能部门和属地乡镇（街道）负责，从而进一步强化经开区项目建设、招商引资、企业服务等经济发展主业主责。

2. 逐步推进放权赋能

为有效激发经开区治理的活力、创造力，要推进放权赋能改革。聚焦经开区产业培育、企业发展和项目建设等方面，分类分批推进经济发展权限下放，并制定权责清单予以明确。成立行政审批局，通过刻制"2号公章"和签订委托协议承接相关经济管理权限，同时可向上级政府申请成立由经开区和相关经济管理权限主管部门共同组成的审批咨询委员会，指导经开区做好经济管理权限承接工作。对于确实不宜向经开区下放的权限，有关部门可通过开辟绿色通道等方式，构建"一站服务、一网通办"的审批服务机制。

3.科学选择管理模式

以采用"管委会＋公司"管理模式为例，一方面要精简管委会内设机构。创新开发区内部管理体制，集约行政管理资源，实行扁平化和"大部门制"管理，形成高效率组织体系。整合归并内设机构，精简综合事务部门，加强业务职能部门，健全党建工作机构，既允许"一对多"，也允许"多对一"，不与党政部门搞上下对口，促进机构设置简约精干。

另一方面要完善下属公司组织架构。将公司作为经开区建设开发及运营的市场主体，充分发挥公司市场主体优势，优化资源配置。公司主要承担区域内产业培育、招商引资、企业孵化、项目融资、资产运营、公共服务、基础设施建设等方面的工作，由经开区管委会代表政府履行出资人职责，并对公司日常工作进行监督管理。

4.深化"三化三制"改革

提升公司"三化"水平。对上积极争取资源，对下激发业务活力，对内释放改革活力，对外加强战略合作。通过资产盘活、产业整合等手段梳理内部资源，做强实体产业板块；加强外部战略合作，嫁接外部资源，通过混合所有制改革、战略合作、并购等多种手段实现资产盘活、规模扩大和能力提升；加强市场化融资，降低对财政资金的依赖，提高公司信用评级，巩固传统的银行贷款类融资方式，提高银行授信额度，广泛采取各种融资工具，降低综合融资成本，增强资金的合理配置；加强人事改革，实现人才契约化管理，职务能升能降，人员能进能出，打造专业化、市场化、国际化的管理团队。

实行管委会领导班子任期制。按照干部管理权限，管委会领导班子由上级政府任命。签订聘任协议，明确聘任期限、岗位职责、权利义务、业绩目标、薪酬待遇、解聘条件、违约责任、协议终止等内容。实行领导班子任期制与任期目标相衔接，上级政府与经开区管委会签订目标责任书，科学确定任期目标和年度目标，作为领导班子任期考核和薪酬绩效考核的基本依据。

实行管委会员工全员聘任制。按照人岗相适、人尽其才的原则，打破身份界限，赋予对经开区中层及以下人员任免、晋升、聘用等人事管理权限。封存身份档案，所有岗位人员重新聘任。在实际操作中，要根据功能定位、职责任务和工作性质等因素，制定岗位设置方案，自主确定本单位各类、各等级岗位及结构比例。再根据设置的岗位数，对经开区参与改革人员，实行全员逐级岗位竞聘制。

实行管委会工资绩效薪酬制。将薪酬总额与经济发展、税收增长、辐射带动作用等挂钩，薪酬总额的设定结合经开区自身经济发展水平和工作实际动态调整。按照"岗位管理、以岗定薪、优绩优酬"的原则，对岗位管理的各类人员制定实施办法，绩效工资总额每年核定、浮动管理。绩效工资总额根据高质量发展考核评价结果确定，绩效考核结果同时也与绩效薪酬的发放紧密联系，从而实现人员薪酬的能增能减。

5. 细化绩效考核管理

建立重实绩、重贡献、奖勤罚懒、奖优罚劣的绩效考核机制。细化经开区领导班子、部门及员工个人考核内容，引入关键绩效考核办法，实施全员绩效考核。针对经开区领导班子、部门及员工个人考核内容，分别提炼关键绩效考核指标，指标设定以定量指标为主、定性指标为辅，不同指标采取不同的考核方式，并按照绩效考核不同等级分别兑现不同系数的绩效工资。

6. 落实配套保障机制

理顺财政分配关系。科学划分财政收入分成比例，实现财政收入和财力的合理均衡配置。依据事权与财权相匹配原则，建立经开区财政预算管理机制和独立核算机制。在具体操作中，可由市/县财政局设立经开区财政专户，用于对经开区资金收支进行集中管理和统一核算。市/县政府与经开区建立合理的收益分配制度，并在改革后的三年内，支付保底运转费支持经开区日常运转。

建立协调配合机制，做好改革后续保障工作。厘清经开区管委会同上级政府部门间的职责边界，建立协调配合、定期会商、干部交叉任职等机制，方便后续考核等工作的顺利开展。与此同时，尽快完善经开区改革后的劳动保险保障和劳动监察等后续工作，落实多元化机制要求，妥善处理各项劳动关系，保障劳动者合法权益，解决在岗人员后顾之忧。

综上所述，经开区在新形势下必须加快转型升级，通过加快剥离社会职能、逐步推进放权赋能、科学选择管理模式、深化"三化三制"改革、细化绩效考核管理、落实配套保障机制等方式，尽早完成体制机制改革，从而更好地激发经开区的创新活力。

第三章

■ | | 产业研究

1. 房地产企业的未来在哪里

▶ 2022-09-27

中国房地产行业经历了三十多年的快速发展期，已经成为国民经济中不可或缺的重要元素，在当前"房住不炒""防风险、促需求"的宏观政策调控下，房地产企业（简称"房企"）需要紧跟国家政策导向不断调整经营策略和管理模式，传统的房企普遍面临"如何走好下一步"的决策和选择。

一、房地产行业发展趋势

房地产是我国经济体系中的支柱产业。第一，它对地方财政收入的贡献不容置疑，2021年前11个月，我国国有土地使用权出让收入接近6.8万亿元，与房地产和土地相关的财政收入在全国财政总收入中占比超过30%。第二，它对上下游产业的拉动作用难被替代，房企是建筑施工、装修装饰、大宗商品等上下游产业的重要需求方。第三，它对金融体系的稳定性不容忽视，2021年第三季度末，全国主要金融机构房地产贷款余额51.4万亿元，整体规模非常庞大，资产价值的稳定性对我国金融体系至关重要。尽管短期内房地产行业的支柱作用不会改变，但当前房企面临的外部环境发生了新的变化。

在政策层面，房地产行业的政策红利期基本结束。为了保证行业的稳定发展，中央近年来多次重申"房住不炒"是底线。这轮房地产调控始于2020年颁布的"三道红线"政策，这次调控以金融政策为主，重点防范金融风险，融资端开始强调去杠杆、控风险，部分高杠杆、高负债房企无力偿还债务，发生流动性危机，预计在金融审慎监管的政策下，头部房企的行业市占率将下降，中小规模的区域化房企有望迎来更大的发展空间。近期房地产政策主要以满足刚性和改善性住房需求、优化房地产政策为主。"两会"政府工作报告强调要有效防范化解优质头部房企风险、加强住房保障体系建设、大力支持刚性和改善性住房需求。中央政治局会议强调坚持房子是用来住的、不是用来炒的定位，因城施策，支持刚性和改善性住房需求，做好保交楼、保民生、保稳定工作，促进房地产市场平稳健康发展。在超大特大城市积极稳步推进城中村改造和"平急两用"公共基础设施建设，盘活改造各类闲置房产。需求端政策层面，住房和城乡建设部（简称"住建部"）提出要进一步落实好降低购买首套住房首付比例和贷款利率、改善性住房换购税费减免、个人住房贷款"认房不用认贷"等政策措施。

在宏观环境层面，城镇化红利也趋于结束。当前我国城镇化率已超过60%，发达国家城镇化率约为 70%，发展空间有限，随着全国城镇化进程的逐步放缓，房地产市场正逐步由增量开发转入存量开发阶段，房地产行业也随之迈入低增长、低利润和中低杠杆时代。房企如不培养精细化运营和服务能力，而是依然固守买地 – 建楼 – 卖房子的传统思路，未来发展势必遇到严峻的挑战。

在需求升级层面，置业置换群体年轻化推动购房需求升级。当前年轻购房群体呈现快速上升的趋势，他们对舒适度、安全感、智能化等方面的需求会升级。过去技术的发展难以满足客户不断提升的新需求和新期望，为了更好地应对需求升级，房企不仅要深入了解客户画像，深度了解客户的消费习惯和价值偏好，也要将建筑信息模型（Building Information Model，BIM）、物联网等新技术广泛引入智慧工地、智慧社区等重要场景中，加快向地产科技化转型的步伐。除此之外，房企更需要创新运营理念，从产品导向转为客户导向，成为高质量的生活家园运营商，满足客户持续提升的居住体验需求，提高客户黏性。

二、百强房企发展趋势

监管效果持续显现，行业格局逐步重塑。随着金融监管趋严，房地产行业进入加速出清、优胜劣汰的阶段，整体市场格局正逐步发生变化。第一，百强房企的行业集中度开始出现下滑。2021 年，排名前 100 的房企的市占率接近 50%，同比下降 0.4%，预计未来几年下降速度将会加快。第二，"国进民退"趋势逐步显现，拥有资源禀赋和稳健经营等优势的国有房企的市场份额实现较大提升。2021 年，排名前 100 的房企中，国有企业的销售额占比为42.8%，同比增加 11.8%。在市场集中度下降，"国进民退"趋势下，大型民营企业的市场份额预计会大幅下降，中小规模的区域化房企则相对受益，尤其是区域国有企业。

盈利水平明显下降，稳健经营成为首选。2021年，排名前100的房企实现了营业收入和利润的双增长，但因为营业成本上升、土地成本增加、融资成本升高等多重因素影响，头部房企净利润增速显著低于营业收入增速，增收不增利现象持续；2021年，排名前100的房企净利润率下降为9.8%，盈利水平降至个位数，预计行业将进入低利润时代。在这个背景下，房企不能再唯规模论英雄，而是要更加强调财务安全，重视稳健经营，严守"三道红线"等监管要求，主动调整债务规模及结构，实施稳健的经营策略，确保财务安全。

三、房地产企业主要转型方向

房地产行业正处于"挤泡沫、高质量、良性发展"的时期，房企既应在地产开发业务这个老本行上精布局、提效率、专业化，在保持适度杠杆的基础上实施区域深耕策略，降低经营成本，提升产品力；更重要的是，应思考转型发展，降低对传统业务的依赖。房企业务转型主要可总结为三个方向。

第一，基于地产开发延伸后端服务市场，围绕房地产开展服务产业，包括开展物业服务、社区消费、房地产金融等。其中，物业管理是与地产开发协同性最高的服务业务，也是大多数传统开发商的转型选择。目前国内排名前10的房企都有自己的物业公司。除了提供传统的物业管理服务外，增值服务正成为房地产物业管理企业的拓展重点。第一类增值服务主要针对业主，主要为其提供房屋经纪、社区零售、家政服务、空间运营、社区金融、社区医疗等拓展业务收入；除业主增值服务外，非业主的增值服务也是企业拓展的一个方向，如工程服务、案场服务、营销策划等。未来更多的业态有望得到物业管理企业的青睐，"物业服务+"模式将为房企创造更多的价值增长点。

第二，拓展地产领域里的新产品线，推动产业和地产深度结合，探索如物流地产、养老地产、文旅地产等"产业+地产"的模式。养老产业是公认的朝阳产业。2010年左右，多家房企凭借地产开发的先天优势开始涉足养老地产项目。但总体而言，多数企业借养老之名行圈地之实，本质还是地产开发销售的逻辑。随着房企调控政策趋严，传统的养老地产项目销售去化率不及预期，使得部分企业开始重视康养运营和服务，养老地产项目才逐渐从跑马圈地走向服务优先。总体而言，目前我国养老地产市场尚未形成规模，市场集中度较低，尽管拥有众多的试水企业，但均未形成成熟的、可复制的商业模式，潜在市场空间巨大。除养老地产外，物流地产和文旅地产同样拥有广阔的发展前景，也是房企转型发展的重要方向。

第三，房企可在国家政策支持的城市更新、乡村振兴、绿色发展等领域加大投入，开辟新的业务增长方向。2021 年"实施城市更新行动"首次写入我国五年规划，城市更新已升级为国家战略，随着相关政策密集出台，房地产行业步入加速发展期。城市更新业务包括项目获取、改造升级、持有运营和退出四大环节，需要企业具备城市规划、建筑设计、资产运营、物业管理、产业培育等综合能力，地产开发商传统的建设—销售模式已不再适应新时代城市更新的需要，未来房企必须结合自身实际，重点打造覆盖融 – 投 – 改 – 管 – 运"五位一体"的商业模式。除城市更新外，房企也可积极投入乡村振兴、绿色发展等政策鼓励发展的领域，以满足人民日益增长的美好生活需要为出发点，实现企业效益与社会效益协同发展。

2. 智慧电网行业发展机遇与挑战

▶ 2023-07-18

一、引言

随着科技的快速发展和能源需求的增长,智慧电网作为能源领域的重要创新,正逐渐改变着人们对电力系统的认识和运营方式。在政策、市场和技术因素等驱动下,我国智慧电网发展已实现良好开局,且行业依旧呈现高速发展态势。智慧电网的出现不仅提升了电力系统的智能化水平,还为能源的高效利用和可持续发展提供了新的机遇。

二、智慧电网的发展阶段

智慧电网在我国的发展历史并不长,主要经历了以下几个阶段。

- 初级阶段(2009年前)。在这个阶段,我国的电力系统仍然以传统的电力设备和运营方式为主,缺乏对电力系统的智能化监控和管理。
- 推动阶段(2009—2015年)。我国政府将智慧电网列为国家重点发展项目。在这个阶段,政府出台了一系列政策和规划,推动智慧电网的建设。
- 建设阶段(2016—2020年)。在这个阶段,我国的智慧电网进入了全面建设的阶段。政府加大对智慧电网的支持力度,从政策方面明确了智慧电网建设的总体模式和发展路径,提出了分布式能源、能源互联网和电力电子等关键技术的发展目标。同时,各个电力公司开始推动智能电表、远程抄表、自动化配电等智慧电网技术的应用。
- 提升阶段(2021年至今)。目前,我国的智慧电网建设正在不断提升和完善。通过推动5G、人工智能、大数据等新一代信息技术的应用,我国智慧电网的智能化和数字化水平将进一步提高，实现对电力系统的高效管理和优化。

三、智慧电网行业的发展机遇与挑战

1.发展机遇

（1）推动能源转型

智慧电网行业正处于快速发展的阶段，市场规模不断扩大。随着全球对清洁能源的需求增加，智慧电网这种新兴技术将促进可再生能源的大规模接入和高效利用，因此通过智能监控和调度，可以实现电网与分布式能源、储能设备的协同运行，提高能源效率，降低能源消耗和减少碳排放。

（2）促进电力市场改革

智慧电网可以促进电力市场的竞争与开放，提高市场交易的透明度和效率。通过智能化的电力调度和定价机制，可以实现供需平衡，优化电力资源配置，鼓励能源消费者参与电力市场交易。

（3）电网运行管理

智慧电网提供了实时的电力数据和监测手段，能够更加准确地预测和应对电力负荷波动，提高电网的稳定性和可靠性。通过智能设备和智能传感器的应用，可以实现电力设备的远程监控和故障预警，提高电网的运行效率和安全性。

（4）信息技术发展

智慧电网的建设离不开信息技术的支持，而信息技术的快速发展也为智慧电网的进一步发展提供了机遇。例如，人工智能、大数据、云计算等技术的应用，可以实现对电力系统的智能化管理和优化。

总体来说，智慧电网行业的机遇巨大，能够推动能源转型、提高电力市场效率、改善电网运行管理。同时，智慧电网的发展还将带动相关产业的兴起，创造就业机会和促进经济增长。

2.挑战

智慧电网行业在发展过程中面临着一些挑战，以下是几个主要的方面。

（1）技术标准和互操作性

智慧电网涉及多个技术领域，不同技术标准之间的互操作性是一个挑战。智慧电网需要制定统一的技术标准，以确保各个系统和设备之间能够无缝协同工作。

（2）数据安全和隐私保护

智慧电网涉及大量的数据采集、传输和分析，数据的安全和隐私保护是一个重要的挑战。智慧电网需要建立安全可靠的数据传输通道，加强数据的加密和隐私保护，以防止数据泄露和滥用。

（3）投资和成本

智慧电网的建设需要大量的投资和成本，尤其是在基础设施和技术更新方面。这对电力企业和政府而言都是一个挑战——需要找到合适的资金来源，确保项目的可行性和可持续发展。

（4）消费者参与和接受度

智慧电网需要广泛的消费者参与，但目前消费者对智慧电网的认知和接受度还相对较低。需要通过普及教育和信息宣传，提高消费者对智慧电网的认知和理解，并提供具有吸引力和实际效益的智能用电服务。

（5）政策和监管环境

智慧电网的建设需要政策和监管的支持和引导。智慧电网是一个涉及多个领域的综合性技术体系，需要大量的研发和创新，一方面需要经济政策的支持，以此来鼓励企业和研究机构在智慧电网相关技术领域的创新和研发。另一方面，需要行业规范政策的支持，使智慧电网行业得到健全的监管，以此保障市场的公平竞争和消费者的权益。

四、智慧电网行业未来发展措施

智慧电网行业的发展既有机遇也有挑战，面对这些，企业应当采取以下措施。

（1）加强技术研发与创新

在智慧电网行业中，加强技术研发和创新是推动行业发展的关键。首先，需要投入资金和资源用于研发关键技术，如智能电表、智能电网管理系统、能源存储技术、大数据分析等。这些技术的不断发展和创新可以提高电网的效率、可靠性和安全性。另外，还需要鼓励企业和研究机构加强合作，共同开展技术研发项目，提高行业的技术水平。同时，要加强对技术人才的培养和引进，提高智慧电网行业的创新能力。

（2）建立相关标准和规范

智慧电网行业需要建立相关的标准和规范，以统一行业的技术和管理要求。这些标准和规范可以涵盖通信协议、数据格式、设备互联等方面，以确保智慧电网各个环节的互操作性和安全性。制定统一的标准和规范可以降低行业发展的壁垒，促进技术的交流和共享。同时，还可以提高产品和服务的质量，提升行业的竞争力。

（3）推动市场化和商业模式创新

智慧电网行业需要推动市场化和商业模式创新，以实现可持续发展。企业可以研发和推广智慧电网相关产品和服务，如智能电表、智能家居设备、电动车充电桩等。同时，企业可以探索适合行业发展的商业模式，如能源管理服务、电力交易平台等。这些新的商业模式可以创造新的商机，并加快智慧电网的市场化进程。

（4）加强政府政策支持

智慧电网行业需要政府提供支持和引导、制定并完善相关的政策和法规。政府可以提供财政补贴、税收减免和其他扶持政策，以鼓励企业投资发展智慧电网。

政府还可以加大对技术创新和研发的支持力度，推动行业的发展和进步。同时，政府还可以加强监管，确保智慧电网的安全和可靠运行。

（5）加大国际合作和交流

智慧电网行业需要加强与国内外企业和机构的合作和交流，推动技术和经验的共享。通过国际合作，智慧电网行业可以引进先进的技术和解决方案，提高行业的技术水平和竞争力。行业内各方还可以通过合作共赢，共同推动智慧电网的发展，如参与国际标准的制定；参加国际智慧电网领域的研讨会和展览，加强与国际同行的交流与合作。

（6）加强人才培养和引进

智慧电网行业需要加强人才培养和引进，提高行业的人才素质和创新能力。企业可以开展与智慧电网相关的人才培训和教育，培养专业人才，如智能电网工程师、数据分析师等。同时，企业可以引进国内外优秀人才，吸引他们参与智慧电网行业的发展。培养和引进人才，可以提高智慧电网行业的技术水平和创新能力。

总之，智慧电网行业正处于快速发展的阶段，它有着广阔的发展前景和市场潜力。同时，智慧电网行业也面临着很多挑战，企业可以通过克服技术难题、建立行业标准、加快市场化进程等措施来应对挑战。智慧电网行业有望实现可持续发展，并为能源领域的转型和可持续发展做出重要贡献。

3. 文旅行业十九个趋势（2024—2026）

▶ 2023-12-26

关于行业展望，全年各方有各种各样的分析和阐述，年底也有很多更加系统深入的研究文章呈现给从业者。本文基于正略文旅团队在2023年的咨询工作中的实际案例研究而成，从四个方面选取了行业发展的十九个趋势，提醒从业者重点关注。

一、产业面的五个重点关注

1. 复合空间，三区合一

"景区＋社区＋园区"成为新趋势，满足新需求，形成新模式，获得新动力（见图1）。景区的投资收益显然不能满足资源最佳产出的要求，因此近十年产生了"地产＋文旅"的普遍模式，推动了文旅投资的高速发展，但是，在地产下行、土地稀缺、存量更新的大背景下，结合人民对美好生活场景的复合需求，文旅产业已经跨界融合，在运营端开拓产业运营和社区运营，实现生产、生活、生态的"三生融合"。

2. 产业细化，三大分工

产业分工越来越细，形成三大角色分工，产业服务的专业化形成企业的轻资产模式（见图2）。亚当·斯密提出了分工理论，大卫·李嘉图提出了比较优势理论，这些理论体现在产业发展的形态上就是产业分工。文旅行业在供给侧的竞争与需求侧的变化的双重推动下，会分化出专业的行业运营者。轻资产输出，能力变业务将成为一种可能。

三区合一。"景区 + 社区 + 园区"成为新趋势，满足新需求，形成新模式，获得新动力

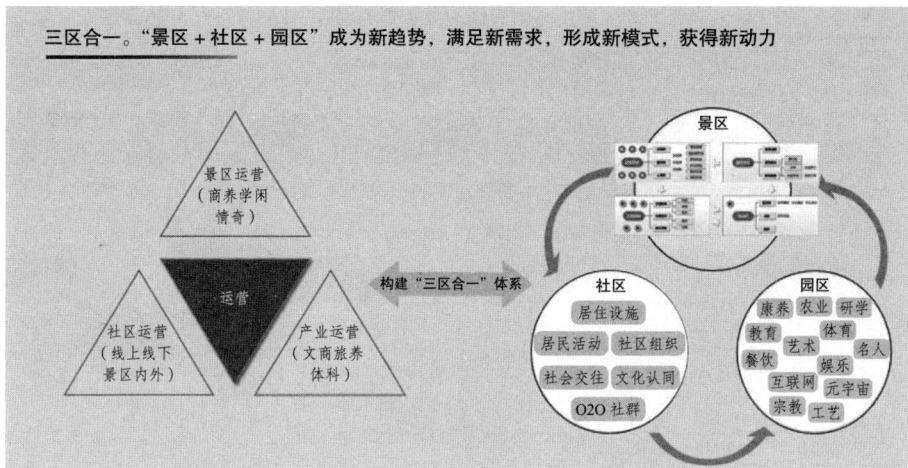

图 1 三区合一

三大分工。产业分工越来越细，形成三大角色分工，产业服务的专业化形成企业的轻资产模式

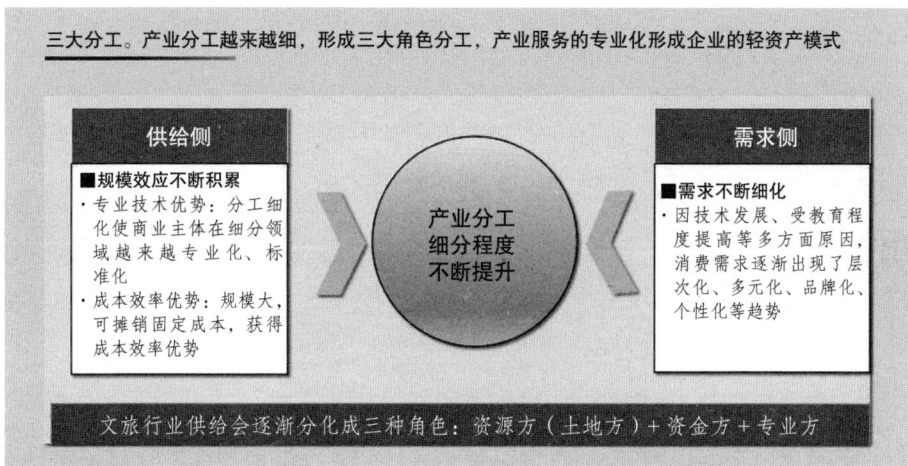

图 2 三大分工

3. 复苏艰难，转型迫切

虽然 2023 年旅游业市场份额普遍实现了增长，但是笔者坚持认为这仅仅是复苏，甚至是报复性复苏，笔者并不像某些机构那么乐观，鼓吹"即将迎来繁荣发展的新阶段"。从上半年山岳型景区的经营情况统计来看，经营数据和收入结构都反映出复苏的艰难（见图 3）和转型的迫切（见图 4）。

复苏艰难。2023 年上半年 8 家上市山岳型景区的经营情况统计（经营数据），消费复苏艰难

名称	2023 年上半年收入（亿元）	2019 年同比	2022 年同比	2023 年上半年人数（万人）	2019 年同比	2022 年同比	2023 年上半年利润（亿元）	利润率	总资产规模（亿元）	2023 年上半年营业收入资产比	2023 年上半年利润资产比
黄山旅游	8.37	114.97%	390.94%	209.16	128.79%	626.98%	2.00	23.89%	53.99	0.16	0.04
峨眉山 A	4.92	93.01%	212.34%	224.61	116.40%	253.62%	1.46	29.67%	32.59	0.09	0.03
丽江股份	3.92	123.27%	496.20%	380.00	146.15%	644.07%	1.21	30.87%	29.14	0.07	0.02
九华旅游	3.80	131.03%	319.33%	496.37	81.77%	448.07%	1.11	29.21%	16.42	0.07	0.02
祥源文旅	2.77	99.28%	178.71%	381.00	—	—	0.563 2	20.33%	33.59	0.05	0.01
张家界	1.79	105.29%	662.96%	186.18	133.05%	906.43%	−0.410 1	−22.91%	28.31	0.03	−0.01
长白山	1.68	130.23%	600.00%	66.10	111.09%	1 224.07%	0.122 5	7.29%	10.86	0.03	0.00
西域旅游	0.949 9	153.21%	365.35%	78.04	47.30%	384.06%	0.307 1	32.33%	6.98	0.02	0.01
均值		113.00%	320.50%		127.40%	598.20%		22.60%		13.30%	3.00%

高值	中位值	低值

图 3 复苏艰难

转型迫切。2023 年上半年 8 家上市山岳型景区的经营情况统计（业务结构），企业转型迫切

名称	收入结构	名称	收入结构
黄山旅游	旅游服务：81.79% 园林开发：12.14% 其他收入：4.28%	祥源文旅	旅游服务：60.27% 互联网文化：39.90% 分部间抵消：−0.17%
峨眉山 A	客运索道：41.15% 游山门票：26.56% 宾馆酒店：17.39% 茶叶收入：8.34% 其他收入：5.36% 演艺收入：1.07% 旅行社：0.13%	张家界	环保客运：43.21% 旅行社服务：17.70% 索道收入：15.52% 其他收入：23.57%
丽江股份	索道运输：49.81% 酒店服务：20.05% 印象演出：19.40% 其他业务：7.17% 餐饮服务：3.57%	长白山	游客运营：63.12% 酒店：27.27% 其他：5.72% 旅行社：3.89%
九华旅游	索道缆车：42.79% 旅行社：32.06% 酒店业务：30.25% 其他业务：−5.10%	西域旅游	游客运营：65.22% 索道运输：19.48% 游船：8.82% 其他收入：6.48%

门票
30% 旅行社、园林开发、游服

酒店
17%~30%

交通
40% 索道、汽车、摆渡车

其他
5% 商业、演艺、餐饮

图 4 转型迫切

4. 科技融合，³创新颠覆

科技带动产业向"新消费、新供给、新企业"的"智慧旅游""智慧企业"进化；产业数字化、数字产业化同时进行。科技正在重塑产业链，技术设备和内容服务的重要性同时提升（见图5），技术的发展使得文旅项目协作的复杂程度加大，"科技＋内容＋文旅"作为新业态建设和运营模式尚不成熟，个别投资运营方对技术形态的关注大于文化内容本身，导致运营混乱、同质化严重；科技带来文旅产业链的快速扩张，形成新的市场领域，项目运营收入空间更大。上游技术设备和内容供给能够实现大规模复用和迁移；中游设计集成环节强调创意设计能力，产能扩张需要时间，体量偏小。下游项目运营能够撬动巨大客流，想象空间更大。

图5　科技颠覆

5. 全球市场，"内卷"重现

入境游，出境游，重启；出境＞入境，国际游开"卷"，国内游更"卷"。尽管面临竞争越来越激烈的挑战，也要适应不断变化的市场环境和需求，一方面要有信心，另一方面要看大势，尤其是2024年出境游的复苏。

二、消费端的五个关键变化

1. 家庭小型化

中国人非常看重家庭纽带，愿意为家庭成员提供相当大的金钱支持。目前，中国平均家庭规模正不断缩小（见图 6），单人家庭比例不断提升（见图 7）；家庭小型化，正在从 2+N+N 演变为 2+2/2+1/2+0；大量"不婚"青年形成"单人家庭"；注重亲子体验、个人体验的旅游项目将更受欢迎。从人口结构看，老龄化、少子化、不婚化加剧。我国老年人口数量不断上升，老

人口普查平均家庭规模

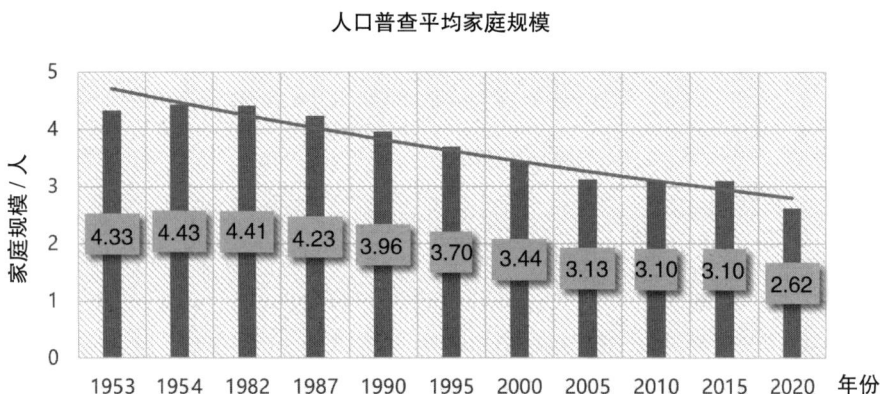

图 6　平均家庭规模

中国单人家庭比例

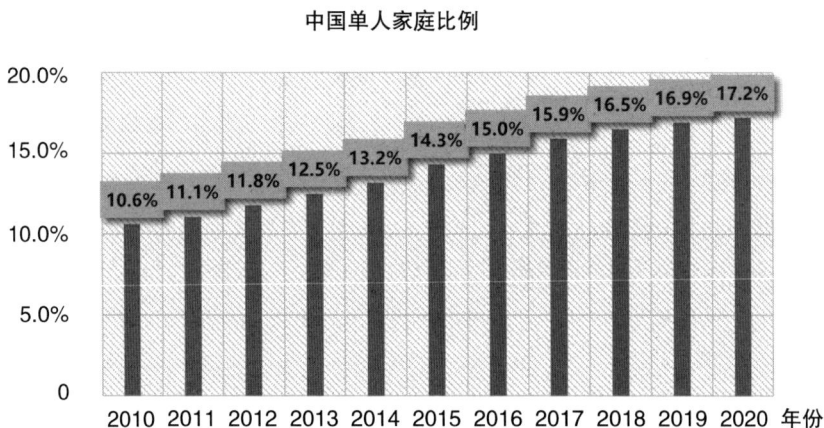

图 7　单人家庭比例

龄化进程加快，而劳动年龄人口数量与占比却连续 8 年出现双降，人口红利即将消耗殆尽，人口结构多元化、家庭规模小型化、消费市场加速分化和裂变，带来众多细分市场。

2. 消费线上化

线上消费促进企业数字化转型，对用户流量的吸引与掌控成为运营的重点。线上消费总占比提升：自 2015 年起，中国网上零售总额迅速增长，占比由 13.5% 提升到 31.3%（见图 8）。线上旅游消费占比提升：2016—2021 年，线上旅游消费占比从 23% 提升到 46%（见图 9），提升速度显著快于线上消费占社会总消费占比。

中国网上零售总额与社会消费品零售总额对比

图 8　网上零售总额增长

在线旅游预订网站和旅游攻略网站是旅游行业用户了解国内旅游景区的主要渠道（见图 10）。随着媒体形式的快速变化，短视频、直播等愈发受到用户的欢迎，通过直播平台和综艺节目了解景区信息的用户有了较大的增长。抓住在线旅游（Online Travel Agency，OTA）平台、旅游网站攻略、短视频等渠道进行品牌传播是营销策略的重点。

2016—2021 年线上线下旅游消费规模占比

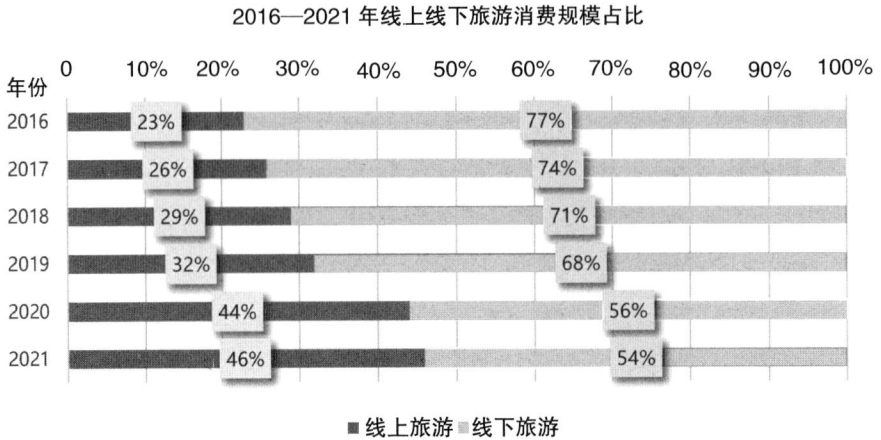

图 9　线上旅游消费占比提升

2022 年中国旅游用户了解国内旅游景区的途径

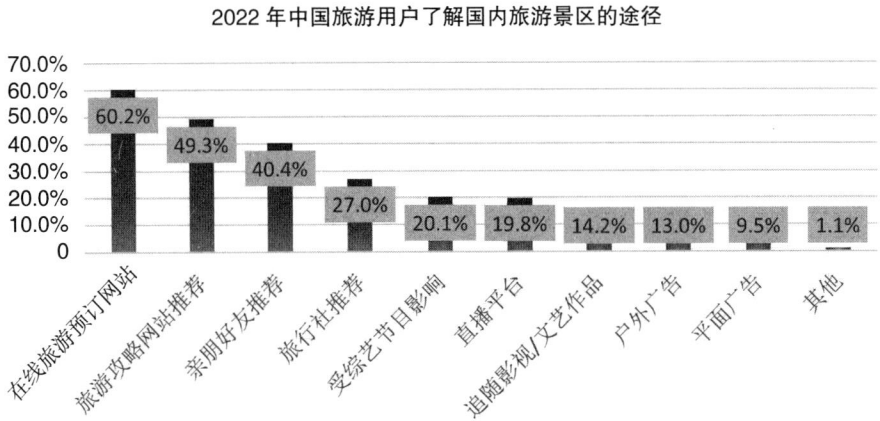

图 10　用户了解国内旅游景区的途径

3. 体验全域化

消费者更倾向于体验式、互动式的消费方式，这个趋势对传统观光型景区乃至体验性不足的景区产生了较大冲击。总体来看，市场对服务业提出了更高的要求；旅游体验场景已经覆盖全时间流程、全空间场域和线上线下全场景（见图 11）。

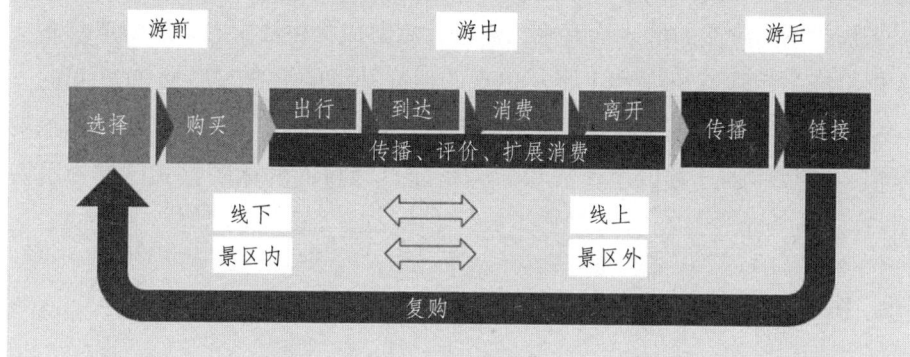

体验全域化。旅游体验场景已经覆盖全时间流程、全空间场域和线上线下全场景

图 11 体验全域化

4. 需求分层化

需求侧向上不断细分，消费升级与降级同时存在。摩根士丹利公司在分析增长的五个动力（包括收入、人口特性、技术、政策、文化）时，进一步认为中国在重置经济发展的底层逻辑不同，不同年龄层的人在生活方式上有显著的差异；最重要的世代转换发生在 2 ~ 3 年内；到 2030 年，人口分布最集中的两个年龄段分别是 35 ~ 44 岁和 55 岁以上。不同人的消费需求如表 1 所示。

表 1 不同人的消费需求

人口结构分层化	消费需求多样化
4 亿中等收入人群	品质化、定制化
4 亿"80 后""90 后"	智慧化、深度化、主题化、预订化
2.56 亿"Z 世代"	潮流化、体验化
3 亿 60 岁以上老龄人	健康化、安全化

2023 年 12 月 11 日至 12 日，中央经济工作会议召开，会议指出，进一步推动经济回升向好需要克服一些困难和挑战，主要是有效需求不足、部分行业产能过剩、社会预期偏弱、风险隐患仍然较多，国内大循环存在堵点，外部环境的复杂性、严峻性、不确定性上升。

5. 生活休闲化

随着生活水平的提高，旅游逐渐成为人们重要的消费需求。大众旅游时代来临，不同阶层的群体均有旅游需求，旅游成为生活常态，旅游产品多层次供给成为趋势，2021 年上半年出现的疯狂补偿的消费态势及 2023 年的人流复苏都反映了这种趋势。同时，城市周边短途高频休闲游成了居民的消费习惯，城市休闲这种以生活放松、关系建设为目的的休闲方式已成为消费主流。

三、供给端的五个发展特点

1. 企业生态化

在全面盘点了中国旅游集团二十强的"十四五"战略后，发现各家的战略思想基本一致，都处于扩张期，在发展模式上提出了全面搭建业务生态体系路线，企业间竞争烈度提升。中国旅游集团二十强的战略主题主要集中在六个方面。

（1）全产业链综合运营。企业根据自身拥有的资源，通过投资、能力拓展或与其他企业合作的方式，进行上下游资源的获取。同时，通过整合相关资源，形成"投资 + 建设 + 运营"全产业链运营机制。

（2）轻重结合建网络。在拥有行业内较为认可的品牌、产品优势的基础上，实施"轻重结合"的发展模式，积极进行管理能力的输出，通过"托管"景区、酒店等的方式扩大规模。

（3）全面发展"旅游 +"。推进"旅游 +"发展模式，通过旅游产业与其他产业磨合、融合、组合，做长产业链，做粗产业束，不断衍生新产品、新业态、新供给。

（4）线上线下整合。一方面，资源端企业积极建设线上网站、手机端 App，通过增加线上营销渠道，发展会员经济、粉丝经济；另一方面，渠道端企业积极布局线下门店，通过实体店的高质量服务吸引客户。

（5）科技化、数智化转型。旅游企业通过应用科技手段，打造智慧旅游产品，提升消费者体验各项服务的便捷度；旅游企业在景区内、旅游项目中融入最新科技成果，增加科技感，丰富游客的体验，增加游玩乐趣。

（6）推行"金融+"。旅游集团通过设立基金、投资、上市等金融手段筹集更多资金，以支持自身发展；与此同时，通过投资实现产业链的延伸或多业务的扩张。

2. 活动同质化

新冠肺炎疫情使文旅行业受到巨大的挤压，行业各方都使出浑身解数，行业"内卷"严重，客户需求拉高，对行业而言并非幸事。图12是16家类型景区/乐园3年400余场市场活动研究汇总（客群–类型矩阵）。

活动同质化。16家类型景区/乐园3年400余场市场活动研究汇总（客群–类型矩阵）

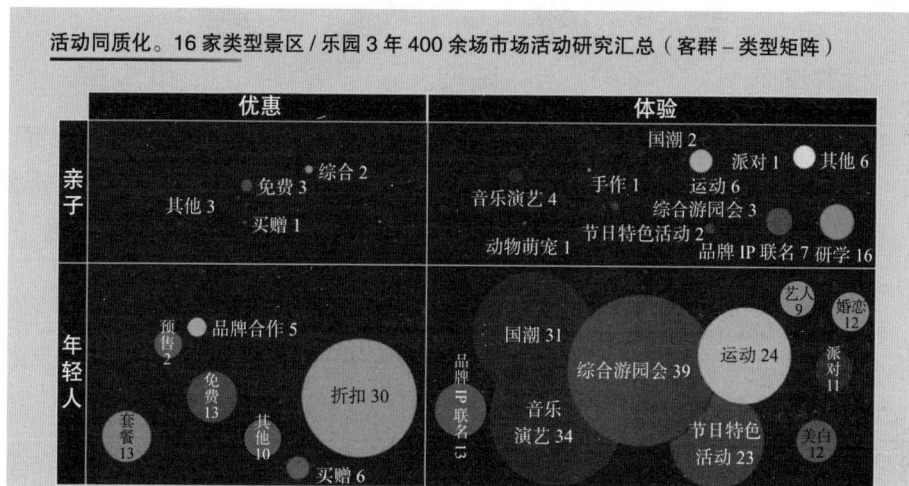

图 12 活动同质化

3. 服务场景化

旅游是休闲，休闲的场景各有不同，旅游是换生活场景，任何场景解决方案都会形成目的地，因此供应链变成了生活方式的表达与构建。空间是场景的解决方案，在客户某个生活环节（即场景）中，适时提供其可能需要的及关联的产品或服务（即产品），便能获得客户的青睐。细分人群的生活方式和场景黏性可轻而易举造就一个成功的产品，人们越来越愿意为特定场景的解决方案付费。随着服务场景化的呈现，原来的产品逻辑已经发生变化。

以前文旅产品的研发通过市场研究和锁定客群两项工作之后就进入产品设计阶段，然后形成"吃住行游购娱"的产品系列。但服务场景化要求在锁定客群之后通过客户旅程描述分析客群的消费场景，而针对这些场景的产品将需要对"吃住行游购娱"进行组合。如此一来，传统的"吃住行游购娱"形成了新场景产品的供应链，如图13所示。

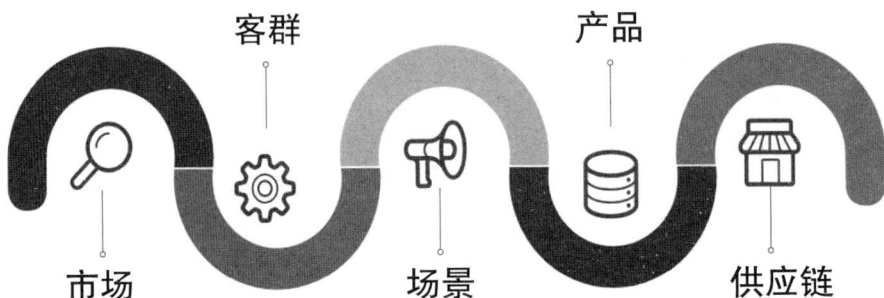

图13　新场景产品的供应链

4. 产品IP化

IP成为传播符号、社群特征、沟通语言，是市场辨识度及商业逻辑的关键。IP通过文化资源的创意转化，为旅游产品获取文化附加值，使旅游产品更加丰富和有深度。拥有IP意味着具备了一定的粉丝基础，这对旅游项目的营销起着倍增的作用，有助于提升旅游产品的价值。IP是原创性的，属于一种精神再创造，具有独特唯一性，是文化旅游景区在旅游市场竞争中无可替代的。通过情感互动，IP运营可以实现单次实体消费引流到网络的持续消费，吸引消费者重复购买，从而提升旅游产品的传播度。创新商业模式从现有客户身上挖掘更多的变现能力是一个挑战，而IP运营可以通过聚集忠实粉丝，实现单次实体消费引流到网络的持续消费，从而提升旅游景区的盈利能力。

5. 营销流量化

移动互联网和智能手机的广泛普及及短视频的爆发，触发了"直播＋网红带货"模式的全面兴起。旅游产品分发渠道持续演变是从门店到平台再到人际的，如今人本身成为渠道，意味着个人品牌时代的到来。从门店到人的时代，是传统的长链条实体经济，门店是连接产品与客户的主要渠道；而到了从平台到人的时代，互联网的发展推动了大型平台的出现，打破了门店的时空限制，携程旅行、艺龙旅行网、同程旅行等平台都是这个时代的代表；后来从人到人的时代，基于人际信任的信息传播和产品分发正成为新的渠道增长极，如社群、直播等形式。在从人到人的时代，优质内容成为大流量，爆品即流量。在从人到人的时代，首先要产品/服务质量过硬；其次要用户体验口碑好；最后要 KOL/权威机构评价好。

四、投资端的四个重要趋势

1. 投资提速，规模理性

文旅投资规模经历 2020 年、2021 年的下降后逐渐回暖，2022 年整体投资规模超 2 万亿元，市场投资信心回归。在对 2022 年广东、湖南、四川、江苏、湖北、安徽的 178 个文旅项目的调查中发现，规模在 0 ~ 10 亿元及 10 亿 ~ 20 亿元的项目数量最多，分别占比 24.7% 和 29.2%（信息来源：省政府重点文旅产业项目列表）。中国文旅产业投资相关内容如图 14 至图 16 所示。

中国文旅项目投融资额（亿元）及投融资数量

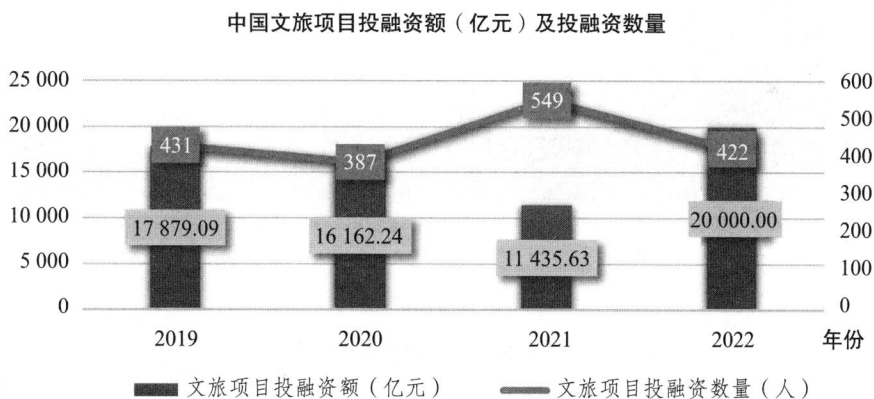

图 14　中国文旅项目投融资额及投融资数量

中国文旅产业平均项目投融资额变化趋势

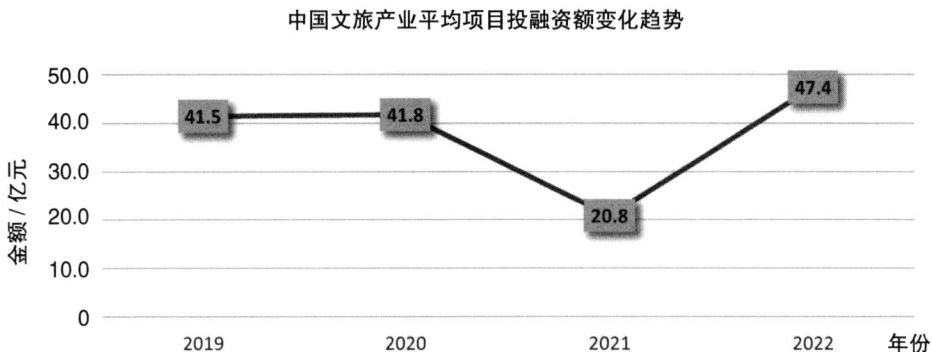

图 15　中国文旅产业平均项目投融资额变化趋势

国内主要地区旅游项目投资金额统计（区间 / 个数）

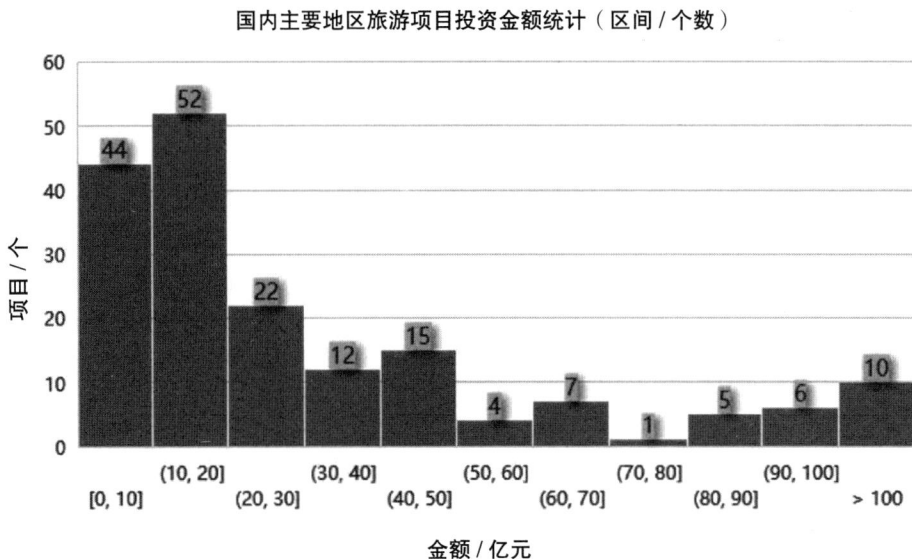

图 16　国内主要地区旅游项目投资金额统计

2. 城旅融合，主客共享

文旅赋能城市，如哈尔滨与冰雪、淄博与烧烤、青岛与啤酒，文旅一能增强城市品牌，二能提升城市文化素质，三能促进城市经济发展，四能改善生态环境。呼应生活休闲化的大需求，"全域旅游""城市休闲"推动城旅融合，旅游即生活，城市即旅游；城旅融合又推动了主客共享的城市休闲产业发展。城市休闲产业包括文化、旅游、娱乐、体育、商业、餐饮、康养等服务业，这些行业各自独立，也相互关联，组成一个休闲产业系统；主客共享的空间需求要求城市文旅休闲空间的业态匹配多业态模式，大量留白空间便于场景转换。要将客群区分为本地休闲和外地旅游两类，要细分客群圈层，业态要有白天模式/夜间模式、平日模式/周末模式/假日模式，要有固定店/快闪店/活动店，灵活多变，空间有限，活动无限。

3. 激活存量，运营为王

城市发展减速，城镇化速度减慢，进入存量时代，产业重心转向服务业，经济发展重点转向存量资产经营；而激活存量，就需要运营为王，文旅化改造场景可切入众多存量空间更新的工程中，如图17所示。

投资端的四个重要趋势

激活存量，运营为王。文旅化改造场景可切入众多存量空间更新的工程中

改造前	改造后	业态种类	功能复合度	改造周期	空间活力	环境要求	交通复杂度
写字楼	写字楼	办公	小	长	较低	高	高
	公寓	住宅	小	短	较低	较高	中
	长租公寓	住宅出租	小	较长	较高	较高	较高
商场	综合商场	购物	较大	短	较高	较高	较高
历史街区、建筑	创意产业园	旅游、文化	小	短	低	较	较高
	文化旅游区	购物、餐饮、休闲、娱乐、旅游	大	较长	高	高	高
酒店	写字楼	办公	小	短	较高	较低	较高
	高端酒店	酒店、餐饮	较小	长	较高	高	较高
老住宅	商业综合社区	休闲、娱乐、购物、旅游	大	长	高	较高	高
	创意产业园	休闲、餐饮、娱乐、购物、旅游	大	中	高	较高	较高
	民宿	酒店、餐饮	中	中	中	高	中
	长租公寓	住宅出售	小	短	较高	较高	较高
工厂、旧厂房	创意产业园	休闲、餐饮、娱乐、购物、旅游	大	中	高	较高	较高
	写字楼	联合办公	较小	中	较低	高	高
	高端住宅	住宅	小	长	低	高	中

图 17　激活存量，运营为王

4. 国企搭台，政府唱戏

投资主体以国企和政府为主，它们承担公共性、牵引性的区域发展责任。随着大众旅游的兴起和普及，旅游已经成为一种生活方式、学习方式和成长方式。作为五大幸福产业之首和"小康生活标配、美好生活必备"，旅游在丰富人民群众生活、促进人的全面发展方面肩负着重要的文化使命。同时，旅游是传播文明、交流文化、增进友谊的桥梁，是不同国家、不同文化交流互鉴的重要渠道。旅游在培育和践行社会主义核心价值观方面具有独特作用；在推动中华优秀传统文化创造性转化、创新性发展方面具有引领作用；在推动中华文化对外交流传播方面具有重要作用。

而在地方经济发展中，旅游在保增长、扩内需、转方式、调结构、惠民生、促就业六个方面发挥关键作用，因此要求第一产业围绕文旅转型，第二产业围绕文旅升级，第三产业围绕文旅发展。文旅产业能够实现"资源 – 资产 – 资本 – 资金"的闭环蝶变增长。文旅是城市的基础设施，生产、生活、生态的"三生"融合是最新的城市发展理念和发展要求。因此，国企搭台，政府唱戏就成了当前文旅产业发展的独特风景，尤其在旅游城市，更是如此。

分析文旅行业的发展趋势，可以发现其有一个充满机遇和挑战的未来。通过不断创新和适应市场需求，文旅行业将继续发展壮大，为消费者提供更加丰富多样的旅游体验。

4. 酒店行业发展策略探析

▶ 2023-09-05

近年来，为规范和促进酒店行业的发展，国家陆续发布系列政策，包括引进国际酒店管理品牌、鼓励绿色低能耗运营、支持个性化酒店发展、加强对新业态新模式的引导和服务、整合"交通－旅游－酒店"各环节的产品和资源等主要方面的内容。

在旅游与公商务出行双重恢复的利好作用下，酒店市场迎来全面复苏，新的机遇持续涌现，酒店行业增长势头良好。与此同时，在中产阶层快速崛起、理性消费不断升级的驱动下，经济型酒店需求向上迁移，而限制"三公消费"等政策促使高端需求受限，适度下沉至中高端酒店，加之国内商旅市场的快速增长，中高端服务酒店需求持续扩张。

站在新一轮竞争的起点，锚准战略方向、制定正确策略是酒店行业抓住机遇和把握利好的重要前提和保障。

一、运营模式和发展模式

酒店行业参与者主要包括物业方、加盟方、酒店管理公司，运营模式主要有直营、加盟及管理输出。着眼消费升级的"中端向上"（多为直营或管理输出）和拓展下沉市场的"轻管理向下"（轻资产加盟）是由此衍生的两种当前酒店行业发展的新趋势。

国内外酒店行业典型发展策略可分为以下五大类别。

（1）地产资金模式，代表企业为万豪酒店集团、希尔顿酒店集团等。例如，希尔顿拆分旗下酒店房产，重组为一家不动产投资信托基金，将在全球范围内的100亿～120亿美元的酒店业务打包，成立分别专注于专业酒店管理和房地产业务的两家公司。

（2）投资机构合作模式，如喜达屋与世茂集团资本联合成立合资酒店企业。喜达屋资本具备轻资产和资产证券化经验，世贸集团则拥有充分的自主运营权。

（3）酒店投资模式，代表企业为凯悦酒店集团、雅高酒店集团。凯悦通过收购酒店与出售酒店的循环，即卖出酒店获取资金，而后低价购买未来有潜力的优质项目，获得收益。雅高则投资酒店价值链上下游企业，包括酒店公司、共同工作空间、礼宾服务公司、餐饮、数字预订平台等，最终提升客户体验。

（4）价值链平台化模式，代表企业为锦江酒店集团、华住酒店集团。锦江酒店集团的 WeHotel 平台以酒店为核心、会员为基础、伙伴为延伸，为消费者提供一站式预订体系和全流程服务，并为其他酒店提供经营管理的支持系统。

（5）OYO 模式，代表企业为 OYO 集团。OYO 集团重视下沉市场的开发，"农村包围城市"，通过品牌化的运营（提供人员管理、技术与后端服务），重新激活二线、三线、四线、五线城市的酒店存量市场。其商业模式为"资本加持下的轻加盟模式 + 持续高速扩张"，提供经济型改造方案，实现低门槛非完全标准化、15 天快速改造。

二、行业前景

根据行业政策、宏观经济环境、主流运营模式、市场结构等诸多要素判断，未来有前景的酒店企业如下所述。

（1）有能力的轻资产企业，包含两种主要类型：平台型或平台依靠型，如爱彼迎；管理型，运营和管理能力强大，如国际知名酒店管理公司。

（2）做资源整合的酒店企业，包括三条实施路径：横向整合资源——酒店行业全价值链资源整合，将大量中小存量酒店进行整合和改造升级；纵向整合资源——聚焦酒店行业价值链某个环节，集中优势资源实现最大价值；海外并购与融合——将海外酒店的管理等优势与中国市场结合。

（3）抓住技术革命和消费趋势的酒店企业。酒店业是互联网和大数据的终端企业，比拼的是运营能力，抓住未来网络、人工智能、大数据、消费趋势等关键因素有助于抢占先机。

（4）有能力的酒店行业的投资机构。其运作基本环节为：首先选择有提升空间的目标企业，然后进行并购，改变股权结构，进行激励和约束，提升业绩，最终通过经营或出售获利。

（5）具备跨界协同能力的酒店企业。其业态特征为：酒店业场景性强，具备与多种业态产生关联或协同的潜力，不同选择造就各有特色的服务，满足个性化需求。在当前形势下，文化旅游联合发展受到政策引导，康养、绿色大趋势在酒店业态最容易落地。

三、发展策略一：实现统一化管理

打造酒店集团的第一步是实现统一化管理。通过科学的资源调配降本提效，同时加强酒店集团的品牌建设，提升酒店业务的整体价值和影响力。未来待管理团队和运营模式成熟后，可进一步对外拓展管理输出项目，拓展业务范围，拓宽收益渠道。

统一化管理通常包括以下内容。

（1）建立统一的垂直式管理架构，包括管理层次和决策机构，确保不同酒店之间的管理方式相同，决策过程有效、高效。

（2）通过制定标准化的流程和操作手册，确保不同酒店在运营过程中采用相同的方法和流程。

（3）提供培训和发展计划，使员工能够更好地了解和适应企业的标准化流程和操作手册，从而更好地为客户提供服务。

（4）通过共享信息技术系统，不同酒店可以轻松地分享信息、数据和报告，以便进行更好的业务决策和管理。

（5）建立完整的供应链管理体系，通过集中采购和供应链管理，实现成本控制和效率提升。

（6）建立中央化的客户关系管理系统，整合旗下各酒店的客户数据，包括客户信息、预订记录、消费记录等，对客户进行分类、分析和营销。一方面，提高客户的满意度、忠诚度和复购率；另一方面，帮助酒店集团实现客户数据共享和业务分配协同。

（7）塑造鲜明的品牌形象和企业价值观，加强品牌文化建设，促成品牌联盟和合作，制定品牌营销策略，并通过建立和完善包括品牌标准、品牌保护、品牌评估等在内的品牌管理机制，维护酒店集团的品牌声誉，确保品牌形象的一致性和品牌的可持续发展。

（8）开拓多元化销售渠道，包括 OTA、直销渠道、会议会展业务等，提高旗下酒店的曝光率和市场份额。

四、发展策略二：布局数字化建设

推进酒店的数字化建设工程是紧跟行业未来趋势的必要手段。从建立数字化战略、完善数字化基础设施、提升客户体验、优化酒店运营、数据分析和营销、打造数字化文化六个方向发力，推动酒店的数字化建设规划执行落实，达到为客户带来真实便捷、为企业创造实际效益的目的。

- 在优化运营方面，数字化技术被普遍应用于提升服务体验、促进降本增效等方面，并取得成效。通过业务数字化、管理线上化、决策智能化，可以加速重构生产方式和组织方式，实现技术驱动、高效运营、生产力再造，以效率制胜，从而增强酒店业务的市场竞争力。
- 在数字化营销方面，深圳万豪酒店、东呈集团、亚朵集团依次揭示了酒店通过经营私域价值链，完成数字营销促流量、酒店生态建触点、会员服务增黏性的三个重要步骤（见表1）。首先，充分利用各种数字化平台及手段，提高酒店的曝光度和影响力；其次，通过打造酒店生活生态，加强与潜在客户群体的互动，培养大众对品牌的熟悉感和认可度；最后，通过完善精细化会员管理体系，增强客户黏性，提高直销渠道比例，从而增加客房利润。

表 1 数字化营销

类型	具体措施
数字营销促流量——深圳万豪酒店	万豪酒店利用微信公众号与 OTA、本地生活服务平台等合作，将其优惠信息、客房信息等通过多个渠道推广，进一步提高了酒店的曝光度和影响力。同时，通过搜索引擎优化、搜索引擎营销（Search Engine Marketing，SEM）广告、社交媒体营销等手段展开数字化营销，不断扩大其数字化营销的覆盖面和影响力

（续表）

类型	具体措施
酒店生态建触点——东呈集团	东呈集团着力打造"1+3"平台化模式。即在传统的酒店连锁平台的基础上，延伸出东呈会——面向 C 端的本地生活服务平台；东呈金——面向 B 端加盟商和供应商的高净值人群服务平台，涵盖酒店投资、物资采购等投后管理服务；东呈智——面向员工的数字化管理平台，预期未来可以为酒店 / 连锁企业输送人才
会员服务增黏性——亚朵集团	亚朵集团的 A 卡会员制度实现完全数字化，通过数据分析深入了解客户偏好，并将亚朵集团旗下所有品牌联合起来，在集团内部共享会员，从而帮助亚朵集团充分服务会员并提高客户忠诚度。同时，推出 A-PLUS 客户服务计划，为客户提供个性化服务。加入 A-PLUS 计划后，客户可以在抵达酒店前提出和设置他们的要求和偏好，共包括 19 项 A-PLUS 定制服务

五、发展策略三：探索跨界新业态

以开放革新的眼光探索市场新趋势、创造酒店行业新业态，是对酒店空间价值的颠覆重构，这正不断拓展着酒店业务的收益边界。一方面，应建立酒店与更多产品和场景的联通，为核心客群重构产业价值链和企业运营模式。另一方面，可通过跨界融合探索新的业务领域和市场机会，以推出创新性、多元化的酒店产品，打造酒店业务增长"第二曲线"。

打造酒店行业的跨界融合通常可参考以下实现路径。

（1）融合科技。利用智能化、大数据、云计算等科技手段来提升酒店的服务水平和管理效率。比如，可以推出智能客房、智慧酒店等，提供智能、个性化的服务。

（2）融合文化。利用酒店地域、历史文化等独特的资源，打造具有文化内涵的酒店产品。比如，可以推出主题客房、文化体验活动等，提供更加有内涵的住宿体验。例如，亚朵集团通过合作联名方式经营独立主题酒店，与网易严选合作经营零售主题酒店，与上海美术电影制片厂合作经营动画主题酒店，与易车合作经营汽车主题酒店，涵盖音乐、篮球、文学等领域的潮流主题，成功打造出一批 IP 酒店标杆。

（3）融合艺术。将酒店空间与艺术融合，打造独具特色的酒店产品。比如，可以在酒店内部或周围打造艺术展览、文化交流等活动，提供有格调的住宿体验。

（4）融合娱乐。利用酒店的资源和地理位置，打造具有娱乐性的酒店产品。比如，在酒店内部或周围开发娱乐设施，推出亲子活动、主题派对等，提供丰富、有趣的住宿体验。

（5）融合健康。将酒店与健康融合，打造具有健康元素的酒店产品。比如，可以推出健身房、瑜伽、静心冥想、养生餐饮、中医理疗等产品，提供健康、舒适的住宿体验。

（6）融合新零售。一方面，推动线下餐饮业向数字化、零售化方向变革转型，借助供应链优势，探索预制食品的销售，如火锅食材、面条米粉、料理小龙虾等；另一方面，通过提升场景利用程度，重构酒店空间价值，甄选与旅游、出差、生活相关的精致良品，通过场景化设计和线上线下多渠道购买服务，构建从酒店到家的一站式品质生活圈。

5. 人工智能与传统基础设施建设的交集与碰撞

▶ 2023-10-11

人工智能和传统基础设施建设（简称"基建"）在许多方面存在着交集和碰撞。随着科技的不断进步和社会的发展，人工智能被广泛应用于传统基建的各个环节，面临着新的机遇和挑战。

一、人工智能在传统基建中的应用

（1）智能规划与设计。人工智能可以通过对大量数据的分析和模拟，提供更加准确的规划和设计方案。例如，在城市规划中，人工智能可以通过分析人口流动、交通状况等数据，为城市规划师提供科学的决策依据。

（2）智能监测与维护。人工智能可以实时监测传统基础设施的状态，并预测可能出现的故障或损坏，从而提前进行维护和修复。例如，在桥梁的结构监测中，人工智能可以通过传感器数据的分析，提供桥梁健康状态的评估和预警。

（3）智能交通与物流。人工智能在交通管理和物流运输领域的应用也越来越广泛。例如，智能交通信号灯可以根据交通流量实时调整信号配时，缓解交通拥堵问题；智能物流系统可以通过人工智能算法进行路径规划和货物配送优化，提高物流效率。

（4）智慧能源与环保。人工智能在能源领域的应用也具有巨大潜力。通过对能源系统的数据分析和优化，人工智能可以实现能源消耗的最小化和能源利用的最大化。同时，人工智能还可以应用于环境监测和污染治理，提供更加精准的环境保护方案。

二、政策对人工智能与传统基建的影响

我国政府高度重视人工智能的发展，并将其作为国家战略进行推进。《新

一代人工智能发展规划》于2017年发布，明确提出了推动人工智能与传统产业融合发展的目标。随后，相关政策文件相继出台，鼓励在传统基建中推广应用人工智能技术，促进经济发展和提升公共服务水平。而在国际层面，各国也开始重视人工智能与传统基建的交互作用。例如，联合国推出的《2030年可持续发展议程》，其中包括将人工智能技术应用于基础设施建设和城市化进程的目标。同时，国际标准化组织（International Standards Organization，ISO）也开始制定相关的标准和指南，以规范人工智能在基础设施领域的应用。

三、人工智能与传统基建的碰撞与挑战

（1）数据隐私与安全。人工智能在传统基建中的应用需要大量的数据支持，而数据的获取和管理涉及个人隐私和数据安全的问题。因此，如何保护数据隐私和确保数据安全成为人工智能与传统基建交互中的一个重要挑战。

（2）技术壁垒与人才需求。人工智能技术的应用需要具备相关的技术和人才支持。然而，目前人工智能技术的发展还存在一定的技术壁垒，同时，相关人才的供给也相对不足。因此，加强技术创新和人才培养成为推动人工智能与传统基建融合的关键。

（3）法律法规和伦理道德。人工智能在传统基建中的应用还需要与相关的法律法规和伦理道德进行协调。在智能交通系统中，如何处理与伦理道德相关的决策问题成为一个挑战，例如，自动驾驶车辆在紧急情况下的选择。

总之，人工智能与传统基建之间存在着广泛的交际和碰撞。合理利用人工智能技术，可以提高传统基建的效率、安全性和可持续性。然而，人工智能的应用也面临着一些挑战，包括数据隐私与安全、技术壁垒与人才需求，以及法律法规和伦理道德等方面。因此，需要加强政策引导和创新支持，促进人工智能与传统基建的有机融合，以推动经济的跃升、社会的可持续发展，以及提升百姓的生活质量。

6. 物业服务"黄金时代"企业攻略上篇：抓住发展机遇，有效布局市场

▶ 2022-12-26

"房地产行业已经到了'黑铁时代'。"万科董事长如是说。诚然，房地产行业经历过 21 世纪初爆发式发展的"黄金时代"、规范运作的"白银时代"，今天，这一行业正在悄然地退下国民经济的第一舞台，回归稳健状态，而作为房地产产业链下游的物业服务却正在蓬勃萌生。看港股上市的物业企业数量，2017 年及之前共计 14 家、2018 年 5 家、2019 年 8 家，时至 2020 年，对比之前的几年，可谓井喷式的增长，有 18 家，虽然在 2021 年回落至 14 家，但房企和物业企业分拆乃至分道扬镳，是当前正在火热上演的大势。

物业行业并不是个新兴行业。回顾 40 余年发展历程，我国物业行业先后大致经历了起步探索、独立发展、规模增长、市场化运作四个发展阶段，逐渐由原先的依赖于房地产开发、运营的细分领域，转而向独立运作方面转变，甚至在房地产行业不景气的阶段，反向赋能房地产行业。近年来，物业行业价值得以重塑，物业管理企业因持续经营、现金流稳定、抗跌能力强等特性赢得资本市场的青睐，行业发展规模和速度得到了前所未有的提升。

2021 年，我国物业管理行业总规模达到 342 亿平方米，预计到 2025 年有望实现 388 亿平方米，复合平均增长率将达 3.2%。随着城镇化发展快速推进、房地产开发增量稳步增加、人均住宅面积不断增大、物业覆盖率持续提高、用户对生活品质的要求趋向精细化，为物业管理行业长期发展打开广阔空间。与此同时，多元增值业态的不断丰富也在进一步扩大物业服务边界，加之近年国家和地方颁布相关政策利好发展，物业行业或将进入发展的"黄金时代"。

一、政策：制度标准不断完善，行业发展长期利好

2020 年 8 月，央行、住建部与重点房企座谈，收紧房企融资的同时，进一步推动了房企分拆、物业独立和吞并。2021 年 1 月，住建部等 10 部委联合出台行业纲领性文件《住房和城乡建设部等部门关于加强和改进住宅物业管理工作的通知》，对物业管理行业的发展做出了规范性指引。2021 年 3 月，"十四五"规划中首提物业服务行业，助推行业规模的扩大和品质的提升。同年 8 月，《住房和城乡建设部等 8 部门关于持续整治规范房地产市场秩序的通知》强化了对物业服务行业的监管，进一步推动了物业行业市场化和品质化发展。与此同时，国家各部委发布与物业行业相关的政策文件中，"城镇化建设""老旧小区改造""便民生活圈建设"等关键词出现频率不断提高，为物业行业延伸服务场景、拓宽服务边界指明了方向。

从整体来看，行业政策稳中向好。相关制度和标准得以不断完善，推动物业行业持续向着标准化、市场化、品质化方向发展。具体到公司层面，头部企业由于在业务发展及管理水平上往往处于行业前列，未来随着越来越多推动提高行业服务质量、提升市场化水平等方面的政策落地，头部企业有望从中受益，进一步扩大市场份额，提高集中度。

二、业态：服务场景横向延伸，增值空间纵向拓展

一般来讲，物业业态可分为住宅物业、非住宅物业（商业写字楼、园区等）和城市服务三大类。值得一提的是，城市服务作为我国新型城镇化建设的关键一环，物业管理企业借助服务优势大举进军，城市服务成为物业管理企业在非住宅物业领域的前沿战场。

1. 住宅物业

住宅物业是物业行业的主要组成部分。2018—2021 年，500 强物业企业住宅物业管理面积在总管理面积中占比均超过 58%。据估计，预计 2025 年，住宅与非住宅市场规模合计超过 1.2 万亿元，其中住宅业态预计将达到 8 000 亿元。

近年来，在"四保一服务"基础上，越来越多的物业企业积极探索"物业服务＋生活服务"的模式，借助信息化、数字化等手段，构建起以社区服

务为核心的增值服务模式，探索更大的盈利空间。据统计，2018—2021 年，500 强企业多种经营收入贡献从 20.3% 上升至 27.8%，其中，社区增值服务收入占比为 11.1%，较上年增加 1.5 个百分点。另外，2021 年，500 强企业多种经营收入毛利率占比超过 42%，较上年增加 4.67 个百分点，占比持续提升。其中，社区增值服务毛利占比达到 22.3%，较上年增加 10.7 个百分点，增长十分显著。从代表物业企业来看，2020 年，雅生活集团以 35.3% 的增值服务收入为公司贡献了 52.4% 的毛利润，新城悦服务、建业新生活等企业的增值服务收入比重分别为 56.2%、67.6%，碧桂园服务、保利物业等在社区增值服务收入中的比重也都在 40% 以上。

由此可见，住宅物业服务单靠面积吃饭的基础服务的地位正在逐渐弱化，头部企业正逐渐通过增值服务拓宽增长空间，摆脱对房地产周期的依赖，有望发展成为物业企业未来长期发展的第二增长极。乐观估计，预计 2025 年，物业增值服务的市场空间可达到 7 570 亿元。因此，对将重点放在住宅物业的企业来说，应全面梳理和整合增值服务资源，利用信息系统打造增值服务平台，探索"物业服务＋生活服务"的高效运营新模式。

2. 非住宅物业

非住宅物业是除住宅业态之外物业管理服务类别的总称，具有产业范围宽泛、市场规模大、费用收缴率高、盈利能力较为稳定等诸多优势。

近年来，万科物业、绿城服务、保利物业纷纷成立专业子品牌"万物商企""绿城云享""星云企服"，重点抢占商办物业服务市场；碧桂园服务、招商积余则借助政府支持社会资本参与公共服务的政策红利，积极承接政府机关、企事业单位的相关物业服务，顺势切入交通枢纽、体育场馆等公共建设服务领域，迈出大举拓展非住宅物业的步子。据中物研协发布的物业企业综合实力研究报告，2021 年，500 强物业企业非住宅物业在管面积达到 67.2 亿平方米，占比由 2018 年的 36.5% 增加至 41.70%，且呈现持续加速增长趋势。同时，500 强企业 2021 年非住宅物业在管面积的净增量为 8.25 亿平方米，同比增速达 13.99%，而同期住宅物业的净增量和增速仅为 6.89 亿平方米和 7.90%。预计 2025 年，非住宅物业市场规模将达到 4 560 亿元，占比将超过 45.00%。

相比住宅物业，非住宅物业空间广、赛道多，各细分业态内竞争相对较小，但精细化运作必然对外形成较高进入壁垒，想要快速抢抓发展机遇、扩大非住宅领域市场份额，则需要物业企业具有较高的快速建立各业态专业服务体系的能力。同时，非住宅赛道新业态持续更替，这就要求企业能够因时而变、顺势而为，及时切换赛道，提升运营效率。

3. 城市服务

城市服务是近年来在政府部门和物业企业双重诉求下，探索出来的新的服务业态，其本质是由物业管理企业对公共空间和资源（不仅局限于城市）进行统筹管理，提供一体化解决方案。在我国新型城镇化建设加速推进的背景下，城市服务市场空间不断释放，物业企业参与其中的热情高涨，预计未来将达到万亿元市场规模。

但是，从细分行业成熟度来看，城市服务的业务模式尚未形成，服务标准体系也需要进一步完善和明确，物业管理企业还处于对城市服务领域的初级探索阶段。比如，在业务模式上，碧桂园服务"城市共生计划"、保利物业的"镇兴中国"主要通过环卫绿化等低能级服务方式切入城市物业领域；万科物业的"城市空间整合服务"、招商积余的"城市运营板块"则围绕一线、二线城市新区开展市政总包；其他物业管理企业对城市服务模式的探索也是百花齐放。而在行业进入上，目前大多物业企业主要采取并购，或与当地政府部门进行战略合作的方式进行突破。

未来，在城市精细化管理运作模式下，城市服务将需要服务提供商具备更强的综合业务能力和资源整合能力。同时，为了适应城市服务业务更复杂的管理要求，物业企业必须主动探索向精细化、标准化、智能化管理服务过渡的有效手段。值得关注的是，城市服务作为物业管理企业的新兴赛道，头部物业企业基于自身的资源优势、经验优势等，虽已开始抢占发展先机，但尚未出现行业寡头，巨大的市场空间也为后发企业进入该领域提供了优势。

物业管理行业作为最具备场景化创新的行业之一，近年来，在政策、资本、技术的三重加持下，行业发展规模和速度有前所未有的扩大和提高。在未来中长期时间内，物业管理行业各类业态均有望达到万亿元市场规模。而随着2022年万物云和龙湖智创生活的上市，我国物业企业在各个细分业态中的竞争格局也已初步确定。如何在物业行业快速发展的"黄金时代"抓住机遇，快速破局，成为物业企业不得不面对和思考的问题。

参考文献

［1］中物研协.2022 物业企业综合实力研究报告［EB/OL］.［2022-11-01］.

［2］中泰证券.物业服务行业专题：怎么看行业市场空间［EB/OL］.［2021-6-12］.

7. 物业服务"黄金时代"企业攻略下篇：构建差异竞争，实现深耕破局

▶2023-01-03

中指研究院发布的 2022 年百强物业服务企业研究报告显示，2021 年，百强物业企业管理面积为 0.57 亿平方米，同比增速达 16.7%；市场占有率超过一半，增至 52.3%，较上年增长了 2.6 个百分点；营业收入均值达到 13.4 亿元，同比增长 14.2%。进一步研究发现，物业头部企业的集中效应表现更加明显。2021 年，排名前 10 的企业中，平均每家企业的管理面积是百强企业平均管理面积的 6.2 倍，平均营业收入也达到了百强企业平均营业收入的 3.5 倍。而从营业收入增速来看，排名前 10 的企业营业收入总量同比增速已达到 50.2%。在高速增长态势下，物业头部企业集中度进一步凸显，形成强大的规模优势，延续强者愈强的发展特征。

随着物业行业的快速发展，各方资本纷纷进入，也进一步推动了物业服务企业上市融资和收并购的步伐。据统计，2021 年，物业管理行业披露的交易信息收并购 71 宗，涉及金额 333 亿元，所融资金大部分用于收并购中小型物业企业及布局与"物业 +"相关的上下游产业，实现管理面积持续稳健扩大，完善了物业服务相关产业链生态。在资本的助推下，物业头部企业通过并购、竞标、战略合作等方式，持续扩大规模，进一步推动了资源和市场的集中，这无疑给后发企业带来了较大的发展阻碍。

另外，随着龙头企业优势日渐稳固，行业壁垒逐步提升，可以预见，未来在物业企业加快登陆资本市场的强大外力驱动之下，头部企业将会继续通过母公司支持、品牌宣传、并购延伸、科技驱动等方式，不断提升核心竞争力、扩大市场份额、巩固行业地位。预计未来，在行业增量增速逐渐放缓的背景下，物业管理行业将迎来存量竞争时代，头部企业凭借规模效应和成本

优势，将进一步建构行业壁垒，蚕食中小企业市场份额。面对群雄逐鹿、硝烟四起的行业战场，处于竞争弱势地位的中小物业企业如何在夯实自身发展优势的基础上，激流勇进、突出重围，找到破局之道，成为摆在企业面前的现实问题。

下面，本文从三个典型的物业企业案例出发，共同探寻中小物业企业的破局之道。

一、华润万象生活：集中优势力量抢占商管物业主赛道

华润万象生活作为世界 500 强企业华润集团旗下业务单元华润置地的成员公司，凭借万象城、万象天地、万象汇三大商业产品线及企业强大的商业运营能力，牢牢占据商管头部企业地位。2021 年，华润万象生活全年实现综合营业收入 88.75 亿元，其中商管运营及物业管理服务营业收入 35.60 亿元，占比超过 40.0%。从毛利率来看，商管服务毛利率高达 48.6%，但同期住宅物业毛利率仅为 19.3%。根据企业已披露的规划，未来企业将有近 500 万平方米的购物中心开业，2021—2025 年，每年将有不少于 10 个商业轻资产外拓项目。随着商管规模的扩大，企业商管物业的规模体量也将持续增长。与此同时，在企业卓越的商业运营能力加持下，华润万象生活也将集中优势力量从商管物业赛道突出重围，抢占物业行业市场发展先机，构筑起更加坚固的竞争壁垒。

二、医管家：加强专业服务聚焦医疗后勤细分赛道

上海益中亘泰（集团）股份有限公司（医管家）成立于 2002 年，是国内市场化运作、跨区域经营、集团化管理的大型专业医疗机构后勤服务供应商。医管家成立 20 年以来，持续聚焦医疗后勤服务领域，通过长期深耕、持续经营，不断提高品牌知名度，从而在专业壁垒较高的医院后勤服务市场建立起稳定的客户群。现该公司已成为中国物业服务百强企业、中国医院物业服务领先企业。近年来，我国不断通过新建、改建、扩建等方式增加医疗资源供给，而随着医院数目的不断增加，也带动医院后勤服务需求不断增长，这也将为该公司未来医院后勤服务市场带来更加广阔的发展空间。

三、乐奥服务：由点及面深耕区域发展快车道

乐奥服务，作为一家深耕江西的中小特色物业企业，近年来发展迅速，在区域市场中崭露头角。乐奥服务成立于2015年，总部位于江西南昌，脱胎于江西本土最早的地产公司中奥地产。成立仅7年时间，乐奥服务围绕"强化核心区域、聚焦重点区域、深化全国布局"的发展思路，在持续深耕江西区域、赢得区域口碑的基础上，稳步推进全国战略布局，逐渐明晰企业发展路径。凭借在区域内坚实的服务品质，乐奥服务迅速获得行业认可。2020年，乐奥服务荣获"中国物业企业客户服务满意度模范企业50强""中国物业服务特色品牌企业""中国新锐成长型物业服务品牌"等诸多荣誉。同时也得益于区域聚焦和城市深耕战略定位，截至2023年1月，乐奥服务业务已由点及面，顺势突围，成功布局全国7个省及直辖市37个城市100余项目。

四、发展建议

（1）聚焦核心主业，加固主业竞争力。任何企业的发展要想长久获得持续的优势竞争力，都必须有凝心聚力深耕的主业。随着物业行业发展"黄金时代"的到来，物业服务场景不断丰富、服务业态不断充裕，物业企业可选择的发展赛道越加多样。但在激烈的竞争中，只有集中精力做好主业，不断擦亮品牌标识、提升企业形象，方能推动企业站稳脚跟、力争上游，实现持续经营。

（2）聚焦专业服务，打造专业特长。不管是专业化的医院物业、园区物业服务，还是交通、航空、岛屿等具有较高壁垒的专业服务，具备特色服务的物业企业，应坚持做好专业服务品质全面升级，并逐步建立起差异化发展竞争力，从而打开细分市场空间。

（3）聚焦区域优势，扎根区域发展。中小物业企业多具备一定的区域特色，特别是在非住宅物业和城市服务领域，可凭借对区域特征的熟悉度，拉近与业主的距离，提高客户忠诚度，从而在区域内形成规模化效应，在空间上与头部企业形成错位竞争。

（4）借助运作优势，凸显边际效益。在"互联网＋"大背景下，大型物业头部企业纷纷转型平台化运营，中小型企业可以选择与大型物业企业或专

业化互联网企业合作，努力借势破局成为行业组织者和引领者；亦可踏踏实实坚持做好物业服务精细化运营，成为物业基础服务的践行者和参与者。"精于工，匠于心，品于行"，回归物业服务照顾业主日常工作和生活的本真，物业企业发展方能行稳致远。

8.物业行业组织变革研究——长坡厚雪、唯变所适

▶ 2023-03-30

回望过去的三年，房地产行业告别了野蛮生长的老路，走上了转型发展的新路，经历了行业的大洗牌。然而，一个时代的终点也是另一个时代的起点，众多物业企业凭借着新思路、新业态、新模式，乘势而上，为房企的转型发展进行了有效探索。本文将以物业行业为重点研究对象，阐述物业行业发展趋势与组织变革的主要特点，为物业行业内的企业管理者提供参考。

一、第一部分：长坡厚雪，物业行业发展趋势分析

根据行业认同度较高的划分方法，房地产行业大体可以划分为四个发展阶段：增量时代、存量时代、服务时代、经营时代。同样，物业行业也大体可以划分为四个发展阶段：售后服务阶段、试水市场化阶段、深度市场化阶段、超级物业生态阶段。同为四个阶段，但内在的发展逻辑截然不同。随着发展的深入，房地产的路会越走越精，而物业的路将越走越宽。正略咨询将物业行业发展趋势总结为："一个转变""两项加持""三向延展"，可谓一生二、二生三、三生万物，物业行业逐步走向了看得见的长坡厚雪。

1.行业趋势一：一个转变 —— 由"高度依附型"向"独立发展型"转变

随着房地产行业进入服务时代，物业企业的发展逻辑已由对房企的高度依附向独立发展转变。这一趋势与房地产行业的思维由"开发思维"向"服务思维"的转变有关。可以看到，销售规模排名前10的地产集团，均剥离出旗下物业公司，完成了独立上市，而中小体量的地产集团也将原隶属于各

区域开发公司的物业企业进行重组，整合后提升管理层级并独立发展。物业企业独立后其"主体意识"也被彻底激活，在战略规划、运营服务、品牌塑造、人才建设等方面均表现出独立化的特点，同时还将"触角"伸向了外部市场，以拓展更多的市场化资源。

2.行业趋势二：两项加持 —— 科技加持与平台加持

一是通过科技加持，物业企业全面智慧化升级。随着信息技术与物业行业的深度融合，物业企业积极探索科技应用落地，为业主带来全新、时尚、智能的生活体验和增值服务，借助科技手段顺利成为智慧城市的"神经末梢"，部分头部企业甚至提出让传统物业成为美团版服务电商的口号。同时，科技加持也让物业企业打破人力依赖的传统服务模式，以科技代替部分人工，实现了反应快速化、服务标准化、效率最大化、成本集约化，并能够针对不同业主需求提供精准的现代物业服务。

二是通过平台加持，物业企业商业模式升维。基于平台化思维，构建开源业务，实现平台化发展已成为物业企业明显的发力方向。在空间端，物业企业是可以接入社区、楼宇及各种城市空间的智慧城市平台；在产业端，物业企业是可以服务房地产全价值链的咨询平台；在服务端，物业企业是可以覆盖业主全方位生活需求的服务平台。以平台概念加持的物业企业，大刀阔斧接入多个万亿级市场，营业收入规模和利润空间被彻底打开，商业模式实现了一次彻彻底底的升级。

3.行业趋势三：三向延展 —— 横向延伸、纵向挖掘、全地域覆盖

一是表现为服务场景横向延伸。服务场景由住宅物业逐步扩大，延伸至商业写字楼物业、产业园区物业、文旅物业、军队物业、公共基础设施物业等，形成多个存量市场叠加。

二是表现为增值空间纵向挖掘。在社区空间中，物业企业纵深开展家政、零售、建材、健康、房屋经纪等社区服务；在城市空间中，物业企业探索城市环卫、老旧小区改造、垃圾分类等城市公共服务。

三是表现为物业服务全地域覆盖。物业服务已经从消费能级较高的城市下沉至消费能级较低的县城和乡村，助力乡村振兴与基层政府服务职能的

深化。

二、第二部分：唯变所适，物业企业组织变革方向分析

全面升级的物业行业，其服务场景、业务范畴、商业逻辑已发生翻天覆地的变化。随着越来越多的物业企业不断打破既有的服务边界，不断进行新业务的探索和创新，物业企业传统的组织架构却日益表现出协同运作困难、创新孵化缺失、管理效益下降等问题。正略咨询研究了最近三年头部物业企业的组织变革方向，总结归纳出四大趋势：从"散"到"合"、从"单"到"多"、从"专"到"强"、从"大"到"精"。

1. 组织变革方向一：在公司并购上，从"散"到"合"，即在发展规模端进行集团化整合、在业务端实施多元化聚合

在当前的组织变革中，各物业企业思考最多的关键字就是"合"。"合"是通过集约化降低采购成本，分摊管理费用，从而实现规模效益，提高综合竞争力。

组织变革中"合"的一种方式为对集团内物业企业及相关板块的一体化整合。部分房地产集团对集团内分散的大大小小的物业企业进行集中化整合，合并成为物业板块子集团，并推动上市。还有一部分房地产集团以物业企业为主体，与其下属的商业管理企业进行整合，全面打造能力互补、产业协调、资源互通的发展平台。例如，远洋服务接管了远洋集团的商办物业，正荣服务收购了正荣地产的商管业务，融创服务收购了融创文旅集团的商业运营板块等。

组织变革中"合"的另外一种方式为目光向外的投资收购。2021年全年，物业管理行业共发生 71 宗收并购，交易总金额约 333 亿元，其中"大鱼吃小鱼"已成常态。例如，碧桂园收购蓝光物业、富力物业，中梁物业收购江西华夏物业，花样年收购绿阔物业等。

2. 组织变革方向二：在业务领域上，从"单"到"多"，即在部门设置端由以基础住宅服务为核心向着多元化设置、多极化培育的方向发展

随着物业与生活性服务的高度融合，物业企业的业务构成实现了由

"单"到"多",原本以住宅物业服务为核心的组织架构已无法满足其发展要求,势必需要设置多个业务部门或多个业务单元予以支撑。

- 第一种组织模式是在总部设置不同的业务部门,管理不同类型(ToC/ToB/ToG)的物业业务。例如,华润万象生活不仅在总部层面设置了服务于住宅物业的物业投拓部、基础服务部、增值服务部,而且基于其庞大的商业业务,设置了完备且有特色的商业管理部门群,包括商业投拓部、产品策划部、商业设计部、招商管理部、商业运营部等,贯穿商业物业的投资、策划、设计、招商、运营全流程。另外,针对市场潜力巨大的城市公共空间服务,华润万象生活在总部单独成立了城市空间服务部;在2021年获取的城市空间项目年化合同金额为2.93亿元,城市空间项目在管面积增长至2 930万平方米,部门贡献功不可没。

- 第二种组织模式是以事业部和子公司的模式来管理不同的物业业务。例如,碧桂园服务围绕服务业态进行组织界面划分,形成社区生活服务事业部、商写服务事业部、机器人事业部等相对独立的业务单元;而对于城市服务业务,碧桂园服务则在2021年成立城市服务集团,实行公司化运作,聚焦城市服务五大核心赛道——市政、空间运营、产业园区、校园、医院。又如,金地智慧服务(即金地物业)旗下三家子公司分别负责管理住宅物业、商业物业、城市服务三大业务模块。金地物业主要承接住宅业态项目;金地商服专注于服务商业类项目(写字楼、综合体、产业园、政府公建、学校等),布局中国和美国市场;金智仟城为城市服务新品牌,定位于打造城市各类服务管理模块,涉及业务包括城市基础物业管理(城中村、"三无"小区)、公共安全管理(治安、交通、消防、安全生产等)、市容环境管理(环卫一体化、垃圾分类、绿化养护、市容市貌巡检等)、市政基础设施维护(道路路面、路牌、公共厕所、路灯、公交候车亭、交通护栏等)、基层社区服务(社区家政、便民服务、社区活动通知、信息收集等)和应急管理辅助等。

- 第三种组织模式是和外部强势品牌成立合资子公司,通过强强联合实现跨越式发展。例如，2020 年，万科物业与戴德梁行成立了合资公司万物梁行，以此专注于商办物业及设施管理服务。该公司在 2021 年中标当年公开物业服务招标的超高层项目逾 50%，得到大批外资客户、金融客户、互联网及高端制造业客户、新能源客户的青睐，其服务的品牌客户包括保时捷、爱立信、拜耳、广发证券、兴业银行、阿里巴巴、腾讯、美团、字节跳动、海康威视、美的、小米、小鹏汽车等。

3. 组织变革方向三：在服务领域上，从"专"到"强"，即在组织能力端要求由"专业化"部门向着"强专业化"机构发展，要求具备外部拓展及独立发展的能力

"强专业化"的一个重要表现是在物业企业内部成立各类专业公司，以"强专业"实现对上下游产业链价值的全面挖掘。例如，万物云锚定"为开发商提供服务，成为领先的工程服务商"的发展定位，依托下属万睿科技、万御安防等子公司提供前介咨询、装修监理、模拟验收服务、自有维修业务、销售案场服务、接待空间服务、前置管家、房屋保修代理八个方面的咨询服务，甚至旗下的子公司祥盈企服，还做起了行政人力等企业外包服务。又如，绿城服务成立了房地产咨询专业公司，不仅开展物业咨询，助力中小物业企业提升管理水平和项目服务品质与效率，实现经验变现，而且开展房产投拓、品质、营销、运营等全过程咨询服务，深度挖掘产业链价值。

"强专业化"的另外一个重要表现是随着物业企业对信息化、数字化重视程度的不断加深，各头部物业企业纷纷成立了数智管理机构，在相关的组织构建方面进行了大踏步的实践，并对其组织能力提出了从"专"到"强"，甚至从"强"到"尖"的要求。例如，长城物业成立的数字化全资子公司深圳一应社区科技集团有限公司，通过一应云智慧平台将物业管理和社区经营进行深度融合，促进了物业管理的良性发展和社区生活方式的进化；由于其出众的科技创新能力，获得了国家高新技术企业称号，并成为智能硬件国家标准和智慧住区建设评价标准两项国家标准的参编单位和起草人。万物云首

席科学家丁险峰对物业企业的未来给出了这样的判断：未来市盈率最高的公司可能不在互联网行业，而是拥有数字化能力的物业企业。

4. 组织变革方向四：在组织管控上，从"大"到"精"，即通过多种方式精简组织机构，并将下属业务单元的管理不断精细化

近些年，品牌物业企业对下属各业务单元的组织管控趋势上呈现两大特点。

- 第一个特点是组织上更加强调集约化。目前大部分头部物业企业走"能三（级）不四（级）"的扁平化管控。例如，2022年，河南建业新生活服务有限公司直接从现行的"集团－业务集团－大区－城市公司－项目"的五级管控架构，调整为"集团－城市公司/专业公司－项目公司"三级管控架构。又如，中海物业为提升组织管控效率，采取1+N的三级管控模式，即"以城市管理城市"，选择成熟城市公司作为"1"平台公司，按就近原则对"N"个异城公司实施派驻管理，共享核心管理层，同时对项目级组织实施"项目管项目"。更有甚者，少数头部物业企业采取了两级管控架构。例如，2020年，合生活科技公司将原有的"总部－区域－城市－项目"的四级管控架构，直接优化为"总部－项目"的两级管控架构，以追求组织集约与管理扁平的极致。
- 第二个特点是对区域公司推动差异化与动态化管控。部分头部物业企业实施了对下属公司的分类分级管控，基于区域在管项目数量、区域市场特点、管理地理跨度等因素，对区域公司进行分类分级管理。例如，保利物业对各区域公司进行三级分类，基于分类进行部门、岗位、编制、权责的差异化设置。另有部分头部物业企业实施了对下属公司的动态化调整。例如，中海物业对城市公司采取弹性升降的方式进行管理，通过内部评比，以评比结果决定各级公司裂变升级或降级优化，以此激发下属所有城市公司的危机感与内生动力。

三、结语

自 1981 年深圳诞生了第一家物业企业算起，物业行业沐风栉雨走过四十余年，并逐步升位为服务于国计民生的重要角色。现如今，随着宏观环境的机会感越来越强烈、产业价值的挖掘模式越来越清晰、内部运作管理的体系越来越成熟，物业行业早已四十不惑，循大道，念初心，走得愈发从容稳健。

9. 央企产融研究系列：央企产融联动"三合"现状及"三升"趋势

▶ 2022-03-25

我国央企集团资本运营平台历经"鼓励发展－以融助产－规范监管"三个发展阶段后，发展日趋成熟，进入拥抱监管的新阶段。通过盘点 96 家央企集团，绝大多数央企集团均围绕自身产业集团核心主业，进一步深化自身资本运营能力，部分央企以财务公司为基点，逐步延伸至融资租赁、保理、消费信贷等类金融业务，少数央企通过股权划转、收并购、股权投资等方式获得银行、证券、信托、期货等金融牌照业务，并深耕自身集团主业，深化产业链服务能力，开展供应链金融、资产证券化、综合金融服务等新型金融业务。进而，金融控股公司横空出世，中航工业、华能、国家电网等产融结合发展领先的央企逐步成立了中航产融、华能资本、英大国际等金控平台，进一步统筹协调集团内金融资源，提升资产增值与资本增值能力。

一、央企产融联动"三合"现状："四资"结合、"四业"融合、"四链"契合

一是与"四资"结合，推动央企资金、资本、资产、资源的高效运作，实现相互之间的优化配置。各央企集团打通资金、资本、资产、资源，不断创新产融模式，优化产业、金融的资源配置。随着金融行业专业化、市场化日趋加深，央企产业集团一方面应持续推进自身金融业务规模扩大，激活利润源泉，另一方面应积极推动集团资源整合，围绕产业链上下游资源，拓展自身客户资源，深化综合金融服务能力，同时以金融服务为支点，实现产业布局拓展和产业链效率提升，提升金控平台综合竞争力，进一步推动"以融助产""以产促融"。

- 他山之石：英大国际为国家电网旗下金控平台，实现产业与金融的有效互通。

英大国际作为国家电网旗下金控平台，以推进产融协同为重点发展方向，统筹管理集团内金融相关业务，业务领域广泛，覆盖证券、信托、保险、期货、基金、财务公司、融资租赁、保险经纪等领域，具有丰富的金融牌照与业务资源。

在"以融助产"方面，英大国际持续提升自身综合金融服务能力，围绕集团主业发展需求，通过不同的金融服务组合，更好地发挥对实体产业的催化剂作用。英大财险聚焦服务于新能源企业，创新服务模式与产品，开发太阳能光伏组件责任保险，深化与北汽、吉利、东风等新能源汽车的合作，通过不断深入开展专题研究与专项规划，创新新能源汽车、充电桩等相关领域的保险产品。英大证券通过积极参与绿色债券、绿色股权投融资、绿色资产管理等方式协助集团绿色产业发展。英大信托聚焦于清洁能源领域投融资需求，通过成立运作蓝天伟业清洁能源基金，以基金投资与增值服务为切入点，进一步助推光伏、风电、氢能等产业发展。英大财务公司持续提升集团资金运作效率，全面归集集团内成员单位资金并提供低利率贷款支持，以推动集团产业发展。此外，基于集团战略导向与发展需求，英大国际通过股权投资、国际金融等相关业务进一步赋能集团主业。

在"以产促融"方面，英大国际积极稳健推动国际一流产业金融控股集团建设，充分发挥集团资信实力、品牌资源及多元渠道等优势，持续提升自身专业化、数字化、协同化水平，提升金融业务板块核心竞争力。2021 年 4 月，英大证券发行中广核风电绿色 1 号资产管理产品，此资产管理产品的发行，充分发挥了英大证券自身的专业优势与集团的产业优势，凭借绿色金融手段，促进电网产业实现融资。

二是与"四业"融合，推动央企主业与实业、金融业、信息业、中介服务业的多产业融合联动发展。在产融结合的不断探索中，各央企集团不仅持续加强自身主业与实业、金融业等的战略协同，还在不断探索构建与信息业、中介服务业的战略合作。

- 他山之石：航天科工金融租赁有限公司为小微企业提供服务，进一步推动集团产融结合。

航天科工金融租赁有限公司（简称"航天金租"）是航天科工集团的金融租赁平台，通过加强数字化赋能，深化产融结合。航天金租构建自身差异化优势，持续推进金融科技赋能，夯实中小微企业服务能力。一方面，航天金租加强与系统内航天云网合作，以互联网为载体构建金融租赁服务专区，聚焦于智能制造的中小微企业融资需求；另一方面，通过成立智能制造部，以航天科工集团核心企业为基点，以综合金融服务能力为手段，逐步延伸至产业链上下游各类中小微及民营企业。此外，航天科工集团夯实自身绩效考核体系与风险管理体系，一方面围绕中小微及民营企业制定相应投放考核指标，进一步推动营销思路与服务对象的转变；另一方面基于各类企业资源禀赋，在加强风险管理的同时定制各类担保方式，提升中小微企业融资便利性。航天金租以信息化方式、金融租赁手段为产业链上下游的中小企业提供融资租赁服务，并以此为中心，辅助集团产融结合进一步发展。

三是与"四链"契合，推动央企产业链、价值链、供应链、生态链融合共生，构建产业金融生态圈。基于央企雄厚的产业、资金等各类资源，以自身专业能力、风控能力、科技能力赋能产业链上下游，构筑开放生态场景，打造多元生态圈层，推动产业链转型升级并反哺金融业务。

- 他山之石：三峡资本凭借集团产业背景与专业的金融资本优势打造自身产业生态圈。

三峡资本作为三峡集团旗下资本运营平台，以集团战略为导向，聚焦服务集团清洁能源主业，聚焦服务长江大保护战略，持续开展战略新兴产业投资，推进行业创新技术孵化，助力高潜企业发展，不断调整优化投资组合，助推清洁能源领域新技术、新材料、新商业模式创新发展。经过增资、引战、改革三个阶段，三峡资本已实现近 500 亿元的资产规模、70 亿元的利润总额，目前已投资 8 个股权投资项目，19 个投资基金，通过"战略直投＋直投基金"模式，围绕电能产业链开展股权投资，投资领域主要集中在清洁能源发电环节，构建三峡生态圈。

二、央企产融联动"三升"趋势：科技赋能、资本助推、生态构建

一是科技赋能，产融升级。随着金融与科技融合日趋加深，科技化逐步渗透产业链各环节的方方面面，进一步加速产业金融格局演变深化、融合升级，推动产业金融在客户拓展、产品创新、协同合作及渠道深化方面高质量转型。随着《金融科技发展规划（2022—2025年）》的颁布，进一步推动金融科技赋能产业与金融行业。以科技为驱动，持续构建综合金融服务能力与推进实体产业高质量转型，是我国加速向科技创新强国发展、提升综合国力的必由之路。通过物联网、人工智能、区块链、云计算、大数据、边缘计算等新兴技术的创新运用，持续优化产业金融各个环节，推动我国数字经济发展。

央企集团基于金融科技所带来的产业机遇，以金融科技为手段赋能自身主业，持续挖掘数据价值，打通数据、业务、场景等信息，实现产品服务数智化、场景化，加速产品、业态、商业模式的创新，进一步激发金融服务创新活力。

二是资本助推，产融升阶。首先是以资本构建纽带，通过资本驱动建立合作伙伴关系，并通过给予资本的价值倍增进一步夯实合作纽带，投资方通过融资服务、增值服务、战略合作等方式，深化与被投资方的合作关系，增强产融协同，构建产业金融生态圈。其次是收益资本化，投资方开展投资不仅以短期财务性收益为目的，更多的是注重长期的协同价值，通过资本化的方式进一步拓展自身产业布局，完善生态圈层，扩充产业金融版图。最后是完善产业价值链，通过资本持续增值优化完善产业链各个环节，形成产业金融生态圈，推动生态圈协同共生、共同发展。

三是生态构建，产融升维。通过金融机构与非金融机构构筑的金融服务生态圈，进一步推动服务对象由各个零散的企业向链群企业转变，服务主体由单一的金融机构转变为"金融＋产业"的多元服务群体，服务内容由单一的投融资服务转变为综合金融服务。同时，基于第三方机构如金融科技企业、交易平台、行业协会等源源不断地涌入，产业生态圈层持续升维，各机构发挥自身专业化优势，持续推动综合金融服务创新升级。随着云计算、大数据、区块链技术的更新迭代，持续推进产业金融生态圈创新升级。

10. 地方国有资产盘活到底怎么做

▶ 2023-12-27

一、区县国有资产盘活背景

1. 政策形势驱动

政策统筹性和深入性走上新台阶。

（1）顶层设计和配套支撑强化。2022 年后，国务院和相关部委出台系列政策指导存量国有资产盘活，资产盘活顶层设计由探索阶段进入系统深化阶段。其中，2022 年 5 月国务院出台的《国务院办公厅关于进一步盘活存量资产扩大有效投资的意见》（简称《意见》）首次将"盘活存量资产"写入文件标题，同时强调支持民间资本和市场主体参与资产盘活，被认为是资产存量盘活里程碑式的文件。以此为纲领，上海证券交易所、国家发展和改革委员会、自然资源部、国资委、财政部、证监会等相关部委配套政策相应出炉（见表 1）。各地区自《意见》出台后也跟进制定了相关存量资产盘活政策（见表 2）。盘活存量国有资产资源、统筹存量和增量资产已成为各级国有资产监管机构的重要诉求，显示出了国资国企改革的着力点，并隐含着高质量发展阶段地方投融资模式转变的趋势。

表 1　2022 年以来国务院和各部委出台盘活存量资产相关政策

政策文件	颁布时间	部门	主要内容
《关于企业国有资产交易流转有关事项的通知》（国资发产权规〔2022〕39 号）	2022-05-16	国务院国资委	共 9 条内容，其中涉及企业国有资产非公开交易流转的有 5 条，涉及公开交易流转的有 4 条，对非公开协议转让及无偿划转的适用情形、审批权限及定价依据提出了新的要求

（续表）

政策文件	颁布时间	部门	主要内容
《关于进一步盘活存量资产扩大有效投资的意见》（国办发〔2022〕19号）	2022-05-19	国务院办公厅	首次出台了存量资产盘活的专项文件，强调要在"重点领域""重点区域"加快存量资产盘活，其中国企、央企要发挥带头表率作用，同时也支持民间资本和市场主体参与盘活工作
《提高央企控股上市公司质量工作方案》	2022-05-27	国务院国资委	要求调整盘活一批央企控股上市平台，因企制宜制订调整计划，2024年年底前基本完成调整。支持通过吸收合并、资产重组、跨市场运作等方式盘活，或通过无偿划转、股权转让等方式退出，进一步聚焦主责主业和优势领域
《关于做好盘活存量资产扩大有效投资有关工作的通知》（发改办投资〔2022〕561号）	2022-06-19	国家发展改革委办公厅	提出8方面具体要求：建立协调机制、建立盘活存量资产台账、灵活采取多种方式、推动落实盘活条件、加快回收资金使用、加大配套政策支持力度、开展试点示范、加强宣传引导和督促激励
《关于进一步发挥资产证券化市场功能支持企业盘活存量资产的通知》（上证函〔2022〕1011号）	2022-06-30	上海证券交易所	大力支持符合条件的重点领域、重点区域、重点企业开展资产证券化业务，支持相关企业通过向资产支持专项计划转让其合法持有的存量基础资产发行资产支持证券，拓宽融资渠道、合理扩大有效投资、降低企业负债水平，形成存量资产和新增投资的良性循环
《关于做好基础设施领域不动产投资信托基金（REITs）新购入项目申报推荐有关工作的通知》（发改办投资〔2022〕617号）	2022-07-07	国家发展改革委办公厅	提出6方面具体要求：充分运用新购入项目机制推动基础设施REITs健康发展；合理简化新购入项目申报要求；完善新购入项目申报推荐程序；切实保障新购入项目质量；积极协调落实发行条件；引导回收资金用于新项目建设
《关于盘活行政事业单位国有资产的指导意见》（财资〔2022〕124号）	2022-10-25	财政部	将行政事业单位低效运转、闲置的房屋、土地、车辆、办公设备家具、大型仪器、软件等资产纳入盘活范围，充分发挥资产效能。货币形式的行政事业单位国有资产按照预算管理规定予以管理和盘活

（续表）

政策文件	颁布时间	部门	主要内容
《自然资源部 国务院国资委关于推进国有企业盘活利用存量土地有关问题的通知》（自然资发〔2022〕205号）	2022-11-24	自然资源部、国务院国资委	规范相关工作流程及手续支持国有企业盘活利用存量土地；鼓励国有企业以多种方式盘活利用存量土地
《关于进一步推动政府和社会资本合作（PPP）规范发展、阳光运行的通知》（财金〔2022〕119号）	2022-11-11	财政部	规范存量资产转让项目运作。拟采用转让，运营、移交（TOT）等方式盘活存量资产的项目，应具有长期稳定经营性收益，严格履行国有资产评估、转让程序，合理确定转让价格。TOT项目不得由本级政府实际控制的国有企业作为社会资本搞"自我循环"，不得通过将无经营性收益的公益性资产有偿转让或者分年安排财政资金支付资产转让成本等方式虚增财政收入
《不动产私募投资基金试点备案指引（试行）》	2023-02-20	证监会、中国证券投资基金业协会	围绕盘活存量、防范风险主题，规范私募投资基金从事不动产投资业务，包括特定居住用房（存量商品住宅、保障性住房、市场化租赁住房）、商业经营房、基础设施项目等

表2　各地区相继制定相关盘活存量资产政策

省市	颁发时间	文件名
陕西	2022-07-21	《陕西省人民政府办公厅关于进一步盘活存量资产扩大有效投资的实施意见》
江苏南京	2022-08-08	《关于进一步盘活存量资产扩大有效投资的政策措施》
湖南	2022-08-10	《关于建立盘活存量资产台账的通知》
辽宁	2022-08-15	《辽宁省推进重点领域盘活存量资产扩大有效投资实施方案》
青海	2022-09-08	《关于印发进一步盘活存量资产扩大有效投资的工作方案》
江西	2022-09-27	《关于加快盘活存量资产扩大有效投资的工作方案》
北京	2022-09-22	《关于存量国有建设用地盘活利用的指导意见（试行）》
浙江绍兴	2022-10-09	《绍兴市盘活存量资产扩大有效投资实施方案》

（续表）

省市	颁发时间	文件名
河南	2022-10-13	《河南省人民政府办公厅关于进一步盘活存量资产扩大有效投资的实施意见》
天津	2022-10-28	《天津市进一步盘活存量资产扩大有效投资若干措施》
宁夏	2022-12-24	《关于进一步盘活存量资产扩大有效投资的行动方案》
山西	2022-12-23	《山西省人民政府办公厅关于进一步盘活存量资产扩大有效投资的实施意见》
安徽	2022-12-28	《进一步盘活存量资产扩大有效投资实施方案》
……	……	……

（2）国有资产盘活领域进一步扩充。纵向来看，在经营性国有资产方面，《意见》对"重点领域"进行了规定，除基础设施项目资产外，还涉及了综合交通枢纽改造、工业企业退城进园、老旧厂房、文化体育场馆和闲置土地，以及国企开办的酒店、餐饮、疗养院等非主业资产。横向来看，除经营性国有资产外，行政事业性国有资产也被纳入覆盖范围。例如，2022 年 10月出台的《财政部关于盘活行政事业单位国有资产的指导意见》提出要加快推进行政事业单位各类国有资产盘活利用，建立健全资产盘活工作机制，通过自用、共享、调剂、出租、处置等多种方式，提升资产盘活利用效率。

（3）政策操作指引性进一步深化。以《意见》为例，在关于聚焦盘活存量资产的重点方向中进一步细化了重点领域、重点区域和重点企业；在优化完善存量资产盘活方式中，明确规定了包括 REITs、产权交易、发挥国有资本投资、运营公司功能、存量盘活和改扩建有机结合、挖掘低效闲置资产和兼并重组在内的七大举措；此外，在政策支持、风险防控举措和组织保障等框架下分别做了详细可操作性阐述。

2. 盘活需求加码

各地区政府的重视程度升级。

（1）从盘活体量来看，存量资产规模亟待消解。四十多年的区县城镇化发展使得大量存量资产得以积累，要想化解地方政府债务风险和财政压力，从根本上推动经济发展，需要挖掘、盘活能够变现的资源最大化项目，把盘活腾挪出的资金聚焦在关键领域和薄弱环节，调整产业结构，才能改善当前资金短缺之困局，同时化解有可能因为违约而产生的债务风险。

（2）从经济指标来看，资产回报率和资产营收率低。在资产回报率方面，2022年地方国企的资产回报率仅为0.7%，央企资产回报率约为2.4%，全体国企（非金融）的资产回报率约为1.3%；在资产营收率方面，2017年国有控股企业的资产营收率为34.4%，到2022年仅为23.6%，5年间降低了10个百分点。

（3）从内部管理来看，区县国资管理问题凸显。相对于央企和省市国企，区县国有资产管理存在管理粗放、权属不明、底数不清、闲置浪费等系列问题，大部分区县国企真正缺乏的实际上不是资产本身，而是资产的盘活与运营能力，若未来深度参与市场化竞争，亟须破解如何实现资产盘活变现的难题。

（4）从融资空间来看，国资平台公司市场化融资受限。作为地方国资的投资运营主体，国资平台公司最重要的职能之一是进行市场化融资，但大多数区县级国资平台公司的主体信用评级仍处于较低水平，还本付息压力较大，制约市场化融资空间。未来需要基于县域政府性资产资源禀赋状况，加大资产盘活力度，将可产生现金流的资产注入公司，扩大资产规模，逐步增强公司主体信用，提升市场化融资能力。

二、各地区资产盘活特征总结

从共性来看，各地区根据国家政策导向因地施策，总体呈现六大特点。一是通过盘活资产来化解债务、缓解财政压力的意愿更为强烈。二是突出层级差异，多地根据省市县级特点分层确定重点盘活领域。三是突出强调资产证券化工具。四是重点领域更为细化，关注城市更新、保租房建设、"一老一小"领域、资产盘活与招商引资和产业转型的结合等。五是科学的顶层设计和整体推动，强调地方国企尤其是"两类公司"（国有资本运营公司和国有资本投资公司）发挥功能作用。六是强化数字创新在资产管理和资产交易方面的赋能。

从个性来看，不同经济发展水平的地区在盘活动机、盘活方式、盘活进程等方面差异明显。在盘活动机方面，经济发达地区相对更加聚焦社会资本的引入和资产增值后的超额收益，而债务率相对较高的地区则更注重化解债务危机和弥补新增投资缺口；在盘活方式方面，经济发达地区在盘活模式选择上有更灵活广阔的空间，如 Pre-REITs 模式、数字化管理模式、政府基金模式、"两类公司"模式等；在盘活进程方面，经济发达地区目前资产盘活进入深化期，所覆盖的盘活资产类型更加广泛，而欠发达地区仍重点在存量规模较大的土地、房产、闲置或低效、无效资产等领域实践探索。

三、待盘活资产分类梳理

按照资产属性，将待盘活资产划分为现金类、资源类、金融类和经营类，如表 3 所示。

表 3 按资产属性划分待盘活资产

类别	现金类资产	资源类资产	金融类资产	经营类资产
所属范围	沉淀资金、闲置低效资金等	闲置或低效存量用地、厂房等	债权类（应收账款、债权等）、股权类（股权、基金份额等）	基础设施和公共设施类、市场化竞争类资产
路径	可通过资金归集、提高利用效率（如"两类公司"/基金方式）盘活	可政企联动进行城市更新、功能提升，或改造用于保障性住房建设、康养托育	针对债权类资产，主要加大清收力度，对现金流较好的应收账款还可通过资产证券化等方式盘活变现；针对股权类资产中的上市类，可通过有效资产注入、并购重组、引战增资、股权激励、市值管理等方式，提高上市公司经营效率效益及资本市场估值，实现股权变现；对于非上市类（含基金份额），可通过产权交易、培育上市、政府类基金整合等方式进行沉淀资产的盘活和价值提升	前者可通过提升运营能力、资产证券化、PPP 等方式提升资产流动性和变现能力；后者可通过兼并联合优化、引战增资、上市等方式提升经营效益

按照经营情况和开发潜力，将待盘活资产分为强收益能力、低效待提升、无效待处置资产三大类，如表 4 所示。

表4　按经营情况和开发潜力划分待盘活资产

类别	强收益能力资产	低效待提升资产	无效待处置资产
所属范围	收费公路、污水处理、园区资产、地铁资产、保租房、新型基础设施	如老旧居民楼、厂房等	僵尸资产、无效冗余资产或非主业资产
路径	重点通过REITs、资产证券化、PPP、打包注入上市公司等金融工具及市场化手段进行自我造血，并将回收资金用于新的项目建设	可依托"两类公司"、行业头部国企、第三方机构等，通过改扩建、功能再开发、城市更新、整合资产、混改、引入战略投资方和专业运营管理机构等方式进行改造	可依托地方AMC（不良资产管理公司）平台、"两类公司"和产权交易所等，通过整合、承包、租赁、拍卖、转让等方式处理

四、资产盘活关键路径

根据《意见》及区县实践中应用较广的资产盘活方式，特许经营权、产权交易、资产更新改造、REITs和资产证券化四种方式较为普遍。

1.特许经营权

目前各地政府通过不同方式布局了各种特许经营权项目并根据项目方案，通过竞争性方式筛选特许经营者。该模式适用于能源环保、市政工程、交通水利、公租房等领域。

实践案例——重庆多区县特许经营权项目。重庆部分区县正在通过转让特许经营权的方式获取经营收入，涉及公共停车位、建筑垃圾消纳场、养老机构、汽车充电设施、户外广告等领域，期限为10~30年。例如，江北区停车位转让，期限为10年，成交价格在12亿元以上。

2.产权交易

可充分利用产权交易所的价值发现职能，推动资源优化配置，通过挂牌出让实现资金有效回笼，如闲置用地、储备土地、国有林场、厂房、鱼塘等均可通过产权交易进行盘活。

实践案例——乐山市市中区鱼塘产权交易项目。该区的鱼塘由于管理问题导致多年闲置，镇党委决定与成都农交所乐山所合作，通过产权交易出租鱼塘实现资产增值，最终溢价率约为 77%，为社区经济增收约 13 万元。

3. 资产更新改造

资产更新改造有助于探索资产运营附加价值，形成增值型资产运营服务体系。例如，公园改造、老旧矿区改造、服装批发市场改造、农贸市场改造等，可以在更新改造后期增加物业服务等实现协同增值效应。

实践案例——北京市西城区金融科技中心改造升级项目。该项目将北京动物园服装批发市场——四达大厦升级改造为新动力金融科技中心，创新探索了"基金 + 城市更新"的轻资产受托经营合作模式，用打造智慧城市综合体的方式迎合了发展趋势，被多家电视台和报刊宣传报道。

4. REITs 和资产证券化

可先通过提升资产价值创造可持续的长远回报，再借助 REITs 上市等途径退出项目，获取资产市场溢价空间。目前在清洁能源、交通水利、保障性住房、商业物业等传统基建领域，以及国企供应链、融资租赁等领域都已得到较为广泛的应用。

实践案例——双流区空港保理 ABS 资产证券化项目。该项目为四川首单区县级保理资产支持证券项目，以正向保理业务产生的应收账款为底层资产，更加突出底层资产的质量。此次发行能够拓宽集团融资渠道，优化企业现金流，提高资产经营效益。

5. 其他措施

资产租赁模式案例——三台县公共闲置资产招商租赁。三台县乡村振兴平台公司将四所闲置学校通过招商引资的方式出租给一家生产鞋服的公司，每年实现产值达到 4 亿元，提供约 1 200 个就业岗位。

股权合作模式案例——汉阴县探索股份合作模式。汉阴县通过闲置资产入股的方式推动全县国有资产盘活，将闲置的厂房、宿舍、办公楼入股到具有市场潜力、持续经营能力和盈利能力较强的专业合作社和领头羊企业，实行按股分红。

平台化运营模式案例——安吉县国控公司探索资产交易平台模式。该公司与一家绿色采购服务平台通过联盟合作搭建了线上国资交易服务平台。截至 2023 年年底，服务平台实现挂牌公示项目约 40 个，交易额接近 24 亿元，打造了资产交易平台服务模式新样板。

委托经营模式案例——双牌县自来水厂委托经营项目。双牌县水务建设投资有限公司委托永州市水务公司经营自来水，委托期限为 1 年。该项目推动了双牌县自来水厂的资产盘活，为该县经济发展贡献了新生力量。

第四章

■ | | 金融研究

1. 金融基础设施转型发展必由之路

▶ 2023-03-21

2017 年以来，我国逐步形成以"一委一行两会"监管为核心、地方金融监管局为补充的横纵交织的金融监管网络，以应变金融自由化及混业经营加速趋势。随着我国金融监管体系持续优化，金融基础设施顶层设计不断强化，金融基础设施管理体系不断完善，金融供给侧结构性改革纵深推进，进一步引导金融回归本源，服务实体经济。

一、顶层设计——金融基础设施监管政策分析

自 2013 年以来，我国陆续颁布一系列政策以推动金融基础设施建设。总体分为两个部分。

- 一是完善监管顶层设计，持续完善金融基础设施监管总体框架，明确金融基础设施核心功能定位，引导金融强化服务实体经济功能。
- 二是加强管理体系建设，明确金融基础设施治理体系、风险管理、运营管理、信息科技等方面的监管要求，推动金融基础设施高质量发展。

2013—2020 年，各类政策颁布旨在完善我国金融基础设施监管顶层设计，通过统筹监管重要金融基础设施，推进金融基础设施与金融业统计信息、监管信息共享，保障金融市场安全高效运行和整体稳定。2020 年，中国人民银行联合六部门正式印发《统筹监管金融基础设施工作方案》，明确提出进一步加强金融基础设施管理体系建设，健全准入管理，优化金融基础设施布局，并通过后续一系列政策进一步指导金融基础设施完善自身治理体系、风险管理、信息科技、运营管理等管理体系建设。金融基础设施相关政策如图 1 所示。

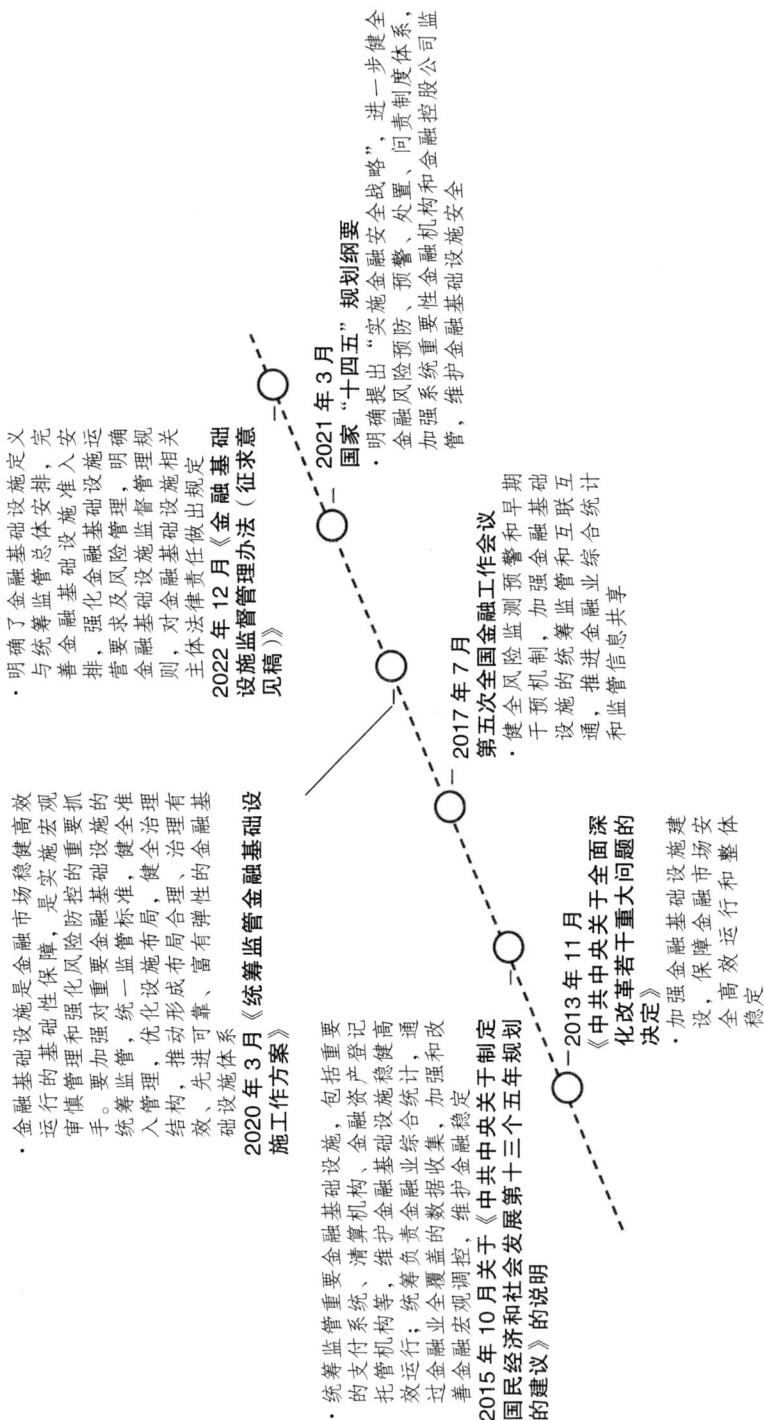

图 1　金融基础设施相关政策

2015 年 10 月《中共中央关于制定国民经济和社会发展第十三个五年规划的建议》的说明

· 统筹监管重要金融基础设施，包括重要的支付系统、清算资产登记托管机构等，维护金融基础设施高效运行；统筹金融业综合统计，通过金融业全覆盖数据收集，加强和改善金融宏观调整，维护金融稳定

2013 年 11 月《中共中央关于全面深化改革若干重大问题的决定》

· 加强金融基础设施建设，保障金融市场安全高效运行和整体稳定

2020 年 3 月《统筹监管金融基础设施工作方案》

· 金融基础设施是金融市场稳健高效运行的基础性保障，是实施宏观审慎管理和强化风险防控的重要抓手。统筹加强对重要金融基础设施的入规入管理，优化设施布局，统一设施结构，推动形成合理、高效、先进可靠，富有弹性的金融基础设施体系

2017 年 7 月第五次全国金融工作会议

· 健全金融监测预警和早期干预机制，加强金融基础设施的统筹监管和互联互通，推进金融业综合统计和监管信息共享

2022 年 12 月《金融基础设施监督管理办法（征求意见稿）》

· 明确了金融基础设施定义与统筹基础设施总体安排，完善基础设施设施准入安排，强化金融基础设施运管理管理，明确金融风险及设施监管原则，对金融基础设施相关主体法律责任做出规定

2021 年 3 月国家"十四五"规划纲要

· 明确提出"实施金融安全战略"，进一步健全金融风险监测预防、预警、处置、问责制度金融机构和金融控股股公司监管，维护金融基础设施安全

总体而言，我国金融基础设施监管顶层设计已基本健全。2020年后，我国金融基础设施机构各项管理要求逐步细化，并重点完善公司治理、风险管理、技术系统、内部控制体系等方面的管理体系建设。

二、他山之石——金融基础设施最佳实践研究

目前，我国各金融基础设施机构围绕各类最新监管政策文件，持续推进自身公司治理体系规范、风险管理体系健全、技术系统管理完善、内部控制体系优化。

1.公司治理体系方面

金融基础设施机构应当建立"董事会战略决策、高管层执行落实、监事会依法监督"的公司治理架构与机制，并不断优化完善内部治理体制机制与配套制度体系的搭建。

- 他山之石：深圳证券交易所——坚定不移完善治理体系，持续提升交易所治理效能。

深圳证券交易所围绕治理架构、运行机制及专门委员会建设三个方面，持续提高治理规范化水平，推动构建科学规范、运行高效的治理体系。

- 在治理架构方面，全面梳理交易所内部规范，完善"三会一层"治理架构，明晰"三会一层"权责清单，明确各类事项审批权责，优化决策程序，提高决策效率与治理效能。
- 在运行机制方面，修订《理事会工作规则》等相关制度，进一步优化理事会运行机制。
- 在专门委员会建设方面，完善战略发展委员会、市场风险委员会、技术发展委员会等专门委员会建设，建立健全委员遴选标准、遴选程序及聘任解聘机制，夯实专门委员会工作责任，推动其更好地服务理事会决策。

2.风险管理体系方面

金融基础设施机构应当建立健全全面风险管理体系框架，完善风险管理

组织架构，设立风险管理委员会，明晰"三道防线"权责界面，深化风险识别、风险度量、风险评估、风险监测、风险报告和风险控制与缓释的全流程管理。

- 他山之石：上海清算所——建立完善的风险治理结构框架。

上海清算所对标《金融市场基础设施原则》（PFMI），建立健全全面风险管理体系框架，进一步加强对信用风险与流动性风险的管理。

- 一是建立保证金、抵押品管理、清算基金制度和分层级会员管理体系，并采取每日压力测试且滚动更新压力测试场景、对保证金进行每日测算并及时追缴、定期对模型进行测试和分析等一系列举措，有效防范信用违约，保障信用安全。
- 二是通过日间分级流动性监测与预警、货银对付（Delivery Versus Payment，DVP）结算机制、授信银行流动性提供、结算银行流动性提供、货币市场流动性提供、事先约定的延迟交付等一系列措施，管理并有效应对流动性风险。

3. 技术系统管理方面

金融基础设施机构应当完善数字化治理体系与组织架构、制定优化数字化战略部署、推动数字化战略实施落地，以建立完善的技术系统及管理机制。

- 他山之石：上海证券交易所——持续推动数字化转型，加速科技与业务融合。

上海证券交易所加快推动数字化建设，努力构建数字化服务生态，以数字化转型赋能实体经济。

- 一是完善数字化治理架构。成立数字化专业委员会，整体形成"1 个数字化专业委员会 +2 个技术部门 +3 个子公司"的信息技术条线组织架构。同时完善信息技术制度体系建设，构建信息技术七大管理体系，制定完善的《信息技术管理办法》和《信息技术规则制定与管理办法》等相关制度。

- 二是明确信息科技发展战略与技术框架蓝图。明晰"十四五"期间信息科技发展战略，明确 G4 交易系统、科技监管与服务一体化等重点建设项目。梳理形成"5+3+1"的技术总体框架，进一步制定各板块落地实施规划，明确规划目标与实施路线图。
- 三是持续推动数字化应用实施落地。一方面，持续提升关键核心技术自主可控能力，推进会员"一网通办"建设，组织 Level-2 逐笔委托行情发布上线，优化上证云服务。另一方面，构建数字化合作机制，举办首次全行业技术大会，成立信创基地及信创联盟，积极配合证监会"云、网、库、链"四大工程建设。

4. 内部控制体系方面

金融基础设施机构应当建立完善的内部控制体系，完善规章制度建设，优化授权管理体系，推动流程高效运转，进一步加强财务、采购、信息披露等重点领域的管理，做好金融市场各参与者之间的风险隔离。

- 他山之石：北京金融资产交易所——推动采购管理体系全面升级。

北京金融资产交易所以"保障合规、提质增效"为核心原则，聚焦厘清职责边界、优化流程管控、完善制度建设、完备操作规范四个方面对采购管理体系进行全面升级。

- 一是厘清职责边界。梳理权责体系，落实岗位不相容要求，提升整体采购效率，加强风险防控。
- 二是优化流程管控。梳理覆盖采购业务全环链管理的所有流程，细化关键流程说明，明确各流程中可能出现的风险点，制定风险控制矩阵。
- 三是完善制度建设。参照政府采购相关政策、国企金融机构采购管理要求等，构建客户采购管理三级制度体系。
- 四是完备操作规范。基于管办分离原则，制定采购管理人员、采购操作人员的相关操作规范，并聚焦重点事项。从采购全环链管理出发，聚焦流程各个环节的重点事项及操作难点，进行事项细化与难点攻克。

三、破局之道——金融基础设施转型发展建议

立足当下，随着我国金融基础设施监管不断完善，各类政策不断出台，金融基础设施机构应参照监管要求，以合规管理为核心，持续完善自身管理体系建设。尤其是《金融基础设施监督管理办法（征求意见稿）》的出台，进一步要求金融基础设施机构应加强公司治理、风险管理、技术系统、内部控制等方面的体系建设。

1. 公司治理体系规范

在治理结构方面，金融基础设施机构应构建"三会一层＋党委会"的矩阵式治理结构，加强党的领导，推动党组织与现代治理体系融合，并进一步明晰"三会一层"的职责定位；在运行机制方面，基于"三会一层"的职责梳理，建立完善治理结构各主体的规章制度，完善治理体系运行机制；在专门委员会建设方面，完善自身专门委员会设置，并进一步制定相应委员会工作制度，明晰委员遴选、工作、解聘要求，夯实专门委员会工作责任。

2. 风险管理体系健全

在风险管理架构方面，金融基础设施机构应完善全面风险管理"三道防线"设置，夯实各防线主体责任，设置风险管理委员会并制定相应议事规则；在风险管理流程方面，完善风险识别、风险计量、风险评估、风险应对、风险监测的全流程建设，推动自身有效度量、监测、识别信用、流动性及市场等各类风险；在风险管理制度方面，建立健全全面风险管理"基本制度—管理办法—操作规范"三级制度体系，建立层级清晰、覆盖全面、操作性强的风险管理制度体系。

3. 技术系统管理完善

在数字化治理架构方面，金融基础设施机构可进一步完善信息技术条线组织架构，建立数字化管理委员会，构建管委会、技术部门、子公司三层组

织架构，并进一步完善相应制度体系建设；在数字化战略方面，完善数字化发展战略规划的制定与评估，梳理技术架构，明晰重点建设项目与实施路径；在数字化机制建设方面，进一步完善系统故障应急处理机制和灾难备份机制，建立网络安全管理制度。

4. 内部控制体系优化

在制度体系方面，金融基础设施机构应完善内部制度管理，建立健全三级制度体系，梳理规范各类制度分类，完善制度分级管理；在流程体系方面，厘清各组织机构核心权责，基于权责体系梳理相关制度要求，对管理流程进行全面优化，明晰各流程风险点，制定风险应对措施；在重点领域方面，应进一步加强财务、合同、采购、人力资源等重点领域管理体系建设，加强风险防控。

2. 产业金融的发展之路

▶ 2022-04-18

21 世纪伊始，我国企业开始大量进入产业金融服务领域，由于现代金融制度和科学技术的迅速发展，我国企业实体经济活动与金融服务紧密结合的程度也得到了前所未有的加深，特别是在 C 端消费领域，我国消费者通过支付宝、花呗等多样化的金融服务产品与企业实体经营需求紧密联系，其简单、有效、低廉等优点也得到了充分发挥。但是，目前我国产业金融发展仍然存在困境。大型企业资金富余，但拥有充分资本积累能力的中小企业因未合理、有效地利用工业基金，而产生了产业资本的闲置和浪费；中小企业资金难题，以及金融服务资源的稀缺性决定了目前产业链上百分之八十以上的民营银行都一直处于金融服务问题无法解决的状况中。这都将大大挤压我国产业金融机构的发展空间，而我国的产业金融机构发展之路仍然还很长。

一、产业金融与传统金融

传统金融主要是指仅具有储蓄、借贷和结算三种传统业务性质的金融活动，仅作为金融工具，为企业提供资金支持，支持企业的自主发展，对新兴产业的发展帮助不大。产业金融服务是指为特殊行业（如汽车产业、新能源产业、高科技产业）服务的融资活动的统称，吸引社会资本、科技、人力资源等流入特殊行业，以提升社会公共资源的配置效益，加快产业的发展。

一般来说，这些特殊行业的企业在发展初期，投资手段简单，希望扩大和提高企业的产品规模、能力和技术，主要依靠商业贷款来筹集资金。随着企业运营效率的提升，这些企业的竞争压力也逐级上升，从传统金融机构里又产生了若干新兴的金融机构产品和服务（如政策性金融机构、投资基金业务等）支持产业的发展。但是，传统金融机构出于对资金安全的考虑，一般只为大型企业和政府支持的产业提供贷款，导致出现新兴产业（如高科技行业、文化产业、互联网行业等）贷款困难的问题。只有通过大力发展相关行业的金融服务，才可以为新兴产业提供较好的投资环境，从而推动行业的变革与提升，以实现我国新兴产业发展战略。

二、发展历程

（1）初步探索。20世纪90年代至21世纪初期，国内金融机构体制逐步完善，证券、保险、基金、期货、地方国家政策性企业、农村信用社等投资组织管理更加规范，经营规模进一步扩大，金融资本市场为行业的发展壮大提供了资本保障。在此期间，因为当时我国的社会主义市场经济改革才刚开始，金融资源的合理分配还无法进行，所以政府部门就需要通过引导地方金融机构系统扶持一些重点行业（如汽车行业、互联网行业、高科技行业）的发展，以推动重点行业的发展并促进其他有关行业的快速发展。

（2）初步建立。2004年8月，我国首家汽车行业金融机构——上海通用汽车公司在沪开业，标志着我国工业金融机构进入初建立时代。重点工业和银行的融合，不管是从思想上还是实践上，都有明显的进展。私募股权基金、风险投资基金为新兴产业的投融资支持，解决了中小企业融资难的问题；主导产业和重大企业集团通过行业投融资基金、股份投资基金、融资租赁企业等机构筹集资金，服务于重大行业的发展建设；地方政府通过建立财政引导资金、政策性贷款，扶持特定行业的发展。

（3）快速蓬勃发展。当前，在我国的"泛珠三角""泛长三角""京津冀"，以及一些发达国家重点经济发展区域的各行业主要企业将产业发展的金融服务视为一项重大的战略，顺利地推进了该地域主导产业的蓬勃发展。"泛珠三角"由于蓬勃发展工业融资，提升了该地域的技术装备制造业领域、高新技术和信息化建设产业规模优势地位，带动了"世界工厂"的转变和提升。"泛长三角"则由于发展工业融资，提升了该地域汽车行业、高新技术产品的国际领先地位，增强了技术创新与全球竞争力。

三、发展现状

近年来，随着我国金融的高速发展和新技术的快速迭代，"制造业＋科技＋金融服务"的新产融结合模式也逐渐兴起。目前，大型公司正依托其体量、资源、信息技术等各方面的绝对优势，积极发展产业金融。

小米公司旗下衍生品小米金融采用"产业＋科技＋金融服务"模式，利用其所掌握的核心技术资料建立了信息平台系统，协助下游的中小企业解决了投融资问题。而作为智能硬件技术生产的领先企业，小米公司与国内外智能硬件技术生产行业中的绝大部分企业均有着直接或间接的资金供应关系，而在核心企业所联系的下游数百上千家企业中，生产环节较长的中小企业往往仍面临着投融资问题。因此，小米金融利用其信息体系，将风控重点放到对底层资金的管理上，提升了其产品供应链交易过程的金额准确度、不易篡改性、真实感，从而促进了金融服务的公正性。据此，小米金融积极构建了智慧硬件制造业生态系统，为企业降本增效，并完成了对核心产业和金融服务系统的高度集成。

海尔集团同时也是中国进军金融业的先行者，海尔集团一直力求成为家电行业里最了解金融，金融业里最了解家电的大公司。海尔集团已经申请了融资租赁、小额贷款、消费金融等金融牌照。其中，青岛海尔股份有限公司消费金融是中国业内第一家产融结合的消费金融。通过运用互联网金融行业"黏性"这一自然属性，将海尔集团与行业利益关联方进行连接，并以产品投行的模式深度融入，构建生态圈，如今在青岛海尔股份有限公司的生态建设中，已经形成了蛋鸡、肉鸡、肉牛、生猪等十类产品的金融生态圈。

泸州老窖为泸州市大型国有企业，以"拥有国际市场影响力的产融控股公司集团公司"为目标，主动实行"11265"策略，其中"2"是指以实业经营与金融的双循环驱动。近年来，金融板块在泸州老窖的高速发展过程中，产生了重大影响。目前，泸州老窖已布置了券商、银行业务、直接投资、融资租赁、消费担保、小额贷款等多种服务；并且，泸州老窖将借助并购上市公司控制权，成立旗下的资本公司，以资产为纽带，有效撬动市场资本，找到价格洼地，加快完成将企业做实做大的产业布局。

四、发展趋势

全面利用智慧科技，把握行业金融数字化发展机会。"产业＋科技＋金融服务"将成为信息技术高速发展背景下的产融结合主要模式，如果没有新科技的支持，行业金融战略将无法落地。大企业集团需要推进互联网信息系统构建，并全面利用 5G、物联网、虚拟化、区块链等新型智能信息技术，进一步增强大数据分析、链接、价值链重构的能力，并通过对其快捷、精准、安全、多样的特性做出科学、合理的决定，进一步提高企业的总额水平，优化企业模式，提高企业对金融市场中新产业、新模式发展趋势的认识，并把握在数字化变局中的新发展机会。

供应链金融服务，或成"十四五"计划时期助力我国工业融资的主要力量。当前我国已明确提出了以国内大循环为主体、国内国际双循环相互促进的新发展格局。我国经济内循环需要在企业制造、流动、分享、居民消费等各环节环环相扣，完善的产业链体系才可以形成长期稳固且良性发展的循环经济。而在此背景下，小型供货商问题将受到广泛关注，小型供货商信息的真实感、准确度、完善需有所保障，而供应链金融也将在我国中小企业的未来经济发展中起到关键作用。

五、结语

以产品为基石，以金融服务为手段，进行产品和金融服务的高度整合，以形成产品金融生态圈并最后达到各利益主体共进合作的目的。在此逻辑基础上，使金融服务回到根本，严格防范金融风险，依靠金融服务技术的迅速成长，把握行业数字化时代机会，才能真正实现企业产融结合的平稳、健康成长。

3. 资管行业，路在何方

▶ 2022-04-02

2018—2019 年，资产管理（简称"资管"）行业出台了多个各个细分领域的政策文件（如资管新规及理财子公司相关政策），对资管行业的发展产生了深远的影响。基于资管新规，各类资管机构如银行的理财产品不再"保本"、刚性兑付在一个个资管领域被真正打破、理财子公司的运转情况也得到了披露等。整个资管领域的新生态、新格局正在逐步建立起来，行业头部机构随着两极分化的到来，其优势得到加强，战略眼光短视，没有布局增量资管业务的机构在存量业务转型的泥潭里无法自拔，资管行业正在发生巨大的变化，在这个变局之中，无数资管行业资深人士不禁发问：未来资管行业路在何方？在本文中，正略咨询通过整理近年来行业专业人士的观点，研判未来大资管行业发展方向。

资产管理一言以蔽之就是"受托人代人理财、委托人风险自担"。委托人作为投资人将资金委托给管理人且投资的收益与风险由委托人自行承担，受托人通过发挥自身的专业投资管理能力，从而实现受托资金的投资增值且根据约定收取管理费。资产管理增值能力是行业的稀缺资源。

大资管行业由商业银行理财、证券公司及其资管子公司、公募基金、私募基金、信托公司、保险资管、期货资管等构成。

截至 2021 年年底，行业整体规模达到 140 万亿元，管理资产规模从大到小为银行理财、信托计划、公募基金、私募基金、券商资管、基金专户、保险资管、期货资管等，预计到 2025 年行业整体规模将达到 200 万亿元。

一、行业现状

行业标准逐步统一、政策框架已经搭建完毕。

2012—2017 年，资管行业在混乱中高速成长。2018 年 4 月，资管新规及理财新规、证监会体系私募资管新规、信托新规、保险资管新规等大量资管行业细分领域的规范文件发布后将大资管行业的标准进行了初步的统一，也指明了资管行业的转型方向，具体体现在以下四个方面。

- 确立基金法和证券法作为上位法，明确了信托关系、资管产品为证券产品的法律关系。
- 对投资端、销售端与产品发行端等资管行业价值链各环节进行了标准统一并要求基于资管新规制定各个细分领域的准则，大幅降低了资管机构的监管套利机会，从源头抑制不平等竞争。
- 鼓励机构开展主动管理类和投资类业务并抑制资金（资产）池业务，打破刚性兑付，同时大幅压缩通道类业务，抑制融资类和通道类资管业务。
- 提出存量资产的管理要求，通过明确各个资管细分领域相关政策的安排，指明资管行业的转型方向。

二、发展方向

1. 牌照管理模式将会覆盖私人银行等财富管理业务

鉴于产品的分类及销售端的约束，后续监管机构可能会对私人银行业务、财富管理业务及高净值业务采取牌照管理模式，设置一定的准入门槛。从中长期来看，强烈建议商业银行积极主动发展私人银行业务，否则后续面临准入门槛时再行开展可能会遥遥无期。目前更多的银行正期望通过私人银行业务模式将传统的资产管理业务客户迁移为中高端客户，如平安银行、招商银行、北京银行等。

私人银行业务通过不断地交叉营销提高了存量客户的质量，增强客户黏性。同时，客户数量不再是限制私人银行业务发展的障碍，例如，招商银行提供的私人银行产品主要受众是外部客户而非本行零售客户。因此，从另一个角度看私人银行业务对银行的展业有一定的帮助，提高了银行的渠道销售能力。

2. 竞争合作并存，行业生态重塑

大资管行业涉及银行、信托、券商、公募基金、私募基金、保险、期货、金融资产投资等各领域，可以说是最能体现金融生态演进的一个领域。特别是在资管新规及行业细则的统一规范下，可预期到，未来各资管行业会在统一的规则下公平运行、平等竞争。

考虑到不同细分资管行业的优劣势存在明显差异，如公募基金和私募基金更擅长上市股票投资、私募股权和创投基金更擅长股权创投类企业的股权投资、保险资管更擅长大项目和长期项目、券商更擅长信用债投资、银行更擅长债权类资产。因此，当一类资管机构想要搭建其大类资产配置框架时，和不同资管机构合作无疑是非常好的方式，这也是近期基金中的基金（Fund of Fund，FOF）、管理人的管理人（Manager of Manager，MOM）模式较为火爆的大背景，实际上这并不遥远，很多资管机构已经在践行。

3. 存量转型迫不得已，增量转型弯道超车

虽然在资管新规及相关行业细则等强监管环境的约束之下，一些资管机构的规模出现了不断减小的情形，意味着对这些机构而言，其存量压降的速度大于增量增长的速度，但是这种做法并不可取。

实际上，存量转型是非常被动和短视的做法，目前整个资管行业已经告别了单纯存量压降的时代，诸如公募基金、银行理财、保险资管等细分资管行业已经在规模上进入了明显上扬的通道中。在这种环境下，行业分化已经十分清晰，一些率先转型并大力发展增量资管业务的机构已经走在市场前列，而那些存量资管业务规模过大，增量业务布局缓慢且无法转型的机构正在逐渐成为被市场淘汰的对象，行业分化的格局正逐步形成。

三、标杆启示

通过对国内外优秀资管机构的分析，坚持长期主义的主动管理资管机构往往在大资管行业周期变化中竞争胜出，该类资管机构的典型关键成功因素如下。

1.公司治理方面：建立市场化股权结构，员工持股绑定利益

资管公司治理特殊性较强，人是资管公司最关键的核心资产，不同于一般企业的公司治理，人力资本为资管公司主要的资本形态，虽然对资本金有一定要求但实际门槛不高，管理的主要是投资者委托的资产和人力资源。而股权结构决定了公司管理体系和治理机制，不稳定的股权结构、频繁的变动交易，不利于资管公司长期管理体系的发展。

根据晨星的研究成果，私有股权结构的美国基金公司在基金回报率和费用率上有一定优势。对 1997—2016 年私有股权结构的美国基金公司的基金回报率、费用率数据进行统计分析，私有股权结构基金相比公共股权结构基金，年平均回报率高、年平均费用率低，充分体现出私有股权结构基金在经营上的优势。

2.管理体系方面：多元基金经理机制，竞争壁垒重要来源

多基金经理制度的优势主要体现在避免明星基金经理衍生问题、激励机制和薪酬体系清晰、突破大型基金管理障碍、资产组合更加多样化等。根据晨星研究，3 名以上基金经理管理的基金有较为明显的长期超额回报。

根据晨星基于 1997—2016 年基金回报数据统计分析，采取 1 名 /2 名 /3 名及以上基金经理管理的基金相对美国大型基金行业平均基金回报率的超额收益进行对比，3 名以上基金经理管理的基金有较为明显的长期超额回报。

3.组织架构方面：构建扁平组织体系，催生创新思想理念

以扁平组织架构为核心，力求人人平等、相互尊重、共同发展。在等级森严的制度下，员工往往会受到制度的限制而无法传达有价值的想法，从而让许多好的投资理念在诞生前就被终止。有时出彩的想法可能来自那些有创新思想的个体，而不是由公司发起的自上而下的指令，因此鼓励企业家精神，倡导和激励思想创新。可以把公司架构看成一个有机体，当体内"细胞"能够不受等级的限制持续地创新迭代时，整个有机体才能保持活力。

4.晋升机制方面：高自由度晋升路径，完善人才梯队建设

弱化等级制度，提供弹性的调整机制和自由度较高的职业选择路径。注重开发个人和团队能力，为了发挥每位员工的最大优势和能力，在组织架构

和设计方面不断进行创新，根据每一位员工的具体特点，精心设计并不断改进每一份工作。

5. 投研文化方面：秉持价值投资理念，坚持长期主义

关注被投标的和资产的全方位细节，进行实地独立调研，充分了解行业内的公司，并同管理层建立联系，以获得更多的信息进行深入研究，辅助投资决策。重视基本面研究及估值，在投资组合及面对市场波动时经验丰富，换手率低于同类型资管机构。

6. 产品策略方面：低费率叠加高夏普比率，抵御风险能力突出

在产品设计上坚守长期策略，不跟风设立流行行业基金，而是依据自身投资理念和价值来评判和设计产品。在收益方面，从长周期看，此类产品的收益基本高于基准收益。

4. 壹引其纲，万目皆张：
信托公司发展定位及其战略选择的启示

▶ 2022-04-26

一、信托和企业发展定位的定义

信托就是"信用委托"的简称。信托业务是由委托人依照契约或遗嘱的规定，为自己或第三方（即受益人）的利益，将财产的所有权交给受托人（自然人或法人），由受托人按规定的条件和范围，占有、管理、使用信托财产，并处置其收益。信托是我国资产规模仅次于银行的第二大金融业态，也是唯一可以横跨资本市场、货币市场和实业投资的一个金融业态。信托与银行、保险、证券被称为金融行业的四驾马车。

企业发展定位，是企业选择向客户提供何种价值的决定。在实践中，确定企业的发展定位是构建商业模式的第一步。按照商业模式的六要素模型，一家企业的商业模式构建，首先应确定其发展定位，再依据确定的企业发展定位，搭建业务系统，充分发挥自身关键资源和能力的优势，梳理出现金流结构，构建盈利模式，最终实现企业价值。企业发展定位的确定，通常需综合考虑企业愿景、外部环境、自身资源能力三大方面。

二、我国典型信托公司当前发展定位巡礼

从两个维度对信托公司的定位进行分类检视。

首先，从目前各家信托公司的定位表述看，大致可分为四类，即综合金融服务商、资产与财富双轮驱动、做强资产端、做强财富端。

1. 综合金融服务商定位的信托公司

定位为综合金融服务商的代表企业有中信信托、中航信托、中铁信托、

五矿信托等。例如，中信信托的发展定位表述为"成为国内行业领先、综合实力卓越、富有品牌影响力的综合金融解决方案的提供商和多种金融功能的集成者"；中航信托的发展定位表述为"成为备受信赖、广获尊重的金融整合服务商"。

2. 资产与财富双轮驱动定位的信托公司

定位为资产与财富双轮驱动的代表企业有上海信托、光大兴陇信托、粤财信托、国投泰康信托等。例如，上海信托的发展定位表述为"建设全球资产和财富管理服务提供商"；光大兴陇信托的发展定位表述为"落实资产管理和财富管理两大核心业务策略，建设全方位领先、具有可持续竞争能力的中国一流信托公司"。

3. 做强资产端定位的信托公司

定位为做强资产端的代表企业有中融信托、建信信托、华能贵诚信托、重庆信托、英大信托、交银信托等。例如，中融信托的发展定位具体表述为"成为资产管理规模稳步增长，核心竞争能力不断提升，具有良好企业文化和优秀品牌，积极承担社会责任的国内一流资产管理机构"；建信信托的发展定位表述为"打造一流全能型资管机构"。

4. 做强财富端定位的信托公司

定位为做强财富端的代表企业有北京信托、百瑞信托、紫金信托等。例如，北京信托的发展定位具体表述为"以'专业受托者、百年守业人'为愿景，致力于成为专业卓越、最值得信赖的财富管理机构，打造信托业百年老店"；百瑞信托的发展定位表述为"具有广泛的金融业务合作伙伴和核心客户，具备为客户提供全流程综合金融服务方案和全方位财富管理方案的能力，发展成为行业一流的综合财富管理机构"。

综合实力较强的信托公司比较适宜选择"综合金融服务商"或者"资产与财富双轮驱动"的定位；而其他信托公司则应根据自身的资源禀赋选择自己擅长的领域进行定位。在信托行业转型大背景下，不少信托公司需要在新的宏观背景下重新审视自己的定位。

同时，从股东背景看，不同股东背景的信托公司的战略发展重点有较为明显的差异。

通过了解各类信托公司的发展重点，对各类信托公司的发展战略定位特点做出如下总结。

（1）大股东为国有金控集团的信托公司的战略特点：立志提供综合金融服务，强调生态化发展，强调集团内融融协同。

（2）大股东为民营金控集团的信托公司的战略特点：强调集团内融融协同，特别重视财富管理体系的建设，风格较为激进。

（3）大股东为大型央企的信托公司的战略特点：强调集团内产融协同，聚焦集团内优势产业。

（4）大股东为大型民营产业集团的信托公司的战略特点：强调内部产融协同，同时注意整合外部资源，强调外部融融协同。

（5）大股东为国有大型银行保险金融机构的信托公司的战略特点：强调集团内融融协同，着力打造全能型资管机构。

（6）大股东为地方投融资平台或大型国企的信托公司的战略特点：聚焦地方建设。

（7）名称为地方性的民营或混合所有制信托公司的战略特点：经过多次股改，属性定位比较模糊，但一般来说战略特点是不再局限于本地发展，而是面向全国。

三、典型信托公司发展定位对信托公司战略选择的启示

从目前的监管导向看，监管要求信托回归受托人定位，开展具有直接融资特点的资金信托，对信托资金池业务严格限制等，引导信托企业转变为真正的资产管理机构。

信托行业内不管是大而全的头部信托公司还是小而美的精品信托公司，均应积极顺应这一监管趋势，在发展战略的商业模式中针对这一趋势进行商业模式构建。具体而言，应着力实现五个转变。

- 一是由间接融资向直接融资功能转变。大幅增加股权投资信托业务比例，投融资理念从短期融资的债权人思维向坚持长期主义的积极股东角色转变，优化创新发展专业的投资能力和投后管理能力。

- 二是向形成质量优先的发展模式转变。即在业务战略层面由"大而全"的规模优先发展模式，转变为各业务"专而精"的质量优先模式。

- 三是向资金信托与服务信托均衡发展转变。应摒弃过往单纯的资金信托模式，以客户的财富管理需求和身心健康管理需求为核心，将增值服务与财富管理有机融合，创新开展养老信托、家族信托等业务模式。

- 四是在重点产业方向选择上向实体产业转变。要加强与国家战略的契合度，由以服务房地产和基础设施为主，逐步增加中小实体企业，尤其是硬科技领域的业务规模。

- 五是在产品选择上向去非标准化债权转变。即由以非标准化债权业务为主，向标品和股权投资业务转变。

在方向定位的选择和发展重点选择上，各家信托公司应客观审视自身的资源禀赋和外部环境的变化，选择最适合自身的发展道路，避免盲目追求"大而全"和发展速度，应追求行稳致远、高质量发展、可持续发展。在信托行业的环境发生根本变化的时代，信托公司应依托自身独特的法律属性，构建与其他资管机构相比真正的差异化优势，找到市场真正的空白点，构建自身不可或缺的服务功能。

参考文献

［1］百瑞信托 . 信托业 2021 年回顾与未来展望［EB/OL］. 2022-01-10.

［2］中国信托协会 . 2021 年信托业专题研究报告［EB/OL］. 2022-02-28.

5. 地方国有金融投资平台如何打造"产业投行"

▶ 2022-05-09

一、概念界定

1. 产业投行定义

目前,学界和业界尚无"产业投行"的标准定义。本文所探讨的"产业投行",是将金融与产业相结合,以金融支持产业发展,促进整个产业链条的发展壮大,实现定价权掌控、资产流动性提升等价值创造的金融投资机构。日本财团的发展模式是"产业投行"的典型,该模式实现了生产资本、金融资本及商业资本的有机结合。日本财团的产业投行形式具有全面、综合的商业特性,除具有一般金融投行的职能外,更关注产业的发展、产业链的培育发展、商权的掌握等。日本三井财团运作模式及主要功能如图1所示。

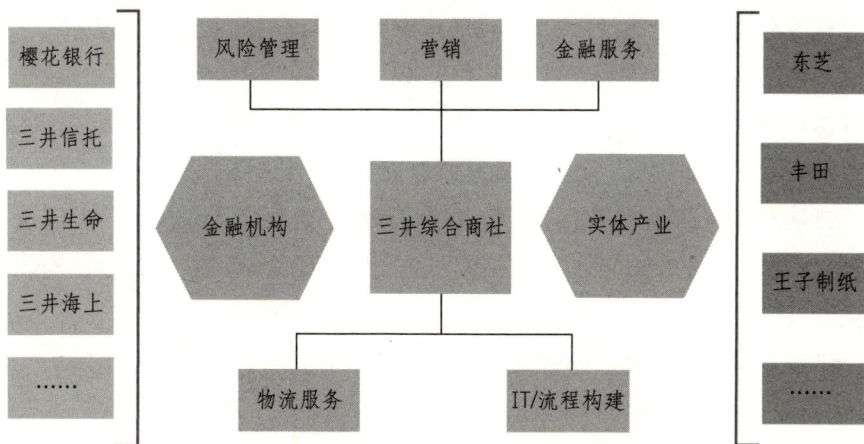

图1 日本三井财团运作模式及主要功能

总体而言，产业投行主要具有如下特征。一是促进产业要素集成，即产业投行通常会围绕目标产业链，对产业链上下游企业进行投资，推动产业资源要素有机结合。二是注重子公司行业专业化，即产业投行总部与子公司进行有效分工，总部与子公司共同投资，但由熟悉该行业的专业化子公司进行控股。三是总部具有强大的资源整合与协调能力，即产业投行的总部需形成强大的融资安排能力，并进行统一执行与分配。

2.地方国有金融投资平台定义

本文所研究的地方国有金融投资平台，是由地方政府实际控制，拥有银行、证券、信托、担保、期货、融资租赁、小额贷款等主要金融牌照的全部或其中一部分，并管理一定规模的私募股权基金，以金融服务收益和投资收益为主要盈利来源的地方国有企业。上海国际集团有限公司、西安投资控股有限公司、宁波市金融控股有限公司等便是地方国有金融投资平台的典型代表。

二、地方国有金融投资平台打造"产业投行"的内外驱动因素

1.外部有需求

地方政府在全球产业链重构、地方经济亟待新旧动能转换的当下，迫切需要打造本地的"产业投行"，具体的需求主要体现为如下五个"发挥"。

一是发挥形成清晰的产业投资赛道作用。需要"产业投行"对行业细分领域进行明确，紧紧抓住后金融危机时代国际新兴产业发展和产业转移的契机，聚焦新兴产业领域，提升专业化投资能力。

二是发挥承接地方重大招商引资项目作用。需要"产业投行"发挥投资融资与资源整合功能，同时将"招大引强"与"延链补链"相结合，构建专业化股权投资能力。

三是发挥深度推动"两链融合"作用。需要"产业投行"从金融服务与产业资本的角度，解决创新链和产业链之间的不对称、不协调的问题。

四是发挥产业生态构建作用。需要"产业投行"积极加强与大型国企和央企、产业集团、上市公司及头部企业的合作，找到双方共同的战略点和合

作契机，构建产业生态。

五是发挥"放大器""催化器"作用。主要包括通过股权运作、资本整合、价值管理、资产证券化等工具，提高实体产业的资产流动性；通过产业基金、债转股等金融工具，发挥"四两拨千斤"的作用，帮助实体产业快速发展、纾难解困。

2. 内部有基础

地方国有金融投资平台是地方政府打造"产业投行"的合适选择，主要是因为其具有如下"五有"优势。

一是有较好的资产基础。地方国有金融投资平台经过多年发展和近几年的金融"强监管"的推动，注册资本和总资产规模通常能达到百亿元级，资产结构不断优化，资产质量持续提升。

二是有多元化金融牌照。地方国有金融投资平台一般拥有银行、证券、信托、担保、期货、融资租赁、小额贷款等主要金融牌照的全部或其中一部分，为打造"产业投行"奠定了金融工具基础。

三是有较专业的基金管理能力。地方国有金融投资平台大多发起设立了多支政策性引导基金及商业化基金，基金体系具有一定规模，管理能力不断增强。

四是有重大项目投融资经验。地方国有金融投资平台大多承接上级任务，在地方产业培育、招商引资、重大项目投资等任务上承担过投融资服务工作，具备较好的专业基础。

五是有健全成熟的管理机制。在地方国资监管机构和金融监管机构的双重监管下，地方国有金融投资平台通常能在较短时间内形成较为健全的治理机制、一定规模的专业人才团队、不断提升的投资管理能力、较为完善的运营机制。

三、对地方国有金融投资平台打造"产业投行"的建议

地方国有金融投资平台尽管具有打造"产业投行"的良好基础，但与真正意义上的"产业投行"仍存在差距，要成为名副其实的"产业投行"，需要做好如下"四深一提"工作。

一是深化行业理解。找准行业方向，尊重产业规律，以产业链头部企业为核心，不断积累行业经验和产业思维，加深对产业链发展格局和趋势的认知。例如，合肥市产投集团明确提出聚焦重点行业，目前重点聚焦"芯屏汽合"（芯片产业、新型显示产业、装备制造及工业机器人产业、人工智能和制造业加快融合）等合肥市重点战略新兴产业的上下游开展投资布局。

二是深化业务协同。整合优化自身业务，构建面向重点产业全生命周期的综合服务体系，有效满足重点产业在不同发展阶段产生的融资和资本运作需求。例如，西安投资控股有限公司目前针对重点产业科技成果转化、企业种子期的融资需求，形成了西安投融资担保公司等以担保租赁为核心的中小企业"增信放大"服务；针对重点产业的初创期、发展期企业，以大西安产业基金、西安银行为主提供债券融资服务；针对重点产业发展期和成熟期企业，以长安信托和大西安基金及股权直投提供资本中介和股权融资服务。

三是深度整合资源。坚持以平台思维，持续优化区域金融生态，撬动科技创新、产业升级和人才聚集。例如，前海金控通过发起设立、股权合作等方式引导汇丰、恒生等港资金融机构，以及前海再保险、中金、前海金融科技、中证增等多个重大金融产业项目落户前海，不断完善区域金融服务生态。

四是深入构建生态。以投融资为链接，促成区域内多方资源协同合作，形成相依共进的产业生态，共同匹配产业发展需求，提升产业价值。例如，纽约市经济发展公司积极扮演区域创新生态集成服务商角色，一方面积极整合政府土地、资金、政策等资源，包括为康奈尔科技小区提供近无偿土地、针对外籍创业者提供 H1B 申请快速通道等；另一方面积极整合外部服务机构资源，包括与彭博合作提供生命科学创业者培训、与 Health2.0 合建数字健康交易平台等。

五是提升专业能力。加强行业研究、募资、投资、投后、风控等领域的专业化水平建设，不断缩小与领先机构的差距。例如，湖南财信建立两级行业研究体系，总部以研究院为首，侧重宏观研究，各子公司的研究岗基于其各自需求，侧重细分业务领域研究。

参考文献

［1］刘剑锋.日本产业投行对国有资本投资运营公司功能建设的借鉴意义［J］.杭州金融研修学院学报，2017（08）：63-65.

［2］杨青峰.以产业投行思维推动企业成功并购——基于协同效应的思考［J］.国际商务财会，2010（06）：17-20.

［3］谢毓祯.国有资本投资运营公司发展模式的投行化前瞻［J］.国际金融，2017（08）：71-74.

6.新发展格局下地方城投公司转型发展问题研究

▶ 2022-11-15

自 1991 年政府投融资体制改革以来，城投公司作为承担政府投融资平台功能的特殊国企，对政府功能的延伸和地方的建设起到了巨大的作用。尤其是近十年来，国资国企改革逐步迈入新阶段，城投公司在改革发展的过程中发生了根本性、转折性、全局性的重大变化，也为新时代党和国家事业取得历史性成就、发生历史性变革做出了重要贡献。但城投公司在转型发展过程中仍然有管理体制、经营领域、融资模式等方面的问题，急需在下一步改革中有所改善。

一、新发展阶段城投公司面临的问题

1. 管理体制"旧"，内部管理行政化严重

许多城投公司，尤其是一些区县级平台公司的产生与发展离不开当地政府的扶持，这在城投公司发展的初期会形成一定助力，但在公司发展壮大之后，机关单位尤其是政府各职能部门对公司的发展方向有时仍起到举足轻重的作用，但是由于不同单位内部的利益博弈造成城投公司发展出现无谓的内耗。城投公司内部的领导干部很多源于地方上的机关单位，这种从事业机关转行国企领导的经历使得其中相当一部分人对公司的业务很难熟悉和有效把握，且这部分人往往仅在城投公司履职一个任职周期后又回到机关单位，在一个并不长的任期内很难为企业谋求长远的发展。

这就导致了很多城投公司没有战略、没有决策能力、没有成熟的组织架构和管理体系，缺乏独立经营管理的基础，尤其在集团化转型的发展阶段，存在总部定位不清、职责不明、业务杂乱，子公司主业不清、业务较差，人员结构复杂、管理体系杂乱等多种问题。

2.经营领域"旧",业务布局亟待优化

近年来各地城投公司尽管已完成一些业务上的创新,但多数投资项目仍以民生领域基础设施建设和公益类非营利性基础设施建设为主,与政府功能性任务逐渐脱钩是一个复杂而漫长的过程,现阶段多数城投公司的业务仍与地方政府手里掌握的资源和项目高度相关。一方面,此类项目投资数额大但资金回笼周期很长、资金使用效率低下,后续一旦无法产生足够现金流就很容易引发债务危机;另一方面,在政府"放管服"改革和金融监管趋严的背景下,这种发展模式势必面临改变,城投公司势必需要寻找一条走向市场化发展的道路。

3.融资模式"旧",举债经营难以为继

城投公司作为政府平台公司,所采用的传统投融资模式一直是"代融资、代投资",银行项目贷款融资、信托融资、租赁融资等仍是城投公司融资的主要方式,这些融资手段成本高、资金量小、周期短,并且还受到银行附加条件的影响,造成担保费用、财务费用、利率费用支出增加。而且,城投公司在投融资过程中往往仅为政府提供通道作用,自身的投融资能力非常有限,筹资活动的现金流量以借款为主,隐性债务问题较为严重。

二、持续深化体制机制改革,建立现代企业制度

国企改革三年行动行至尾声,新发展格局下,应当进一步创新政企关系,持续深化改革。党的二十大报告指出"深化国资国企改革""完善中国特色现代企业制度,弘扬企业家精神,加快建设世界一流企业"。对城投公司来说,应该在新时期继续坚持深化体制机制改革,摸索建立并完善中国特色现代企业制度。

- 一是要建立健全有竞争力的企业组织,明确城投公司的功能定位及与政府机关单位的权责边界,加快混合所有制改革,引入多方资本,优化股权结构,在进一步完成资源整合的过程中逐步构建现代集团架构,明晰城投公司总部和不同子公司的战略定位及相应的管控模式,进而完善公司治理体系和部门岗位设置等。

- 二是要设置行之有效的激励和约束机制，要在城投集团总部和子公司内摒弃原本行政化的"吃大锅饭"的薪酬模式，推行岗位薪酬制度，灵活设置公司内部不同层级的薪酬固浮比，采取市场化的薪酬激励与考核机制，充分释放公司人员的改革活力。
- 三是要优化人才选用育留机制，根据部门岗位职责及相应任职要求进行人才选配，并进一步完善人才内部选聘、轮岗轮值机制，加快人员内部流动。此外，要弘扬企业家精神，探索职业经理人模式，打破机关单位对企业高层管理的一言堂机制。

三、做实业务做活经营，推动市场化业务高质量发展

扎实做好业务是城投公司转型发展的根本所在。在新发展阶段，城投公司仅仅钻研于建设业务是远远不足以达成高质量发展目标的，因此探索并进一步推进市场化业务是城投公司深化改革的必经之路。

- 一是坚持保障公共服务，"着力解决好人民群众急难愁盼问题，健全基本公共服务体系，提高公共服务水平"。根据党的二十大报告，不难看出随着社会发展与人民生活水平的提高，部分地区社会公共服务体系的缺失问题也愈发凸显，城投公司作为地方和区域的公共服务提供商，应当探索如何以市场化的手段参与公共服务保障，充分引入和运用社会资本，提高服务水平和服务质量。
- 二是加快推进产业发展，"要坚持以推动高质量发展为主题，把实施扩大内需战略同深化供给侧结构性改革有机结合起来，增强国内大循环内生动力和可靠性，着力提升产业链供应链韧性和安全水平，着力推进城乡融合和区域协调发展，推动经济实现质的有效提升和量的合理增长。"根据党的二十大报告，城投公司应当积极培育自身的造血能力，参与城市产业链条和产业园区建设，充分发挥自身在投资、建设、服务方面的优势，打造品牌化的产业运营商，通过市场化的途径为城市产业发展提供动力。
- 三是持续强化科技赋能，"完善科技创新体系。坚持创新在我国现代化建设全局中的核心地位。""以国家战略需求为导向，集聚力量进

行原创性引领性科技攻关，坚决打赢关键核心技术攻坚战。加快实施一批具有战略性全局性前瞻性的国家重大科技项目，增强自主创新能力。"根据党的二十大报告，城投公司可以在保障社会公共服务的同时，充分应用大数据、人工智能等先进技术，提升原有业务质量，转"旧基建"为"新基建"，探索新能源汽车充电桩、5G基站、大数据中心等新技术与新应用，着力构建智慧社区和智慧城市。

四、强化融资造血功能，化解隐性债务问题

投融资工作是城投公司的关键要务，新发展阶段下，作为地方政府的投融资平台，城投公司在打通政府投融资通道的同时，要积极培养自身的投融资能力，以应对愈发严峻的债务问题。

- 一是要优化融资结构，一方面要与金融机构保持密切合作，通过银行信贷、企业债、城投债等传统手段进行融资，另一方面要积极试水多元资本市场，充分抓住混合所有制改革等政策机遇，并探索产业基金、股权多元化等融资渠道。

- 二是要加强存量资产盘活，提升资产管理和专业经营能力，对资产进行分类租赁、利用和产业嫁接，包装优质融资项目，提高资产变现价值。

- 三是把握逆周期机遇，探索开展基于本地特色和主营业务的相关产业，采用产融结合的途径探索业务增长点，并适时开展社会化资产的收购、处置、经营及受托运营业务。

第五章

交通研究

1. 省级交通投资集团"十四五"规划的 "四得"与"四要"

▶ 2022-01-26

省级交通投资集团（简称"交投集团"）是地方国企的旗舰、区域基础设施投资建设运营的主力军，肩负着促进地方国资优化布局、产业转型升级、社会与经济高质量发展的重任。正略咨询及笔者长期服务省市各级交投集团及高速公路公司，对其"十四五"规划的编制工作有如下心得。

一、"十四五"规划之"四得"

1. 志存高远，目标宏伟

交投集团的发展与全体交投人的持续奋斗分不开，也与我国以高速公路为代表的基础设施建设共生共荣。截至 2020 年年底，省级交投集团中总资产过万亿元的有 1 家（山东高速）；营业收入过千亿元的有 4 家，其中浙江交投接近 2 000 亿元，位列世界 500 强第 433 位；净利润过百亿元的有 1 家（江苏交控）。

"十四五"规划中，交投集团普遍自我加压、志存高远：预计至 2025 年，可能会形成 1 家 2 万亿元、5 家上万亿元、10 余家过 5 000 亿元的资产规模梯次结构；可能会有 3 家以上营业收入进入世界 500 强。

2. 两高一可，渐成共识

"十四五"规划中，各省交投集团对面临的严峻形势形成深刻共识，压力主要来自五个方面：一是行业政策的深度调整；二是人工、养护、建设等成本的持续上涨；三是传统路域产业依旧靠天吃饭；四是非路产业盈利模式尚未破题；五是公司治理和管控能力难以匹配现代化综合型集团发展需求。

近年来，交投集团的融资环境相对宽松、综合融资成本相对较低，但资产负债率仍维持在66%以上的高位，且呈现上涨态势。长远来看，不计成本、不讲节奏、不顾现金流地扩大规模，将会形成巨大的"历史包袱"；追求"两高一可"，即"高质量、高韧性、可持续发展"，已成为交投集团"十四五"发展的主基调。

3.产业创新，各显其能

"十四五"规划中，成熟的交投集团普遍提出打造"一主两辅一新"的产业结构，即以交通基础设施投资建设运营为主，以交通关联产业和金融投资产业为辅，以国家和区域战略新兴产业为新的增长点。部分交投集团在基础设施运营管理、设计规划、建筑工程、物流、智慧交通、材料、装备制造等领域已孵化出或致力于培养上市公司、独角兽企业乃至行业冠军。

值得关注的是，营业收入前5名的交投集团，其高速公路通行费收入所占比重均低于30%，多元化程度高，抗风险能力相对更强。

4.融入地方，同频共振

"十四五"规划中，各省交投集团普遍急地方政府之所急，立志成为推动区域经济发展的坚定参与者、推动者和实践者，发挥交通先行优势和国企使命担当，在深化融入中全面持续赋能，助力区域经济发展大局。通过助推区域营商环境改善和产业全面升级，主动参与区域经济增长和分享价值增值的理念已深入其心。

同时，各省交投集团普遍提出抓住国企改革政策契机，利用国有资本投资公司试点机遇，优先开展混合所有制、重组并购、员工持股等机制改革，力争成为区域乃至全国国企改革样本和国资管理标杆。

二、"十四五"规划之"四要"

1.要以长期主义思想解决大而不强问题

虽然近两年我国位列世界500强的企业数量连续居于全球首位，但主要依赖规模，创新引领力、国际竞争力与世界一流水平还存在差距。

应该认识到，交投集团不仅要在世界500强"营业收入"这一评价指标上争先进位，而且要既大又强。交投集团需要在战略引领、科学管控、价值创造、精益运营、自主创新、风险管理、人力管理、系统集成等能力提升方面持续攻坚，坚持用长期主义思想解决抗周期竞争力不足和大而不强等问题。

应该认识到，交投集团大都还处在从半现代化到现代化企业的进程中。据正略咨询统计，交投集团群体的净资产收益率由 2019 年的 1.6% 降低到 2020 年的 0.1%，其中，排名第一的浙江交投净资产收益率仅 4.6%。如此低的净资产收益率，诚然有可能由大量回报日益降低、"潜亏"或"明亏"的公共基础设施投资导致，但自身投资决策能力、投后管理能力、非路产业经营能力等不足不容忽视。

2. 要以周期搭配理念看待产业结构问题

目前，交投集团的产业布局涉及第一、第二、第三不同产业，涉及长、中、短不同周期，涉及甲方、乙方、第三方不同角色，也涉及重型、中型、轻型不同类型资产。要求国企"聚集主责主业"和多元化产业布局既成事实间的矛盾，往往是交投集团的一大心结。

笔者认为，作为千亿乃至万亿集团，适度的多元化是必需的，这既符合成功企业实践经验，也利于抵御周期性波动，否则何以实现国资委逐年递增的考核目标？

在未来的产业结构优化过程中，交投集团需要加强"三个注意"：一是注意强化主业相关多元化，尽量不搞泛多元化；二是注意基钦周期、朱格拉周期及康德拉季耶夫周期的不同波动影响，提升系统抗风险能力；三是注意重资产规模有余但资产管理衍生业务不足、轻资产有一定积累但金融行业风险激增、中型资产稀缺且"专精特新"企业不多的问题。

3. 要以"兵临城下"的意识培育共赢竞合果实

2020 年，全国交投企业平均运营里程为 4 120 千米，省内占比平均为 68%。较高的高速公路路网覆盖率是各交投集团发展相关多元化产业的重要依托。各省路产资源的整合成为行业发展的一大趋势，例如，"十三五"期间，辽宁、黑龙江、山东等省交通资源重组均创立或巩固了本省的头部企业地位。

"十四五"期间，笔者认为交投集团最大的挑战非源于行业内，更可能来自行业外。如何构建与同省的其他国资平台、建工类央企、互联网和信息通信等产业巨头新型的竞合模式，对交投集团来说是一大考验，画地为牢或无原则的让利皆不可取。在竞争的基础上合作，在合作的过程中竞争，从以前的单纯竞争越来越多地走向多重竞合，或培育同一产业，或打造同一平台，或打破同一瓶颈。

共赢竞合的另一重点是如何处理好与社会公众的关系。新媒体时代，公众参与社会事件监督的热情高，信息的正向效应或负向效应容易放大，极易引发公共热点事件。交投集团和高速公路上市公司的舆情管理能力普遍比较薄弱，例如，在网络舆情工作上监测滞后，产品服务市场反馈、消费者行为态度等不能及时准确全面掌握，舆情应对能力不足，造成舆情危机处置困难重重，市场决策缺少数据支撑。产生的后果往往是企业形象被破坏、品牌价值受损，极易给企业发展带来重大负面影响。

4. 要以时不我待的心态加速关键人才培养

"十四五"期间，交投集团人力资源管理普遍面临"四大矛盾"：一是战略转型对关键人才的需求与现有人才结构性短缺之间的矛盾；二是市场化业务发展要求与现有体制机制之间的矛盾；三是高质量发展与现有人员胜任力不足之间的矛盾；四是集团战略"大目标"的实现与不同类型不同年龄段员工个人"小目标"的实现如何有机统一、有效激励的矛盾。

"十四五"期间，交投集团重点要抓住"两类人才"培养：一是业务带头人；二是年轻人，特别是后备干部。业务带头人就是交投集团培养的企业家，他们是战略执行的关键，他们也是要素整合者、市场开拓者、创新推动者。年轻人是交投集团的未来与希望。需要注意的是，"90 后""00 后"与"70 后""80 后"相比，看待工作的意义不同、接受沟通的方式不同、自我认知的定位不同，因此管理机制要更专业透明、考核沟通要更平实即时、日常管理要更开放包容。

人才需要舞台，优秀的人才就像鱼一样，水质水温适宜就会游过来。对人才要能用、善用、敢用；越到爬坡过坎的发展关键期，越要注意人才的选用标准。

2. 从当前趋势看交通行业未来变化

▶ 2023-02-21

当今世界，正在经历前所未有的时代之变、历史之变。当今中国，在世界之变的巨大洪流之下，既要顺应全球大趋势，又要顺应自身的发展趋势。在此影响下，全国各行业都面临着前所未有的历史机遇和挑战。交通运输业作为国民经济的基础性、先导性、战略性产业，更能先感受到宏观趋势的直接影响，这值得我们密切观察和深入思索。

一、趋势 1：人口变量成为交通规划的重要因素

2023 年以后，我国人口总量预计进入持续下降周期，人口老龄化进入上升通道，区域人口流失成为新常态，城乡人口流动更加频繁，这些新趋势、新特征将为交通规划与投资带来新需求、新挑战。

未来需要更加重视城市群和中心城市的运输通道建设，更加重视老年人出行人性化的设施保障，更加重视大城市周边卫星城和乡村交通建设，更加重视交通基础设施的预防性养护和新建。

面对未来，对于东北和中西部人口流失城市，交通基础设施要以养护为主；交通基础设施投资将更加向预防性养护倾斜；城市群周边城乡交通一体化发展仍有较大优化空间；要足够重视交通基础设施适老化建设和改造，并开始有效行动。

二、趋势 2：我国智慧交通即将进入 3.0 时代

我国智慧交通建设主要是从高速公路不停车收费技术研究应用开始的，到 2015 年，已基本实现全国联网。2019 年，全国高速公路省界收费站撤销后，标志着我国基本完成了智慧交通 1.0 时代。

从 2017 年开始，交通运输部开始启动智慧公路建设试点工程，并成为新

基建的重要组成部分。其突出特点是以 5G、大数据、云计算、北斗等为标志的新一代信息技术的广泛应用。当前，我国智慧公路建设已处在与世界"并跑"甚至部分领域"领跑"的水平。

面向未来，依托智慧交通大数据平台，借助北斗、互联网、云计算、物联网、智能终端等新一代信息技术，通过采集人流、车流、物流等大数据信息，深度挖掘和精准分析人流、车流和物流的实时态势，优化车辆、道路、停车等交通资源配置，实现人流、车流和物流的快捷、安全、高效流动。

三、趋势 3：空中交通出行已经从未来走进现实

从 2012 年开始，我国先后出台了一系列支持通用航空发展的产业政策，包括通用航空总体规划、机场建设、空域划分、经营许可，以及无人机行业等多项政策，其覆盖之广、力度之大、出台之密，可谓前所未有。

十年来，我国民航累计固定资产投资已达到 8 000 亿元。特别是 2020 年以来，连续两年投资超过千亿元级别，创历史新高。十年来，共新建机场 67 个、迁建机场 15 个，全国机场数量达到 250 个。新增跑道 84 条，新建航站楼 800 万平方米，新建停机位 3 000 个，全国机场总设计容量超过 14 亿人次。伴随着一些偏远城市新机场、新支线的建成和使用，乘坐飞机出行已经成为人们的新选择。

面向未来，中西部及东部地区中小型城市机场建设仍将维持高位增长态势，支线航空市场仍将维持较快增长，小机场计划航班量将显著增加。同时，伴随着低空领域的深度开发，以及新能源的技术革新，在不远的将来，乘坐电动飞机和飞行出租车出行也有望实现。

四、趋势 4：绿色交通虽任重道远但前景可观

近年来，《交通强国建设纲要》等国家顶层政策对绿色出行提出了一系列新目标、新要求。绿色出行既是交通强国建设的重要组成部分，也是落实国家碳达峰行动的重要战略举措。

推动运输结构调整是实现结构性减排的重要战略安排，尤其要推进大宗货物"公转铁""公转水"，提升沿海港口和内河航运的运输效率；发展江海联运河和江海直达，加快提升多式联运比例。公路运输比例将会继续降低，

铁路和水路货运量将会继续提升。

在交通基础设施建设层面，围绕规划、设计、施工、运营、养护等关键领域需要，要坚持低碳设计理念，推广新技术、新材料、新工法、新工艺，实现交通基础设施绿色化建设能力。在交通运输层面，通过新能源、新装备的推广使用，探索开展零碳或低碳示范区，努力实现一定区域内的零碳目标。

趋势已经开始，变化正在加速。

2023 年开始，人口总量持续减少给交通运输业带来的变化将是全方位的，也是不可逆转的，我国需要做的就是尽快做好预案。

智慧交通带来的出行体验将是革命性的，其发展也是人类进入未来社会的标志性事件。

第六章

■■▎生命科学研究

1. 我国民营医院行业洞察上篇：
民营医院发展的难言之痛

▶ 2022-01-29

一、前言

　　医疗卫生机构是我国医疗卫生服务的提供者，主要由医院、基层医疗卫生机构、专业公共卫生机构和其他卫生服务机构四类构成。其中，医院是我国医疗卫生服务体系中最重要的组成部分，按其性质不同可分为公立医院和民营医院两大类。就民营医院而言，又有民办营利性医疗机构和民办非营利性医疗机构两类。民办营利性医疗机构一般为公司制医院，该类医院以营利为目的；民办非营利性医疗机构一般为民办非公司制医院，该类医院是为社会公众利益服务而设立和运营，不以营利为目的。

二、我国民营医院的发展现状

　　我国医疗服务行业长期以来一直由公立医疗机构主导，而随着《国务院关于鼓励支持和引导个体私营等非公有制经济发展的若干意见》(国发〔2005〕3号) 和《国务院关于促进健康服务业发展的若干意见》(国发〔2013〕40号) 等一系列政策的颁布，民营医院的发展翻开了新的篇章。近年来，在我国医疗需求快速释放的驱动下，民营医院的发展势头迅猛，并且在我国卫生服务体系中的占比逐渐增大，进入快速扩张和服务升级的关键时期。

　　随着我国医疗行业规模不断扩大，预计2025年全国整体医院总收入规模将达到52 768亿元，其中，民营医院总收入规模将达到9 966亿元，占比约19%，如图1所示。一方面，从增速上来看，2019年民营医院（20.0%）的行业规模增速远超公立医院（7.0%），约是公立医院增幅的 3 倍，如图 2 所示。另一方面，从医疗资源的分布情况来看，2015—2019 年，民营医院执业医师的数量几近翻倍，占全部医师的比重急速增大（2015 年 15.9%，2019 年 21.2%，如表 1 所示），且民营医院较好的福利与待遇吸引了越来越多的医师从业者加入。由此可见，我国民营医院在整个医疗行业中已经从公立医院的补充地位发展为医疗体系的重要组成部分。

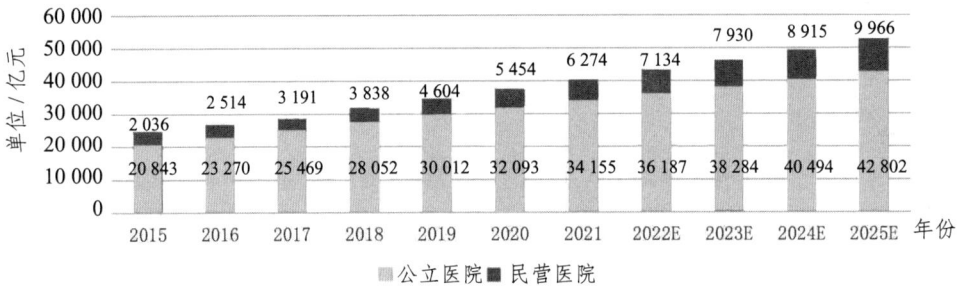

图 1　2015—2025 年中国公立医院及民营医院市场规模及预测

资料来源：头豹研究院、中国卫生健康统计年鉴、正略咨询分析。

图 2　2015—2025 年中国公立医院及民营医院市场增速及预测

资料来源：头豹研究院、中国卫生健康统计年鉴、正略咨询分析。

第六章 生命科学研究

表 1 2015—2019 年中国公立医院及民营医院医疗资源分布对比

年份	民营医院					公立医院				
	2015年	2016年	2017年	2018年	2019年	2015年	2016年	2017年	2018年	2019年
数量和床位情况										
机构数（万所）	1.45	1.64	1.88	2.10	2.24	1.31	1.27	1.23	1.20	1.19
占比（%）	52.6	56.4	60.4	63.5	65.3	47.4	43.6	39.6	36.5	34.7
床位数（万张）	103.42	123.36	148.93	171.76	189.09	429.64	445.52	463.11	480.22	497.56
占比（%）	19.4	21.7	24.3	26.3	27.5	80.6	78.3	75.7	73.7	72.5
人力资源										
执业（助理）医师（万人）	26.86	30.98	36.82	42.24	46.14	142.42	149.37	156.43	163.12	171.29
占比（%）	15.9	17.2	19.1	20.6	21.2	84.1	82.8	80.9	79.4	78.8
注册护士（万人）	35.56	42.50	51.56	60.68	68.53	205.21	218.83	230.68	241.40	255.27
占比（%）	14.8	16.3	18.3	20.1	21.2	85.2	83.7	81.7	79.9	78.8
提供医疗服务情况										
总诊疗人次（亿人次）	3.71	4.22	4.87	5.26	5.70	27.12	28.48	29.52	30.51	32.72
占比（%）	12.0	12.9	14.2	14.7	14.8	88.0	87.1	85.8	85.3	85.2
入院人数（亿人）	0.24	0.28	0.33	0.37	0.37	1.37	1.48	1.56	1.64	1.75
占比（%）	14.7	15.8	17.6	18.3	17.4	85.3	84.2	82.4	81.7	82.6

资料来源：天风证券，正略咨询整理。

155

三、我国民营医院的发展困境

虽然我国民营医院正处于高速增长时期，但由于起步晚、积累少、技术和人才匮乏，导致民营医院建设尚不完善，大多民营医院门可罗雀、经营惨淡。从正略咨询的客户服务经验来看，社会信任度有限、专业人才缺乏、投资风险过大、医院管理能力不足等问题已成为民营医院进一步发展的瓶颈与阻碍。部分民营医院经营风险因素如表 2 所示。

表 2　部分民营医院经营风险因素

医院名称	风险因素
华润医疗（原凤凰医疗）	1. **人才风险**。若本集团无法为医院网络招募、培训及留住适当数量的医师、其他医疗专业人士和职员、院长及管理人员，本集团的业务可能受损 2. **管理风险**。若本集团无法有效管理、快速发展，本集团可能无法管理医院及诊所网络以使其获利或高效运营 3. **投资风险**。本集团一般对医院网络的每家医院进行重大投资。因此，能否为投资获取充足的融资对本集团的扩张至关重要
爱尔眼科	1. **人才风险**。作为技术密集型行业，高素质的技术人才和管理人才对医疗机构的发展起着非常重要的作用，而目前在我国眼科医疗行业中，技术人才和管理人才都较为稀缺。因此，能否吸引、培养、用好高素质的技术人才和管理人才，是影响眼科医疗机构发展的关键性因素 2. **社会信任风险**。我国民营医疗机构群体是在公立医疗机构处于垄断地位的背景下产生和发展起来的，起步晚、积累少，各民营医疗机构之间技术水平和管理水平也参差不齐。一小部分民营医院诚信度低、不自律，损害了民营医疗机构在社会上的整体形象 3. **管理风险**。连锁商业模式有利于公司发挥资源充分共享、模式快速复制、规模迅速扩大的优势，在现阶段能够很好地满足公司快速成长的需要。但随着连锁医疗服务网络不断地扩大，公司在资源整合、医疗管理、财务管理、人才管理、市场开拓等方面都将面临较大的挑战
康宁医院	1. **人才风险**。优质的医务人员团队是公司下属医疗机构能够提供优质的医疗服务和保持在精神医疗领域竞争力的保障 2. **社会信任风险**。作为民营精神专科医院集团，声誉对公司持续发展有着重要影响，如果公司未能持续维持或提升公司声誉，患者对公司服务质量和服务能力产生不信任，将使公司经营发展难度加大 3. **管理风险**。公司快速扩张使公司管理复杂和难度逐步增大，需要对公司管理能力构成进行较大调整。公司未来无法提升自身管理水平和服务能力，会对公司的经营业绩造成不利影响

（续表）

医院名称	风险因素
国际医学	**1. 人才风险。** 虽然公司在多年医院经营中，聚集并培养了优秀的、具有丰富经验的医疗管理及临床治疗的人才队伍，但未来随着公司医院规模的迅速扩大，人才需求激增，对管理和技术人才、中青年医生骨干和护士团队的招募与培养容易不足，跟不上发展需要 **2. 投资风险。** 公司在建的医院项目预算投资金额合计超过百亿元，需要较大的资金投入，对融资能力、现金流等要求较高，同时，较大的融资金额也会导致财务费用增加，进一步提高公司的资金压力
海吉亚医疗	**1. 人才风险。** 公司的业务很大程度依赖公司旗下医院物色、招聘及挽留足够数目的合资格医师的能力。由于供应短缺，目前在我国招募合资格医师的竞争激烈 **2. 管理风险。** 公司依赖管理层团队及其他重要雇员的持续服务，而若公司失去这些服务，公司的业务、财务状况及经营业绩将大为受损 **3. 投资风险。** 新开办医院投资成本高，可能导致公司短期财务情况波动

资料来源：华润医疗招股说明书、爱尔眼科招股说明书、康宁医院招股说明书、国际医学年度报告、海吉亚医疗招股说明书，正略咨询分析。

1. 社会信任度有限

我国民营医院社会信任度有限的问题的根源很复杂，但是核心原因还是在于民营医院不能回归医疗本质。当下各大民营医院基于经营的压力，难以沉下心来从患者的需求角度出发提供切实可行的医疗方案，更不用说能提供差异化的品质服务。一方面，民营医院由于起步晚、积累少，非常缺乏高水平医疗技术的人才，也很难提供高质量精准诊疗的服务，极不规范的医院运营问题在民营医院中极为普遍，自然而然地引发了患者对民营医院信任的丧失。另一方面，在行业发展初期，以"某系"为首的部分民营医院利用豪华高档的装修和铺天盖地的广告吸引流量，但对自身的医疗资源过度包装，宣传的医疗水平与实际情况完全不匹配，导致医疗事故频发，医疗负面新闻比比皆是，从而影响民营医院整体形象，也使优质的民营医院备受牵连。

2. 专业人才缺乏

与公立医院相比，民营医院的人才引进竞争总体呈现劣势，主要原因在于公立医院的事业单位性质和编制管理对人才的吸引力较大。我国公立医有着非常强大的社会影响力，在学科建设、医疗水平、职称评定等方面都有成熟机制支撑，对医师的个人成长与发展（如荣誉、社会尊重、学术成果、职称评定等）有着不可替代的作用。迄今为止，公立医院仍是医师从业的第一选择，约占有 80% 的医师资源。而绝大多民营医院缺乏过硬的专业背景，缺乏行业影响力，从业人员很难获得社会认可。也正因如此，大多数民营医院难以像公立医院一样与各高校建立长期稳定的合作，无法吸纳贤才、打通优质高校毕业生的输送渠道。并且，民营医院往往缺乏成熟的内部培养体系，无法为新晋医师提供成长与发展的机会和平台，人才的发展路径难以打通。因此，专业医疗人员缺乏一直以来都是民营医院的核心痛点。

3. 投资风险过大

目前我国大部分民营医院都采用重资产投资模式，仅有小部分采取托管或租赁的轻资产模式，民营医院在资金流和融资方面面临巨大的挑战。很多民营医院是依靠借贷建设和维持的，一旦没有了收入，资金链就会断裂。新冠肺炎疫情期间，前往医院就诊的患者人次在 2020 年降至近 5 年最低，其中，民营医院诊疗人次减少 4 000 万人次，而包括民营诊所、卫生室等在内的基层医疗卫生机构诊疗人次减少 4.1 亿人次，这直接导致了民营医院的收入急剧减少。

尽管收入减少，医院每天的支出却不会减少。民营医院的成本不仅仅局限于人工成本、水电、耗材、折旧，大量市场广告投放费用、高端装修的维护及持续不断支出的专家费，都是不菲的支出。民营医院资金链一旦断裂，很可能就排入了倒闭的队列。不少民营医院没能撑过"倒闭潮"，据统计，2021 年间，有超过 1 000 家民营医院找人接盘，甚至在清算时，大多民营医院已经资不抵债，只剩牌照还值些钱。

一些下沉到区县级的综合性民营医院也是倒闭的"重灾区"。2021 年，根据防疫要求，出现发热、腹泻、胸闷、咳嗽等症状的患者，须送往指定医院就医，导致区县级综合性民营医院失去了大量的患者来源。民营医院整体进入前所未有的严寒时期。

民营医院重资产及轻资产商业模式分析如表 3 所示。

表3　民营医院重资产及轻资产商业模式分析

商业模式	投资途径	前期投资成本	面临挑战	实例
重资产模式	自建	高	**优点**：产权清晰，医院资产可升值 **缺点**：前期投资较大，审批流程较长，回收周期较长	1.爱尔眼科（专科） 2.国际医学–西安高新医院（综合）
	收购	高	**优点**：产权清晰，可较快切入医院领域 **缺点**：面临收购后医院的整合管理挑战	1.通策医疗（专科） 2.复星医药收购广州南洋肿瘤医院（专科）
	转制	中	**优点**：投入费用中等，且运营风险较低 **缺点**：取决于和当地政府与公立医院的关系；部分公立医院产权划归不清晰	金陵药业收购宿迁医院
轻资产模式	托管或租赁	中	**优点**：无须投入土地和建设成本，前期资金压力较小，便于扩张 **缺点**：每年支付租金，存在无法续租物业的风险	华润医疗托管IOT（物联网）模式

资料来源：BCG、申万宏源证券，正略咨询分析。

4. 医院管理能力不足

我国民营医院虽逐步向规模化发展，但多数民营医院依旧采用传统管理模式，在战略、财务、人力资源等方面的管理相对滞后，制约着医院的可持续发展。从民营医院整体管理上看，缺乏系统的战略规划、明晰的权责分配、健全的规章制度等，严重影响医院进一步发挥市场化的优势，无法快速实现规模化。从财务管理上看，缺乏健全且有效的评价与监督机制，导致财务问题难以被发现。从人力资源管理上看，缺乏长效且全面的医院绩效管理和激励机制，造成医护人员易缺少成就感、归属感和认同感。民营医院不仅是一家医院，也是一家企业，仅被当成投资工具而缺乏管理的民营医院无法在当前竞争激烈的市场环境下生存。

四、小结

综上所述，我国民营医院行业具有强大的发展前景。然而，由于民营医院存在社会信任度有限、专业人才缺乏、投资风险过大和医院管理能力不足等问题，民营医院行业整体正处于寒冬期。

2. 我国民营医院行业洞察下篇：
民营医院发展的破局之路

▶ 2022-03-01

在我国医疗需求快速释放的驱动下，我国民营医院的发展势头迅猛，并且在我国卫生服务体系中的占比逐渐增大。但是，社会信任度有限、专业人才缺乏、投资风险过大、医院管理能力不足等问题已成为民营医院进一步发展的瓶颈与阻碍。本文将围绕以上问题，深入探讨我国民营医院的经营重点和破局方向。

一、加强"内功修炼"，提升社会信任度

1. 加强能力建设，成为高标准医疗服务的提供者

医疗的本源还是治愈疾病，让患者重获健康，而民营医院若想获取社会的信任，更需要以客户为尊，提供持续、全面的医疗服务。通过加强对医生素质、医院资质及就医体验的管理，打造高端民营医院，赢得社会信任。

以某民营医院为例，该医院是一家提供覆盖全生命周期的医疗服务的民营医院，包括预防保健、诊断、治疗及康复等。通过结合严谨的循证医疗实践、先进的管理经验及技术和设备上的不断投入，该医院设定了医疗服务的高标准，具体如下。

（1）医生素质高标准

医院拥有全职医生大约 600 名，70% 为中国医生，30% 为外籍医生。为了保证医生的数量和质量，一方面，医院建立了毕业生培养模式，对医学院毕业生提供 3 年的定向培养；另一方面，加强对新加入的医生专业能力的管控，要求新加入的医生参与至少 3 个月的专业能力培训。同时，医院在人才引进的环节投入巨大的资源，其主任医师的收入是普通公立医院医师收入的

1.5 倍左右。

（2）医院资质高标准

医院获得了国际医疗卫生机构认证联合委员会（JCI）和美国病理学家协会（CAP）的认证，并与各大知名医疗机构有着密切的合作关系，例如，北京大学肿瘤医院、北京大学第三医院、广东省中医院等，建立了强大的医疗网络。同时，医院设备先进，拥有达芬奇机器人和 MAKO 骨科机器人。医院整体的医疗资质处于同业中尖端水平，从而消除患者就医的疑虑。

（3）就医体验高标准

医院着重打造舒适的医疗环境，为患者提供温馨的就医与护理服务体验，并且医院与四十多家国内外保险公司合作，提供直接结算服务，大大降低了患者的直接医疗支出，让患者少一分负担。同时，医院为患者打造了个性化、定制化的医疗方案，努力让患者得到最合适的治疗手段，提升患者的安全感。

2. 树立优质的医疗品牌形象，打造值得信赖的医疗机构

民营医院需要确立品牌发展策略，积极开展品牌形象建设工作。品牌策略主要分为三类，分别为单一品牌策略、主副品牌策略和多品牌策略，其定义及优劣势分析如表 1 所示。民营医院可根据医院的发展规划，选择品牌策略，明确品牌定位，开展品牌建设，从而提高自身品牌知名度。

表 1　不同品牌策略定义及优劣势分析

项目	单一品牌策略	主副品牌策略	多品牌策略
定义	企业所生产的所有产品都同时使用一个品牌	企业使用一主一副两个品牌，以涵盖企业全部产品或若干产品的品牌作为主品牌，同时使用副品牌来突出不同产品的个性	企业生产经营的产品不使用同一个品牌。不同的品牌针对不同的目标市场，且品牌的经营具有相对独立性
优势	1. 整合运用企业优势与资源 2. 推广成本低 3. 关联性产业延伸成本低 4. 提升企业品牌价值 5. 更易获得相关资源	1. 相对聚焦资源，节省宣传费用 2. 凸显产品个性 3. 可借助主品牌的力量带动新品销售 4. 企业在所有相关品牌之间建立了更加紧密的联系	1. 尊重市场差异性 2. 风险分散 3. 用不同品牌覆盖不同行业或市场

（续表）

项目	单一品牌策略	主副品牌策略	多品牌策略
劣势	1. 容易忽略市场的差异性 2. 风险大，一家子公司出现问题，就容易连累母公司 3. 跨行业延伸有一定的局限性	1. 副品牌在市场上失败也会影响主品牌的形象 2. 过于成功的副品牌也可能会淡化企业主品牌的形象	1. 品牌管理成本过高 2. 分割了企业整体优势和历史资源 3. 有造成品牌混淆的危险

依靠医院综合实力的提升，推进品牌形象和口碑的树立。除了提升医院的硬实力外，软实力也不容忽视。医院可通过丰厚的薪酬回报、良好的工作环境、优质的研究氛围等方式吸引贤才长期驻留，保证高质量的业务水准。同时，医院可积极与高校建立长期合作关系，从校园引进人才，提升人员品质。此外，医院应广泛参与全世界范围内的行业资格认证，刷新医院的品牌口碑和名誉度。

二、完善机制，吸引尖端医疗人才

相较于公立医院，民营医院存在医生的招聘渠道较少、社会地位较低、管理机制与医生憧憬背离及职称评定较难等问题，导致民营医院难以吸引人才，因此建立健全并落实人才引进、培养与发展的机制，是民营医院人才体系建设的关键。

1. 建立合伙人机制，绑定核心医疗人才

民营医院可采用合伙人机制，通过促进核心人才从"员工"到"股东"身份的转变，打造医生和医院之间的利益共同体，实现人才激励和保留。

对单体医院来说，可以通过授予核心医疗人才医院股权进行激励，如果是上市公司，可采取股票期权、限制性股票等方式，授予核心医疗人才一定上市公司股票。对连锁医院来说，可以授予核心医疗人才单个／多个现有单体医院的股权，也可由公司或公司设立的投资基金与核心医疗人才共同出资设立新医院。对于非常关键的医疗人才，也可直接授予其连锁医院总部／集团层面的股权，将其与公司整体发展绑定。

以某民营医院合伙人模式为例，该医院采取"区域总院＋分院"的发

展模式，区域总院对医生医疗服务技能、学术地位形成支撑，并在区域内形成品牌影响力；分院实现医疗资源的优化及患者就诊便捷，在较短时间内积累客户资源、获取市场份额。分院由该医院集团、医生集团（即集团专家团队）和地方口腔医生团队共同出资设立，如图 1 所示。

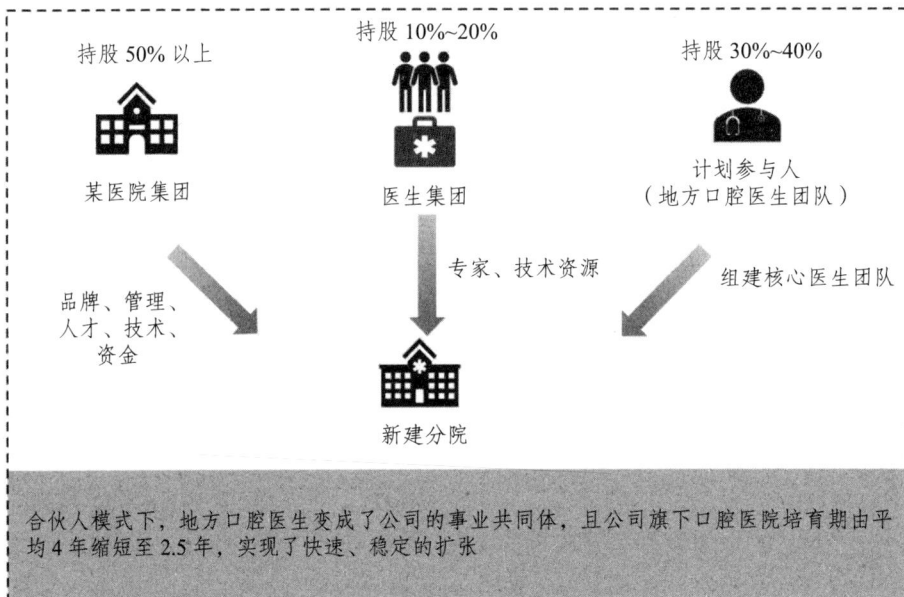

持股 50% 以上
某医院集团

持股 10%~20%
医生集团

持股 30%~40%
计划参与人
（地方口腔医生团队）

品牌、管理、人才、技术、资金

专家、技术资源

组建核心医生团队

新建分院

合伙人模式下，地方口腔医生变成了公司的事业共同体，且公司旗下口腔医院培育期由平均 4 年缩短至 2.5 年，实现了快速、稳定的扩张

图 1　合伙人模式与外部专家合作助力扩张

2. 建立与外部专家长期合作的关系，深化医院专项领域实力

民营医院可与医生集团进行合作，作为医生多点执业平台吸引外部专家坐诊。医生集团中的医生大多来自大型综合公立医院，是各专科领域的专家学者。民营医院与医生集团合作可以提高医院专科发展速度，提升医疗服务效率，是民营医院提升整体医疗服务品质的新兴方式。此外，民营医院也可通过合伙、入股等方式，与外部专家建立长期稳定的合作关系。

3. 整合优质学术资源，完善人才培养体系

民营医院可通过一体化布局"产、学、研"，打造强势科研平台，完善人才培养体系，提高对优质医疗人才的吸引，增加人才储备。与专业院校建

立合作关系是提升民营医院科研实力的有效方式，一方面能够内化人才培养体系，形成掌握核心医疗技术的人才团队，另一方面能够增强对人才的吸引力和保留人才。

以通策医疗为例，通过持续不断地加强同医学院校的合作（见图2），推动"医教研"的一体化和人才培养体系的完善。凭借合作院校的医科大学属性，通策医疗将自身打造为"医学院附属三甲口腔医院"，医生就职于其旗下口腔医院即等于获得了参评教学科研体系的准入资格，符合医生对教研体系下的职称晋升诉求。这在吸引人才的同时，也搭建了内化的人才培养体系，有助于确保人才供给，打造良好的人才梯队。

图2　通策医疗与多个院校建立合作关系，增强人才黏性

三、提升融资与投资管理能力，降低投资风险

社会资本投资医院目前处于调整期，但民营医院的并购交易仍然活跃。相较于公立医院，民营医院的投资更受投资者青睐。新医改的实施，使得社会资本进入民营医院，作为公立医院的补充，其发展态势尤为迅猛；相较于公立医院，民营医院有着盈利模式清晰、运作机制灵活、盈利性更高、可复制性更强的优势。2019年，民营医院并购交易金额约179亿元，占总并购交易额的84%，如图3所示。

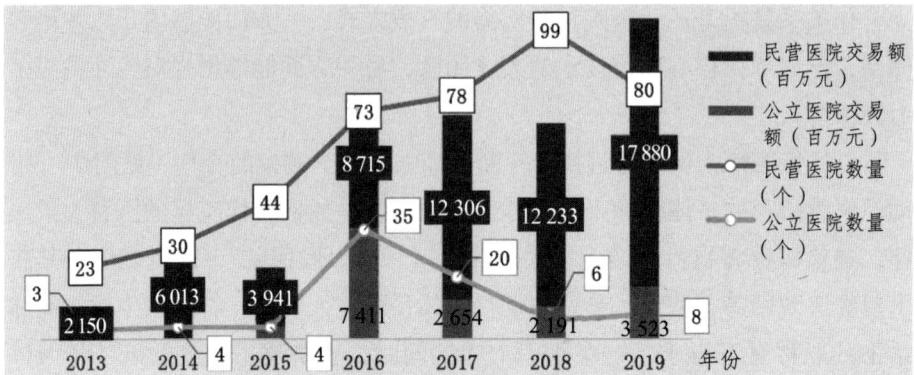

图3　2013—2019年中国民营和公立医院并购交易统计

1. 聚焦优势领域，打造高回报率的精致专科医院

近年来，众多优质民营医疗机构如雨后春笋般涌入市场。其中，不乏一些优质的民营医院因其卓越的营销战略和市场定位，以高利润回报拔得头筹。可以看到，这些医院经营范围涵盖领域十分广泛，针对专业精细化医疗领域如眼科、口腔、医美等尤其受市场欢迎，其净资产回报率最高接近19%，同时净利润跨度更是从–3.78亿元至21.72亿元，如表2所示。在如此大的差异中，不难看出潜藏在其背后可观的经济红利。相较于早些年备受看好的女性和幼儿市场，行业的过度饱和使其逐渐力不从心。这间接说明了，当患者选择转向精致护理领域时，专业化民营医疗就有着势在必得的优势。民营医院投资热点已从风险小、回报快的传统医院，向高技术、高产业价值链的专科医院转移。

表2　部分民营专科医院净资产回报率、资本回报率、净利润、
投资回报率、息税及折旧摊销前利润

民营医院	经营范围	净资产回报率	资本回报率	净利润（亿元）	投资回报率	息税及折旧摊销前利润（亿元）
华润医疗	医疗	3.68%	5.33%	3.20	6.97%	4.18
国际医学	医学、医疗	0.31%	45.98%	0.34	0.50%	0.10
爱尔眼科	眼科	13.68%	16.31%	21.72	16.31%	18.77

（续表）

民营医院	经营范围	净资产回报率	资本回报率	净利润（亿元）	投资回报率	息税及折旧摊销前利润（亿元）
新世纪医疗	儿科、妇产科	−22.18%	−27.47%	−3.78	−2.01%	−3.29
康宁医院	康复	3.20%	3.70%	0.06	1.93%	0.87
海吉亚医疗	综合医疗	4.91%	5.61%	1.77	0.13%	2.53
通策医疗	口腔	18.94%	1.86%	5.45	21.41%	0.01
利美康	美容外科	12.44%	10.12%	15.45	8.98%	—
和美医疗	妇科、产科、儿科	−4.90%	−0.59%	2.50	−29.35%	−0.75

资料来源：公开资料、各公司年报，正略咨询分析制图。

2.选择合适的商业模式，提升投资收益

现今，民营医院的商业模式可分为重资产模式和轻资产模式两种。重资产模式大多为开发、自建和收购，前期投资高，面临的审核流程和回收周期都较长，收购后医院整合管理也充满着风险和挑战。而轻资产模式则以托管和租赁为主，前期投资成本相对较低，但医院的发展要取决于和当地政府及公立医院的关系，并存在产权规划不清晰及托管及供应链盈利削弱的问题，合作模式不稳定。因此，具体选择哪种商业模式的民营医院进行投资，要依据投资者的具体情况而定。

以华润医疗为例，华润医疗采用"直营＋托管＋供应链"的轻重资产结合模式，以直营模式（重资产模式）打造集团品牌，借助资本市场，大力发展托管＋供应链模式（轻资产模式），打造医院产业平台，如图4所示。

四、高端化、集团化管理，提升医院竞争力

1.高端化管理

随着高净值人群数量的增长及其对优质医疗服务的追求，高端医疗服务的需求量将迅速增长。截至2018年，高净值人群数量已达229万人，并且过去十年的复合年均增长率达到22.3%。从高净值人群的财富分配上来看，投

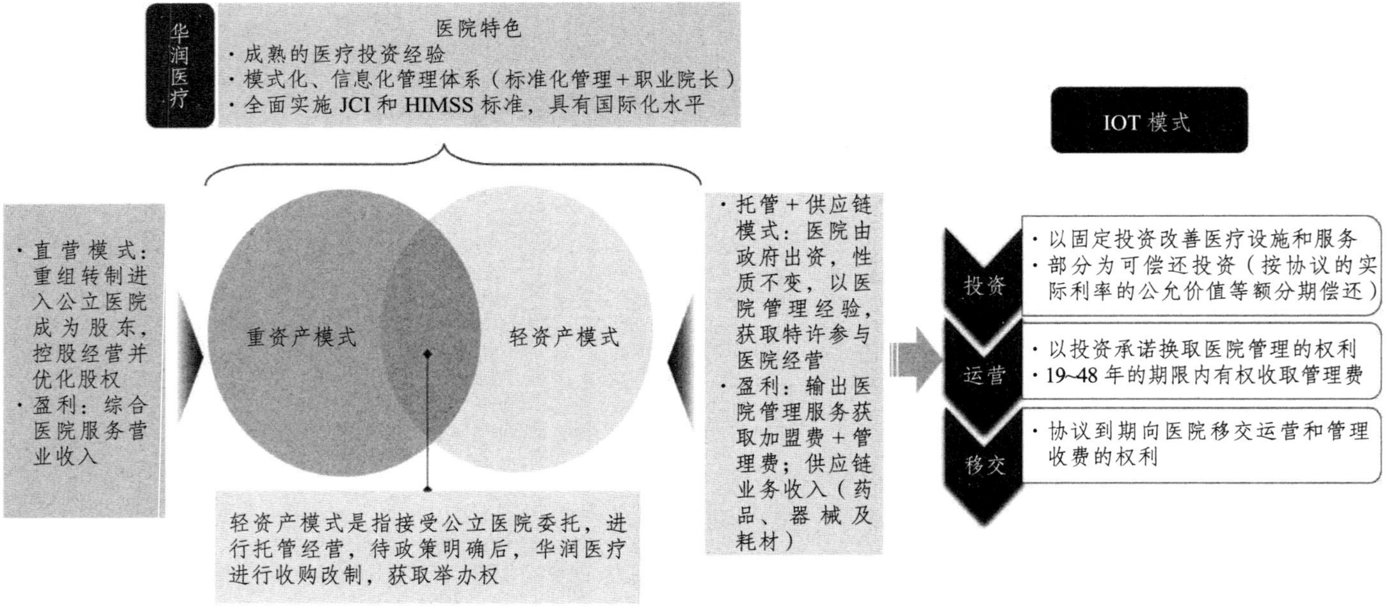

图 4 华润医疗模式分析

资料来源：华润医疗官网、年度报告，正略咨询分析制图。

入在医疗健康方面的财富分配占比达到17%，高收入人群对其身体健康的重视程度可见一斑。

与此同时，伴随海外就医患者数量的不断增长，其成本和便利性都不如就近医治来得省时省力。因此，在本土打造国际化的高水准医疗机构将是大势所趋。不难看到，近年来海外医疗的资源与先进理念正不断涌入，国内患者对海外医疗服务的接受度与认知感受也逐渐加深。2014年，我国海外就医数量约为6.66万人，到2018年增长至27.25万人，复合平均增长率更是达到42.22%，这些数据说明患者已经不再满足当地局限性的医疗服务，而是在不断强大的消费能力和多样化的健康需求驱动下，产生了跨境治疗的需求。

2. 集团化管理

民营医院集团化管理旨在推动集团化的运作模式，可为民营医院带来突出的竞争优势。研究显示，在美国医疗行业的发展进程中，已成长出许多大型医疗集团。医疗行业普遍集团化程度较高，造就了集团化运作模式在医疗行业中较强的竞争优势。主要优势来自以下四个方面。

（1）节省经营成本，凭借规模效益摊薄医院的平均经营成本，统一采购提高与支付方和供应商的议价能力。

（2）方便资本运作，通过提高集团信用等级，减少单家医院的借贷成本并减小融资难度。

（3）利于品牌建设，以统一营销，打造大范围的知名品牌效应。

（4）提升管理效率，制定并推行统一的管理流程及服务标准，提升企业的运作和管理效率。

五、总结

基于以上分析，可以了解到，随着医疗企业规章系统的不断建立和完善，可通过吸引和培养顶尖医疗人才、提供优质医疗服务和建立优质医疗品牌形象等方式解决目前我国民营医院所存在的经营问题。就现阶段投资市场来看，伴随着社会资本进驻医疗服务行业，民营医院更受投资者青睐。民营医院凭借其清晰的盈利模式、灵活的运作机制、可复制性强的商业模式，有着十分可观的前景与未来。

3. 大型集团企业如何布局大健康

▶ 2022-06-24

2016 年，国务院印发了《"健康中国 2030"规划纲要》（简称《纲要》）。《纲要》是我国推进健康中国的宏伟蓝图和行动纲领，也是引领大健康产业发展的航标。《纲要》预测我国健康服务业于 2030 年将达到 16 万亿元规模，鼓励"健康 +"模式发展，充分与互联网、旅游、健身休闲等产业融合，这也将催生更多大健康新模式、新业态。

将"健康中国"提升至国家战略方针的高度，预示着大健康等相关产业将在国家政策扶持下进入增速发展赛道。随着产业的发展，大量的资本也将涌入行业。大型企业该如何把握风口，有效布局大健康，本文将进行探讨。

一、大健康产业将迎来井喷式发展

自新冠肺炎疫情爆发，全球范围内各行各业的发展都受到了不同程度的影响，但同时大家对健康的重视程度也逐步上升，随之大健康产业受到越来越多的关注。随着大健康产业的发展，行业也进行了进一步细分，包括医疗旅游、养老、中医药、营养保健、高端医疗器械等领域。对即将布局大健康产业的企业来说，这些细分赛道有着大量投资和增值机会。据新华社报道：中国将成为全球最大的大健康产业市场。现阶段的市场规模离 2030 年 16 万亿元规模的目标仍存在十几万亿元增长空间，这意味着巨大的商业机会。

2021 年，《中华人民共和国国民经济和社会发展第十四个五年规划和 2035 年远景目标纲要》中提到了医疗、养老等多项大健康产业的内容（见图 1）；李克强总理在十三届全国人大四次会议中重点提到了医疗健康领域的 9 项重点工作，众多代表也做出了许多关于大健康产业的提案。

国家"十四五"规划——中华人民共和国国民经济和社会发展第十四个五年规划和2035年远景目标纲要提出多项与大健康相关的内容

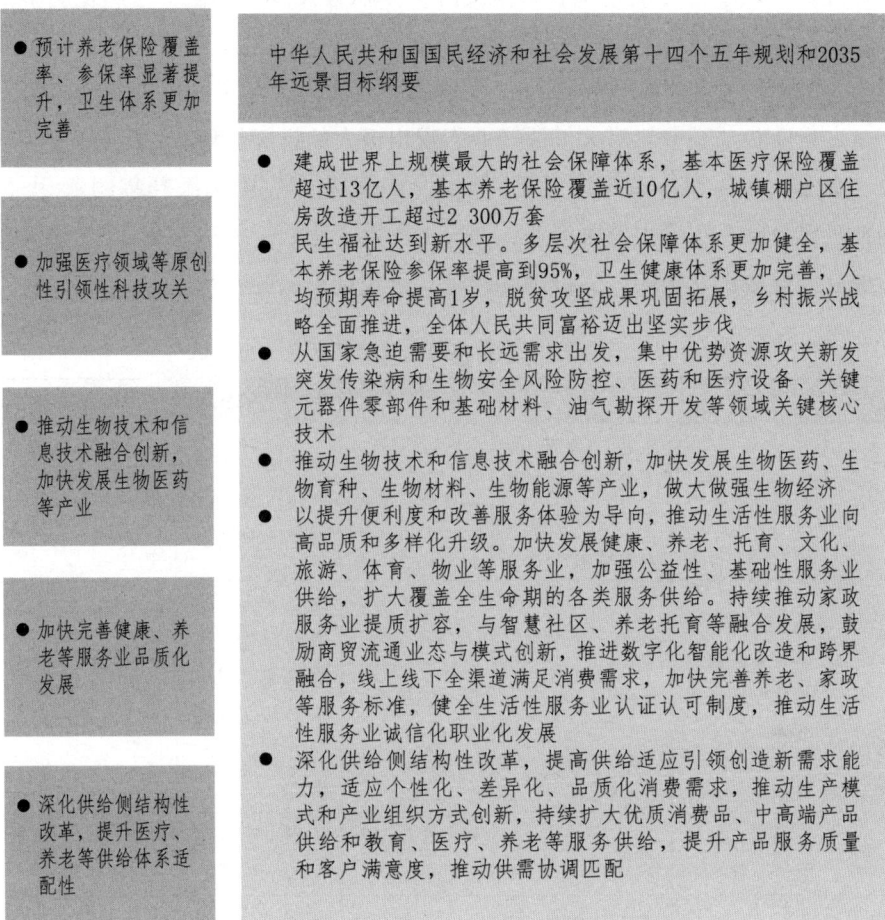

图1 "十四五"规划中大健康产业相关内容

综合上述分析，在国家政策、规划等积极推动下，大健康产业前景大好。无论从我国国家政策、社会经济情况、行业需求，还是人们对生命健康重视的角度，都为大健康产业的强势崛起提供了优渥的条件。

二、大健康产业深受大型集团企业的青睐

近年来，中国经济保持着较快增速，即使在全球爆发新冠肺炎疫情的情况下，我国依然能快速实现经济复苏，这在促使人们对生活质量的要求不断

提升的同时，也进而对自己的生命健康达到前所未有的关注高度，为大健康产业发展提供了良好的基础。但是我国又面临着人口老龄化、慢病发病率大幅提升、亚健康常态化等多种健康趋势问题，为相关健康产业带来了发展契机。再加上国家相关政策的推动，大健康行业将迈入黄金发展期。众多跨界资本、行业头部企业均对大健康产业表现出极大的投资热情。

众多央企（如招商蛇口、保利集团、华润集团、中国医药集团）、民企均在抢滩登陆并布局大健康产业，如表 1 所示。例如，万达早在 2017 年就宣布成立大健康产业集团，引进国际医院，正式进军大健康产业。

表 1　央企布局大健康产业

序号	央企	主业	旗下公司	运营模式	典型项目
1	华润集团	地产、大健康、大消费、能源服务、科技与金融五大领域	华润医药、华润健康、华润医疗	重资产－轻资产相结合，IOT 医院运行模式	三九医药、昆明市儿童医院、上海颐家养老服务中心
2	保利发展控股集团股份有限公司	地产	保利健投	重资产－轻资产相结合，机构养老、社区养老和居家养老"三位一体"模式	和熹会、和院健康生活馆、和悦会
3	中国光大集团股份公司	金融	光大医疗、光大养老健康	轻资产运营模式	嘉事堂、光大保险、光大养老
4	中国中信集团有限公司	地产、金融、资源能源、制造、工程承包	中信医疗、中信医药	重资产－轻资产相结合，以并购为主	中信湘雅生殖与遗传专科医院、杭州整形医院
5	国家开发投资集团有限公司	基础产业、战略性新兴产业、金融及服务业三大战略业务单元	国投健康产业投资有限公司	轻资产为主，轻重组合	长者公寓
6	中国通用技术（集团）控股有限责任公司	先进制造与技术服务领域、医药医疗健康产业领域、贸易与工程服务领域	中国医药、环球医疗	轻资产为主，供应链延展型商业模式	鞍钢总医院、西电集团医院、中国医药保健品有限公司、美康九州医药有限公司

（续表）

序号	央企	主业	旗下公司	运营模式	典型项目
7	中国医药集团有限公司	医药健康领域	国药大健康产业有限公司	重资产－轻资产相结合，以并购为主	中国医药工业研究总院、同济堂、乐仁堂、仙灵、天江药业

三、大型集团企业布局大健康产业路径及方式分析

当前涉足大健康产业的企业主要有五类。

- 第一种，以北京同仁堂、天士力集团、绿谷集团、广药集团等为代表的行业头部企业，在原有核心业务基础上，进一步完善自身产业布局，打造大健康产业生态圈，形成了制定综合解决方案的能力。
- 第二种，以万达、中南建设、绿城等为代表的地产企业，通过合作、并购、自建等方式快速进入大健康领域，抢占新赛道。
- 第三种，以腾讯、百度、阿里巴巴、网易、小米、京东等为代表的互联网企业，希望凭借自身线上优势，通过大数据、物联网、人工智能等技术与大健康产业融合，打造新的平台化生态，赋能大健康传统产业。
- 第四种，以泰康等为代表的保险公司，凭借保险业务属性特点与大健康产业结合，拓展养老、健康管理等业务，构建业务协同发展模式。
- 第五种，以茅台集团、五粮液集团、中粮集团、中恒集团等为代表的其他健康产业非相关集团，通过科学赛道选择及资源整合向健康产业转型发展，以图抓住机遇，赶乘大健康产业的"顺风车"。

不同历史背景、不同资源禀赋的企业布局大健康产业赛道及方式有所不同。大型集团企业在业务选择及发展方式上有以下几种。

1. 资源整合方式

由于部分集团企业主业与健康产业差异太大（如万达等），在主业和大健康业务协同发展过程中，很多资源及能力无法直接复制到大健康产业。因

此，直接选择与成熟的大健康相关企业合作，整合或借助其优质资源与能力，成为众多非相关企业的首选。例如，万达与太平洋保险旗下的养老投资公司进行全面业务合作，启动双方在养老行业的合作。又如，部分央企为强化自身核心环节的竞争力，在部分领域与外部组织协作，优势互补，打造合作共赢大生态，如表 2 所示。

表 2 央企与多主体展开大健康板块战略合作

时间	央企	合作方	说明
2017 年	华润集团	中国人寿	立足于新形势下经济社会发展的需要，重点在投融资、养老养生、健康医疗、保险和年金业务、银行业务、金融创新等领域加强合作
2018 年	光大集团	泰禾集团	泰禾集团将依托光大信托全牌照金融服务的优势，在教育、养老、文化产业等领域展开合作
2019 年	华润集团	日本武田消费者健康公司	华润三九将负责武田全球知名品牌爱利纳明在中国市场的商业化推广和销售，同时双方对未来其他产品组合及跨境电商业务也达成合作共识
2019 年		美年大健康产业集团有限公司	双方将就 JCI 理念的医疗安全和质量改进及相关 JCI 评审工作展开全方位合作
2018 年	保利集团	太平人寿	合作推动健康养老产业多元化发展的全新尝试
2019 年	光大集团	国家发展改革委	国家发展改革委安排中央预算内投资支持符合条件的城企联动普惠性养老服务项目，并与光大集团共享项目信息。光大集团发挥金融支持作用，在专项行动实施期间，积极支持解决普惠性养老服务的融资问题
2020 年	华润集团	东软集团	各方将充分发挥自身优势，在医疗设备及服务、医疗信息化解决方案、5G 医疗物联网解决方案、医疗领域创新科研及健康城市等方面建立长期战略合作关系
2020 年	保利集团	宏泰集团、中软控股	健康养老产业的创新探索，有助于加速实现保利健康板块华中都市圈乃至全国布局版图
2020 年	光大集团	景业名邦	景业名邦和光大养老联手打造的康养乐活社区，以生活方式、专属定制、健康回报为设计落点，构造康养社区服务体系，为休假人群提供旅游、度假、养生、疗养的一站式体验
2021 年	通用集团	元知科技	元知科技将作为环球医疗在医疗健康领域的战略合作伙伴，助力环球医疗打造健康产业生态体系

2. 聚焦某一细分赛道方式

由于大健康产业领域非常广泛，从大类上可以分为健康农业、健康工业和健康服务业三大类，进一步细分又包括休闲养老、健康管理、健康旅游、农业、绿色农业、中草药种植、健康食品、健康用品、健康器械、药品、健康信息技术等十多个二级赛道，进一步细分可以分为百余个三级赛道。大型集团企业往往会根据自身先天优势及资源禀赋选择市场潜力大的某一细分领域进行大健康业务布局。比如，养老产业，在我国人口老龄化日趋严峻的背景下，养老机构的床位数远无法满足未来百姓需求，如此巨大的供需失衡矛盾正是产业发展的巨大机会，也必将成为众多强势大集团的商业布局方向。

3. 金融驱动方式

毫无疑问，布局大健康产业需要大量的资金支持，从而撬动更大的投资回报。借助于金融手段以发展健康产业的大型集团，其核心诉求便是科学有效地打通资金渠道，实现轻资产经营，聚焦发展健康领域核心业务。目前，健康产业最具发展前景的融资方式仍聚焦于挂钩险资、资产证券化或大型集团其他业务输血等方式。保险和健康产业是在国内 REITs 未兴起时的最优组合，例如，中国平安依托保险与健康、养老的天然连接，打造医疗健康生态圈。2014 年，"中信启航资产管理计划"在深圳证券交易所挂牌交易，这是我国第一个权益类 REITs 产品，此后医养 REITs 成了新的关注焦点。

4. 产业地产 / 园区方式

在"健康中国"战略支持下，越来越多的企业正在或即将进军大健康产业。各种产业地产 / 园区发展方式成为资本追逐的热点，如社区健康管理中心、健康商业中心、健康管理中心、医疗综合体、健康科技园、医疗产业园、康养小镇、健康产业新城等。2019 年，一方集团倾力打造的一方健康谷在北京城市副中心举办奠基仪式，与区域形成产业互联、资源共享，着力打造医疗健康智慧园区。

4. 医药流通企业组织变革与激励的重点

▶ 2023-02-10

一、导言

医药流通行业是我国国民经济的重要组成部分，是传统产业和现代产业相结合且一、二、三产业一体融合的产业。广义上，医药流通行业大体可以由四大部分组成：以医院及其他医疗服务提供商组成的医疗服务板块；以药企组成的药品研发制造板块；以经销机构、药店等组成的药械流通板块；以国家药品监督管理局（NMPA）、医保局等组成的监管部门。

近年来，我国医药流通行业稳步发展，但受到医药流通行业的固有盈利模式、政策频出（带量采购、两票制、零加成、药占比等）、竞争加剧等原因影响，行业利润率有持续下行趋势。

盈利压力的持续增大，并伴随着行业头部企业的并购重组，越来越多的医药流通企业希望通过强化组织效能、人员效能等措施来提升企业的经营效率并控制风险。由此，医药流通企业的流程、组织、综合激励体系优化的咨询需求较多。

在近几年的实践中，正略咨询有幸鉴证并参与我国多家医药流通企业的组织及综合激励体系设计与实施项目，积累了丰富的"方案设计＋实操落地辅导"经验。

二、我国医药流通行业的阶段特征

由于医药流通行业的固有盈利模式、政策频出、竞争加剧等原因，行业利润率有持续下行趋势。

大量中小配送商面临被淘汰、被收购的风险，医药流通头部企业凭借广泛的物流网络布局和较强的运营能力快速并购整合，提升市场份额，行业集中度加速提升。

在降低药占比（医药分家）、分级诊疗、带量采购、药品零加成等政策下，院外市场的规模将持续扩大，药店终端价值凸显，医药流通头部企业正加速对零售端的布局。同时，中小连锁药店有"被赋能"的需求。

在市场、政策、消费习惯改变等共同驱动下，"互联网+"与医药流通相结合的新业态迅猛发展，机遇与挑战并存。

由于上述行业变化，医药流通企业的经营风险（如部分医疗机构的回款风险等）逐渐增大，流程、组织和激励应体现风险控制导向。

由于历史沿革、政策、资金支持等原因，我国医药流通头部企业以央企、国企为主，民企仅有九州通进入医药商业企业规模排名前五（规模位列医药商业企业第四）。

三、国有医药流通企业组织变革与激励的难点

一方面，国有大型医药流通企业，存在着国企组织激励的常见问题，包括但不限于：组织流程固化且效率不高、文化惯性强（不患寡而患不均、老好人、论资排辈等）、激励与绩效及能力脱节等问题。

另一方面，鉴于上述我国医药流通行业现阶段的特征，如何有效推动老业务（如药品流通业务）经营效率提升，如何有效鼓励新业务拓展（如器械分享、零售业务等），是各医药流通企业面临的重要难题与挑战。

四、国有医药流通企业组织变革与激励的案例

以某头部医药集团的某省公司的组织人力项目为例，该省公司已实现省内市场占有率第一，综合竞争力第一；面对严峻的医改政策，该省公司提前抓住市场机遇，实现销售额的稳步增长，2021年销售收入已逾200亿元。

1. 诊断发现的问题

通过对该省公司的战略理解、中高层访谈、现有资料研读、问卷调查和外部标杆分析，并基于正略咨询丰富的医药流通行业分析经验，诊断并发现了以下流程、组织、激励方面的问题。

（1）流程问题

① 端到端流程架构的缺失，暂未实现流程的分类分级。

② 流程标准、授权的合理性有待商榷、完善。

③ 大量流程审批层级要到公司高管或流程审批人较多，部分流程审批效率较低。

④ 大部分流程仅为审批流程，对实际业务的指引性不足。

⑤ 流程管理机制空缺。

（2）组织问题

① 从组织架构看，基于未来纯销板块和基药板块的利润空间将被逐步压缩的情况考虑，目前的组织架构部门设置过多，分工过细，部门间协调难度大和成本高，严重影响效率，违背了"精干高效原则""专业分工和协作原则"。

② 从部门定位方面看，目前该省公司前台、中台、后台部门的界定和角色定位尚不明确，违背了"管理明确原则"。

③ 从业务协同方面看，目前采、供、销的协同机制尚不健全，组织缺乏统一的协调调度职责，违背了"专业分工和协作原则"。

④ 从新业务发展方面看，当前组织架构虽然体现了公司战略要求，在新业态板块已成立相应部门，力图创造新的业务增长，但整体来看对新业务的投入和支持较弱，不利于新业务的培育和发展，违背了"支撑战略及业务原则""灵活性原则"。

（3）激励问题

① 薪酬体系的内部公平性不足，薪酬水平与岗位价值关联性不强。

② 调薪机制不够合理，未能有效和员工的业绩和能力挂钩。

③ 部分岗位薪酬标准与市场存在脱节，导致离职率高、外部招聘难。

④ 事业部的薪酬总额确定机制是基于员工人数进行设计的，易导致人力资源效能难以提升甚至持续下降。

2. 解决思路的部分展示

（1）基于价值链，梳理流程框架、流程清单，明确流程的分类、分级，并分析判断关键流程。

（2）流程优化聚焦在流程判定环节（判定标准＋决策／审批权限），而不仅是流程本身。

（3）重点明确各流程环节的输入、输出及其标准。

（4）建立流程绩效管理机制。

（5）顺应行业发展趋势，采取大部制，合并部分销售部门。

（6）重新梳理并明确前台、中台、后台的部门定位、职责边界、权限划分。

（7）成立总体协调采、供、销的部门，搭建起采、供、销之间的桥梁，起到总调度作用，提升经营效率并控制风险。

（8）为战略关键业务匹配事业部制架构，投入更多资源并匹配"责权利"机制，促进其发展。

（9）优化矩阵各主体的职责和权限，设计内部核算、结算机制，针对关键业务及相关部门建立"阿米巴经营管理模式"，分解传导业绩压力的同时，有效促进跨组织协同。

（10）建立基于"KPI+行动方案"为导向的一次薪酬总额确定分配机制，并针对不同组织特点设计二次分配的指导原则，充分体现"优劳优得"，适度拉开收入差距，促进组织效能、人员效能的提升。

（11）进行岗位价值评估，进行外部薪酬对标，调整薪酬结构和固浮比例，充分、精准地做好薪酬套改及测算，确保薪酬的内外部竞争力，提升薪酬体系对人才的激励和保留作用。

第七章

■ ‖ 组织建设

1. 企业价值观的本质探究与应用实践

▶ 2022-07-18

在企业文化建设项目实施中，企业价值观作为文化理念体系核心内容之一，经常引发大家的热议和探讨，甚至产生较大分歧。"企业价值观"一词，或许大家已经耳熟能详，但深究一下，其本质内涵是什么，如何在实践中得以应用？

一、价值、价值观与企业价值观

谈企业价值观，首先，要明确其中的"价值"是一种主观的、可选择的关系范畴，是相对的，不同的人对同一事物的价值可能做出完全不同的判断，比如，一家初创的科技公司，创始人把"创新"作为企业的本位价值，那么规模、利润、效率与之相冲突时，自然让位于创新。

其次，"价值观"可通俗理解为是一种价值选择的"标准"，也可理解为选择的梯次。匈牙利诗人裴多菲·山陀尔的诗歌《自由与爱情》中有这样一句"生命诚可贵，爱情价更高，若为自由故，二者皆可抛"。显然其选择的价值梯次由小到大依次为：生命、爱情、自由。

那么"企业价值观"就是指企业在有效经营过程中推崇的基本信念和奉行的基本目标。在企业发展历程中，从宏观层面看，有较为公认的几种典型的企业价值观，其中最大利润价值观、经营管理价值观、企业社会互利价值观，分别代表了不同历史时期企业的基本信念和价值取向。

二、企业价值观的"四分法"

上述关于企业价值观的定义，虽然提及了其本质内涵，但依然较为抽象。看"企业"价值观犹如看"人"之三观，在企业管理实践中，价值观究竟如何理解，更是存在种种困惑，关于企业价值观核心内容：哪些是不可变的？哪些是可变的？不可变的逻辑是什么？可变的又因何而变？

为便于理解，使企业价值观更加具象，将之结构化不失为一种有效方法，企业价值观层次的划分就是一种选择路径。结合业界比较典型的企业价值观"四分法"，通过分层定义，基本能回答上述问题。所谓的企业价值观"四分法"，就是把企业价值观分成四种，即核心价值观、目标价值观、基本价值观和附属价值观。

- 什么是核心价值观？柯林斯和波拉斯在《基业长青》中的定义是：核心价值观是固有的、不容亵渎的，是不能为了一时方便或短期利益而让步的。核心价值观往往反映企业创始人的价值理念，"独特而顽固"，企业可不惜一切代价去恪守。比如，惠普公司颂扬的"惠普之道"就是如此。

- 什么是目标价值观？目标价值观是指企业要获得成功必须拥有但目前暂不具备或正在倡导的判断标准。目标价值观是核心价值观的必要补充，但不影响或不能替代核心价值观的核心地位。比如常说的"想要与狼共舞，必须自己成为狼"，表达了目标导向与倡导做法，但此狼与彼狼不同，此狼初心（核心价值观）不变，大抵就是这个意思。

- 什么是基本价值观？基本价值观是企业和员工在经营管理工作中的基础判断标准，同一地区、同一行业的企业在基本价值观方面较为趋同。这也意味着不能凭借基本价值观把一家企业与另一家企业区分开来。比如，在探讨某航空公司的核心价值观时，有人提出将"安全"作为选项之一，通过分析显然不妥，因为安全是该行业该企业正确的理念，但并非核心，只能作为基本价值观选项，从属于核心价值观，试问哪家航空公司敢不谈"安全"呢？

- 什么是附属价值观？附属价值观是企业发展和成长过程中自然形成的，并非领导者有意培植的，反映了企业中员工的共同利益和特性，利于优秀基因传承和企业稳定，但其消极作用是可能排斥新的文化基因和发展机会。比如，某家具有近百年历史的优秀国企，其"艰苦奋斗"的优良传统深深植入一代又一代员工的骨子里，值得传承，但同时要防止与新时代年轻员工"乐享奋斗"的理念形成冲突。

三、企业价值观设计"七步成诗法"

理解了企业价值观的结构之后，如何在实践中应用呢？下面以正略咨询的实际案例简要展示说明。

2019 年，正略咨询应邀为湖南某金控集团开展重塑企业文化与品牌体系的咨询服务，其中企业价值观方案的设计与研讨是较为重要的环节。其分析、研讨和决策过程的主要逻辑和步骤，概括而言，笔者称之为"七步成诗法"，具体步骤包括：推演、聚焦、增补、校验、升级、分层、表述。简介如下。

1.第一步：推演 —— 要素分析，因子推演

总结政策环境、行业特征、国企特点、湖湘文化等外部影响因素，梳理出共同因子、趋同因子、个性因子。推演结果如下。① 共同因子：创新、共赢、专业。② 趋同因子：奋斗、价值导向、责任。③ 个性因子：略。

总结企业历史传承、管理导向、价值认同、方略引导等内部影响因素，梳理出共同因子、趋同因子、个性因子。推演结果如下。① 共同因子：创新。② 趋同因子：责任、担当、诚信、市场化、服务。③ 个性因子：略。

综合企业文化因子梳理结果，企业价值观要素的选取，优先考虑"共赢、专业、创新"等共同因子，其次考虑"担当、诚信、市场化"等趋同因子，再次考虑"协同、以人为本"等个性因子。

2.第二步：聚焦 —— 融入本我，提炼聚焦

根据价值观核心因子梳理，结合企业特质和未来发展方向进一步聚焦，提炼出更适合企业发展特色的价值观关键词。

- 第一，基于国有属性，通过分析研讨，提炼出"责任、担当"关键因子，确定相应关键词：责任、担当。
- 第二，基于集团属性，通过分析研讨，提炼出"市场化、价值创造、创新、开放"关键因子，确定相应关键词：创新。
- 第三，基于金融行业属性，通过分析研讨，提炼出"稳健、专业、诚信"关键因子，确定相应关键词：稳健、诚信。
- 第四，基于地方金控平台属性，通过分析研讨，提炼出"协同、共

赢"关键因子，确定相应关键词：共赢。

3. 第三步：增补 —— 人本导向，衍生补充

结合调研诊断中显示的员工需求的主要价值理念进行分析，得出企业价值理念显性关键词。

此步骤主要通过综合分析国有地方金控平台定位和员工需求关键词的实质意义，得出价值理念显性关键词，包括：担当、责任、诚信、稳健、创新以人为本、共赢。同时，分析得出主要隐性关键词：开拓、公平、快乐。

4. 第四步：校验 —— 认知引领，范畴校验

尝试从企业自我认知方面进一步验证和校正企业价值观关键词范围。一方面，通过调研中的成功因素分析，确定继承强化项：责任、担当。另一方面，通过调研中的制约因素分析，确定优化引导项：市场化、创新、协同、专业。同时，结合员工代表研讨确定关注点，包括：诚信、稳健、以人为本。最后选定价值观关键词范围：责任、担当、专业、协同、创新、市场化、稳健、以人为本、诚信。

5. 第五步：升级 —— 基因剖析，传承升级

从企业文化因子表述的延续性方面，验证企业价值观关键词范围，即从原意和现实适用性两方面分析并提出企业 2009 年版本企业价值内容表述（即"自立、感恩、和谐"）的延续和优化建议。

- 第一，针对"自立"的优化建议。自立后的继续成长，具有逻辑性；以"进取"或"增长"体现集团对市场化的倡导。更新词汇：成长。
- 第二，针对"感恩"的优化建议。感恩仅是一种心理活动，用可以作为判断标准的"担当"来包含对社会、客户、员工、政府、合作伙伴的感恩。更新词汇：担当。
- 第三，针对"和谐"的优化建议。和谐注重整体氛围，为了避免给人以"大锅饭"的印象，以"协同"来涵盖和谐的氛围意义，并可以突出金控平台所必需的协同标准。更新词汇：协同。

6. 第六步：分层 —— **明晰层次，强化逻辑**

综上，结合企业价值观层次结构理论，进行企业价值观要素结构分析，筛选最终关键词范围清单。

根据企业价值观层次结构，对上述步骤中筛选出的关键词进一步整理，分类如下。

- 核心价值观词汇备选：担当、协同、稳健。
- 基本价值观词汇备选：专业、诚信。
- 目标价值观词汇备选：创新、成长。
- 附属价值观词汇备选：诚信、以人为本。

7. 第七步：表述 —— **遣词释义，准确表述**

结合标杆企业价值观表述中语言节奏和语法结构的特点，以及参考典型的表述风格，最终确定企业价值观方案。

鉴于客户对表述的简洁性要求，本次表述方案设计中，正略咨询建议对基本价值观、附属价值观适当隐藏，重点表述核心价值观和目标价值观。因此，企业价值观的最终表述如下。

- 创新。
- 协同。
- 稳健。
- 担当。

相应的方案释义方向要点如下。

- 创新——鼓励创新，开放包容。
- 协同——内外协同，共创共赢。
- 稳健——规范专业，稳中求进。
- 担当——勇于担当，敢于担责。

四、小结

通过对企业价值观设计的实际操作，总结以下几点：首先，方案设计应立足企业价值观的本质，结合内外部需求，确立方案的方向和目标；其次，将抽象的内涵通过结构化路径进行转换，形成能具体实施的方法和工具，引导参与者在特定的、逻辑严密的框架中分析、研讨，集思广益；最后，回归其本质，通过反复提炼、升华，形成完善方案。

关于企业价值观的理论研究和实践探讨，各种文献资料层出不穷，本文仅立足某一视角进行初步探究，并就亲历实施的咨询项目（部分环节）进行一次复盘总结，希望本文提出的企业价值观"七步成诗法"能给大家提供一些启发和帮助。

2. 从战略规划到组织结构，该考虑什么

▶ 2022-06-27

战略规划指导企业管理，这是现代管理学的共识。从战略规划出发，企业管理实践要攻克的第一个关卡就是组织结构变革。

那么，到底什么样的组织结构能够适应战略规划呢？总结来说有四点：第一，要增强组织柔性，从组织层面有效应对市场环境变化；第二，要提高组织资源聚积能力，保障组织资源在企业发展过程中得到充分发挥；第三，要能够协调好组织中各单元之间的关系，如部门间、上下级间，在明确权力和责任的基础上，员工才能更好地处理工作中遇到的问题；第四，要能够保证战略目标的最终实现，有效促进企业经营活动的开展。

上述四点为组织结构设计的目标，从企业内外部环境和企业生命周期出发，以企业战略规划为落脚点，盘点影响组织结构的因素。

一、企业内外部环境对组织结构的影响

企业内外部环境从宏观到微观分为国内外宏观环境、产业环境（行业环境）和企业内部环境三部分。企业内部环境可以算是微观环境，但是其对企业的影响是最直接的。从战略角度分析企业内外部环境，通常分析企业发展环境的现状及未来变化趋势，帮助企业避开可能的风险并利用可能的发展机会，但 VUCA 时代环境具有极强烈的不确定性。组织结构就是要在不确定的环境下不断优化或变革。评估环境不确定性框架如图 1 所示。

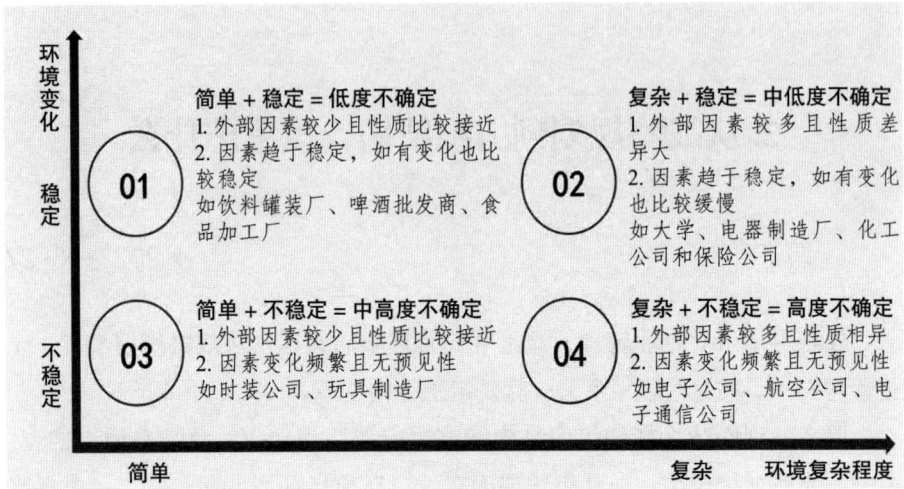

图 1　评估环境不确定性框架

那么，不确定条件下的组织结构该怎么安排呢？企业可以采取以下措施应对。

- 第一，收集、整理和发布外部环境变化的有关信息，强化计划职能部门作用，对企业所处情境有充分了解、预测和研判。

- 第二，加强企业对外界联系的职能，增加相应职能部门，强化相应职能，如设置战略分析部、强化综合管理和协调职能等。

- 第三，加强外界对企业的认识，树立企业品牌形象，加强企业对外输出，并在企业内部设置相关机构或岗位，使企业内外形成良性互动。

- 第四，减小环境突发变化对企业产生的打击和不良影响，增强组织结构的柔性（有机性）、组织机构的缓冲作用等。最重要的是，用权变的态度对待组织结构和环境的关系，即在不同情境下，实行不同的组织结构。

组织结构与环境的权变框架如图 2 所示。

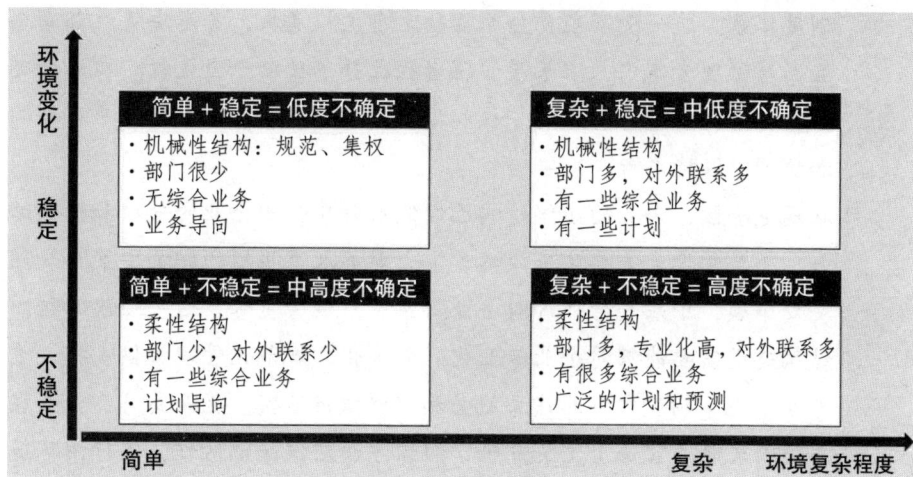

图2 组织结构与环境的权变框架

二、企业生命周期对组织结构的影响

企业在成长过程中，不同的发展阶段呈现出不同的组织特征，同时也存在不同的组织危机。20 世纪 70 年代，美国哈佛大学的格雷纳教授曾在《组织成长中的演变和变革》文章中首次提出了"企业生命周期"的概念，并将组织从诞生到衰亡划分为五个阶段。另一项权威研究是在 1983 年，美国的奎因和卡梅隆合著《组织的生命周期和效益标准》，把企业生命周期简化为初创、集合、规范和精细四个阶段。

- 在初创阶段，企业多是由部分技术人员或营销人员等某一主营业务相关的专业领域人员创立的。这一阶段创始人奉行技术导向和市场导向，企业管理并不是企业这一阶段关注的重点。这时，企业的组织结构也是不稳定的，甚至没有明确的部门分工，更没有形成岗位分工，员工之间多采用非正式的方式交流。这一阶段主要会面临领导危机，解决办法也简单，创始人学会当管理者或新聘请一名优秀的管理者即可。

- 在集合阶段，此时的企业基本形成稳定的组织结构，并能按职能进行组织单元之间的切分，各岗位员工也有较明确的职责和分工，员工之间开始采用正式的和书面的沟通方式，进而企业也开始逐步建立管理制度体系。这一阶段主要会面临缺乏自主权危机，各类决策权都向企业高层管理者集中，中基层管理者往往并不被赋予自主权。在此情况下，企业需要进行有效的分权和授权，规范企业管理，让企业在控制和协调中保持平衡。

- 在规范阶段，企业的组织结构已经能有效反映出企业的分权和授权结果，高层管理者主要从事战略、重大财务人事事项的相关决策及处理突发事项，中基层管理者对企业日常生产经营负责。这一阶段的组织结构建设需要能够对企业专业化、制度化、规范化管理提供支撑，重点在于规章制度体系的建立健全和严格执行落实。显而易见，企业容易陷入文牍（官僚）主义危机，组织方面应该强调协作，实行团队观念（如项目制），实行更具柔性和灵活的管理方式。

- 在精细阶段，企业常通过团队和小组单元的群体活动来迅速解决各种问题，采用矩阵的组织结构，如海尔集团的"小微生态"。企业鼓励再次创业创新，会最大限度地压缩企业总部规模，将职能员工分派到各业务单元中去，起咨询和支持作用，如人力资源业务合作伙伴（HRBP）。

在精细阶段，企业进行了组织结构变革和创新。这之后，企业可能成熟而稳定地存在，或者因遇到其他新危机而衰退、消失。

三、企业战略规划对组织结构的影响

企业应制定战略规划、实施战略规划并且度量和评价战略规划。那么，如何评价企业战略规划的有效性呢？一方面是评估战略正确性，正确的战略能够使企业发展环境和组织资源实现良好匹配；另一方面是评估战略适用性，或者说匹配性，即战略是否适用于该组织的管理过程。

组织结构必须适配战略。也就是说，企业组织结构需要根据企业战略进行调整，以达到对企业战略的支撑作用。钱德勒对战略规划与组织结构关系进行研究，得出"组织结构服从于战略。企业战略的改变会导致组织结构的改变，最复杂的组织结构是若干个基本战略组合的产物"这一基本结论。

战略是始终走在前面的，而组织结构的调整往往是滞后的，这是导致战略规划与企业组织结构不能良好匹配的重要原因。迈尔斯和斯诺在 1978 年《组织的战略、结构和过程》一书中，以改变产品和市场的程度为基础，把企业划分为四种战略类型，并总结出四种与之相适应的组织结构类型，即防守型、进攻型、分析型和反应型。

与此同时，组织结构也会影响战略。因为组织结构是企业内部各业务单元、员工个体间相互联系的基本关系逻辑，把目标、责任、信息、人员等组织要素按一定的内在联系组合起来，其组合方式和基本逻辑是否合理也将对企业战略实现有着直接影响。一般体现在以下几个方面：对战略决策权的分配、战略决策所需信息的收集和传递、战略实施中的监督、风险管控等规则的确定、战略管控所需信息的提供等。

除组织的整体结构逻辑外，企业领导结构、层次结构、职能结构都会对战略制定、落地产生影响。领导结构是指企业高层的机构设置、权责划分和决策流程等相关治理结构；层次结构决定着从经营管理决策到业务操作的信息传递层级和信息横向流动的规则；职能结构描述了管理职能和生产职能的分工与合作。所以说，组织结构为管理者的工作活动提供空间和自由度，确定了战略制定权的分布和信息流通渠道。另外，信息在传递过程中的损失和差异，会造成企业员工之间的信息不对称，尤其是高层和基层员工之间，这是基层员工对战略规划的理解存在差距，甚至产生误解的主要原因，这也将影响战略规划的贯彻与实施。

要注意经常被大家忽略的一个隐形因素：组织结构可能有增加企业内部交易成本的风险。企业内部交易成本是指建立、使用和改变组织所耗费的资源价值（如协调部门、传递评估信息等所耗费的时间、人力和物力）。企业内部交易成本的增加会导致增加实施战略的总成本，造成企业有限资源的浪费，弱化企业的竞争能力，如为缓和矛盾而增加岗位定员编制等。

3. 企业组织结构如何适应企业战略发展的变化

▶ 2023-12-20

组织结构是企业组织总体的结构形式，是在组织理论的指导下，经过组织设计形成的组织内各部门、各层次之间固定的排列方式。组织结构决定了企业内部各部门、各岗位相互之间的责、权、利关系，以及信息和资源的流动方式。

管理科学经过一个多世纪的发展实践，已形成了诸如直线制、职能制、事业部制、矩阵制等标准的组织结构形态，而在一家企业的发展历程中，同样会在不同阶段经历若干次必要的组织结构调整。本文结合项目实践经验，并参考格雷纳的企业成长模型和李占祥的企业成长各阶段管理陷阱，将企业发展历程分为创业、职能化、分权、精细化和创新五个阶段，分析每个阶段背后企业的组织形态特征，并说明企业如何应对各个成长阶段所面临的管理困境，进而对组织结构进行调整、升级。

一、创业阶段：直线制

在创业阶段，企业面临的主要问题是"如何生存"，为提高决策效率，权力高度集中，有利于企业以最快的速度响应内外部生存环境的变化。创始人作为企业的领导者，事无巨细地统筹企业运作的方方面面。

此时企业一般采用直线制，即单一领导的组织形式，无论任务分工、岗位设定，还是员工的激励与评价，都主要依赖领导者或核心领导团队的主观判断。

但当初创企业顺利发展到一定规模后，领导者会逐渐发现依靠个人的能力已不足以支持企业的持续发展。一方面，受制于个人认知的有限性，领导者决策难免出现偏颇或失误，个人的管控效果已大不如前；另一方面，由于部分专业职能的缺位，企业没有完整的决策支持系统，系统的管理体系也尚未构建，进而影响组织的成长和发展。

二、职能化阶段：职能制

在企业发展的职能化阶段，企业面临的主要问题由"如何生存"转变为"如何发展"，企业通常会围绕某一产品或服务进行集约化经营，此时个人集权管理已无法适应企业的发展需要，因此领导者必须适时寻求管理方式和组织结构的变革，提高管理的有效性以适应企业内部和外部的复杂挑战，其中主流的解决方案是设置职能制组织结构。

职能制组织结构源于组织内部分工的深化，通过引进一批拥有较高专业化水平的专业人士，各司其职，共同完成一系列系统的流程和制度体系。在职能制下，企业的成长不再单独依赖于领导者的个人管理或几人构成的小团队，而由各个专业团队、部门和完整的管理体系提供全方位的支持和保障，推动企业向制度化、正规化转变，实现更加有序的发展。

但随着企业规模的扩大，职能制下的组织结构会变得越来越复杂和臃肿，决策链条过长，尤其当企业业务类型更加多元或市场布局更加广泛时，组织僵化、本位主义、官僚主义等问题会越来越突出，此时就需要进行整体或局部的分级授权，降低因组织问题给业务发展带来的局限性、使企业错失发展机遇的可能性。

三、分权阶段：事业部制

发展到这一阶段，企业往往能够通过地域扩张或行业多元化发展来抓住一切可能的机会，此时事业部制结构成为不少多业务战略企业的主流甚至唯一选择。在事业部制下，总部保留核心的投融资及预算管控、战略管控、重大人事管控、风险管控及支持服务功能，而将部分业务的经营决策权进行分离。一般来说，企业会按照业务条线、产品品类、经营区域等1~2种契合自身的关键维度划分出若干个业务单元，各业务单元拥有与行业或市场相关的决策权，并独立承担业绩指标和利润责任。例如，美的在1997年为应对家电行业的激烈竞争，以产品为中心成立了空调、电风扇、电饭煲、小家电和电视五个事业部，各自独立负责产品研发、生产和销售的全过程。当今，美的更新设了智能家居、工业技术、楼宇科技、机器人与自动化等创新业务事业部（群）。

事业部制能够充分调动组织活力，突破传统职能制大而全但相对臃肿的组织结构，促进精细化管理并提高企业对市场的响应速度。但与此同时，一旦总部的职能无法充分发挥，无法有效监管各事业部运营时，可能就会出现事业部偏离总部、各自为政的"诸侯化"问题，带来发展及管理失控等问题。

四、精细化阶段：矩阵制

大型企业既要避免官僚主义，又要降低管理失控风险，主流的破解思路在于将职能制和事业部制相结合，进行双重管控，形成一种矩阵制的组织形态。在这种结构中，横向是为特定业务而设立的事业部（或项目组），而纵向则是与能力、资源相关的职能线，两条线共同配合，能够使组织更加适应市场的多变需求，并具备高效的资源配置能力。

但也正因为这种组织形态既保留了职能制中研发、生产、销售等组织单元，同时也保留了事业部制，实现产品的统一协调和价值流管理。所以结构复杂、管理难度大，"一仆二主"的管理模式容易引发权责不清的问题，实践中多根据差异化的管控模式以横向或纵向中的一方角色为主、一方角色为辅的方式进行协同配合。但这种"灰度"是我国的企业管理者普遍难以接受的管理问题，因而没有真正被企业广泛采纳。

五、创新阶段：新型组织形态

在以上典型的几类组织结构类型基础上，部分头部企业在实践中还创新出了更为灵活、更具特色的新型组织结构，例如，以客户需求为中心的端到端的流程型组织结构，突出资源共享、开放共创的平台型组织结构，强调产业链整合跨界创新的生态型组织结构等。企业在对传统组织结构的整合创新中，做出各种新的探索尝试，逐步找到匹配自身发展的特色道路，推动企业进入更广阔的发展空间。

六、结语

总之，组织结构直接影响着企业的管理、运营、发展及最终的战略目标达成，无论直线制、职能制、事业部制还是矩阵制，每种形式都有其利弊，没有一种组织形式是对所有企业普适而完美的，企业需要结合自身成长阶段选择最能够解决该阶段主要矛盾的组织结构，并根据内外部环境的动态变化，持续优化、迭代、完善组织结构。唯有如此，企业组织结构才能够承接不断发展的战略要求，从而使企业在激烈的市场竞争中占据一席之地。

4. 15 年深度追踪优秀企业一号位的文化观

▶ 2023-10-16

一、前言

资源终究会枯竭，唯有文化生生不息。文化作为企业战略背后的战略，组织规则背后的规则，是真正驱动企业在不确定中找到确定、跨越周期、走向卓越的核心竞争力。而企业文化在一定程度上可以看作企业一号位文化，企业一号位的文化观是构建企业核心竞争力的源头性、根本性、决定性力量。

1. 15 年追踪：近 200 家优秀企业一号位

笔者根据自身 15 年企业文化领域工作经验，并广泛征集正略咨询合伙人负责的众多经典项目案例，累计匹配样本客户共 192 家（其中，世界 500 强客户 69 家、产业链主客户 87 家、细分领域隐形冠军客户 31 家、"专精特新"高潜客户 5 家），经过深度追踪调查，有幸形成阶段性总结，仅为真正敬畏文化价值，并志在对标先进、追求卓越的企业家同仁，提供经验借鉴、思想指引和行动指南。

2. 整体结论：企业的特性与人的特性的合一

调查发现，这 192 位优秀企业的一号位对企业文化的认知具有惊人的趋同性，即他们骨子里都有着对企业的特性与人的特性的深度理解，并能够最大限度地做到知行合一，将企业的发展和人的成长融会贯通。

这一结论源于大量管理实战验证后的基本假设，即企业走向成功的规律与自然人走向成功的规律十分相近。这一结论在调研的首个问题中得到进一步的验证。即"作为一号位，您认为文化到底能够回答什么问题？"有91.2% 的一号位给出了惊人相似的答案，即文化本质上回答了"我是谁？我要去向哪里？我如何走过去？"这三大哲学命题。这不论对企业的群体还是对人的个体，都是触及灵魂深处、回归生命本源的终极思考。身经百战、功成名就的一号位受访者呈现出的最大共鸣是"文化就是找到生命意义答案的那把钥匙，有了它，就好像整个组织包括我个人，都有了一种独特的精气神，让我们活出更有光芒的生命状态"。

3. 理论框架：企业文化建设 7 要素模型

由此，上述假设的正确性得到验证，进而对企业与人的成长规律进行深度研究。可以发现，一个社会人的成长，往往要从找到真实的自己开始。当然，这第一步或许是绝大多数人终其一生都无法跨越的门槛，唯有超越世俗、跨越平庸、升维思考、向上修炼，才能突破第一步。一旦突破第一步，则将会以更真实的自己识别并筛选三观相同的人共事，打出一系列共同认可的标签，并能够在做事时始终言行一致，坚守原则，在这个过程中，自然选择和淘汰，有人留到最后，有人逐渐淡出，进而形成更符合共同价值观的导向和氛围，通过该氛围感召更多的人一起参与进来。同时，在面对不确定的内外部变化时，能够与时俱进，不断修正、迭代、自我精进、持续成长，直至走向成功。

企业文化建设 7 要素模型如图 1 所示。

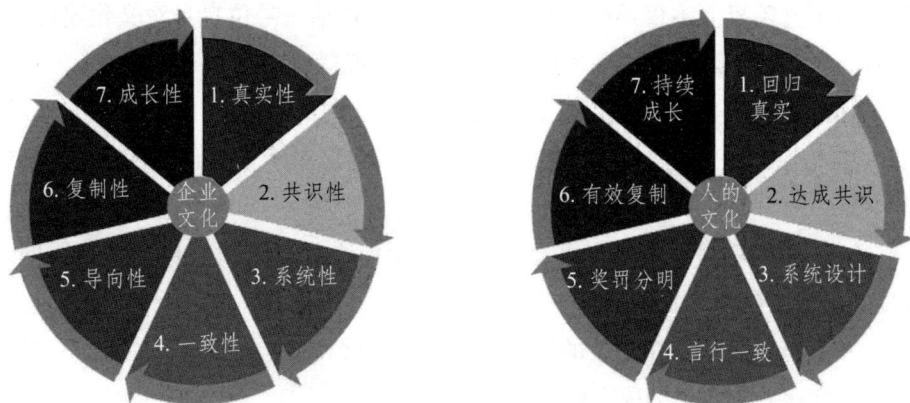

图 1　企业文化建设 7 要素模型

基于企业的特性与人的特性的一致性假设，驱动企业发展的底层逻辑也应如此。因此，本模型在反复的验证和持续的完善中逐渐趋于稳定，即围绕调研对象对企业文化的真实性、共识性、系统性、一致性、导向性、复制性、成长性七大维度的理解、践行的次序和程度持续推进。本文将剔除企业一号位个性的思想，保留企业一号位具有共性的声音，按照上述七大维度依次展开。

二、回归真实才可信

企业文化建设的真实性排在首位。该维度在调查中有 95% 的支持率。以下是具有代表性的共性认知或访谈原声。

（1）一号位都能够真实地面对自己，真实地面对世界，并能够将自我与世界有效连接，更重要的是能够做好连接后的动态平衡。

（2）这种真实需要足够的勇敢，它意味着真实面对自己的善与恶、长与短，甚至真实面对自己为连接世界而具有的多面性和矛盾性。

（3）一号位都高度认同企业文化的价值，并且发自内心地相信企业文化的能量。因为相信才会看见，这是一号位的信条。

（4）基于这种真实且清醒的认知，一号位非常愿意在企业文化建设上加大投入。不论对干部的文化管理、对文化组织建设还是对文化项目的开展，都坚定不移赋予与其价值匹配的"责权利"。

（5）这种投入不仅局限于资金与资源，更包括一号位自身对文化建设的全身心投入，其重点在于一号位投入的精力、智慧和勇气。

（6）在自身投入的过程中，一号位对文化的倡导和摒弃并不是拍脑袋的一腔热血，也不是对标先进的拿来主义，而是源于亲身创业实践的得失体会。

（7）这些得失体会大多来自一号位与生俱来的基因和自身成长的历程，进而进行的真实归因。

（8）当上述认知在当下的挑战和矛盾中无法得到验证时，一号位往往敢于正视问题并致力于解决问题。

（9）当解决当下问题与面对未来发展产生矛盾时，尽管一号位们会存在不同程度的自我挣扎，但最终会更倾向于迎接更长远的未来。

三、达成共识才能一心

文化建设的共识性排在第二位。该维度在调查中有91%的支持率。以下是具有代表性的共性认知或访谈原声。

（1）虽然文化是一号位工程，但企业文化也是企业全员的文化，要让全员不同程度地参与到文化建设中来，这份参与本身就是凝聚人心、建立归属感的过程。

（2）每个人都不同，组织里也一样。要允许不同的人表达不同的声音，只要是真实的，那就让真实的声音能够充分互动，通过互动让群体想法趋于正确。

（3）允许不同的声音，甚至允许存在对立和矛盾。组织里不怕矛盾，不怕有问题，就怕有矛盾不说出来，有问题被掩盖。在问题中解决问题，在矛盾中保持进步才是正途。

（4）不同层级的共识具有优先级。一号位和领导班子的共识在首位，如果这个群体不够坦诚、不够勇敢、不够智慧、不够正确地输出内容并达成共识，那么后续向下的共识则是空谈。在高层达成共识后，中层干部作为承上启下的中枢，他们的共识才成为关键。

（5）能够理解组织内部在达成共识时可能会产生诸多顾虑，这种顾虑可能是组织中有人（可能也包括一号位）让大家害怕，所以引入独立第三方的引导是明智之举。但这不等于让第三方成为内容输出者，真正有效的输出者必须是企业自己。共创会、共识会中企业和第三方的角色与分工及如何产生合力，必须心中有数。

（6）共识是有广度和深度的。企业要的是最大范围、最深颗粒度的共识，而不是停留在表面的共识，所以企业不要怕在达成共识这件事上多投入时间、精力和成本。共识不足要分析原因，要看到本质，要找到对策，直至达成共识。

（7）共识的过程，其实就是文化建设的过程，更是一次自我提升和团队重构的过程。未必是我的想法你全都同意就是好的，也未必是我的想法你都不同意就是不好的。在这个过程中，一号位能看出谁是真正做事的，谁不是；也能看到自己平日里可能看不到的不足。

（8）既然要共识，就必须打开心胸，甚至敢于做自我批评，只有这样才能让大家真正放开讲真话，所以一言堂绝不是企业希望看到的。但是，如果团队无法达到组织的预期（注意，这里不是个人的预期，而是组织的预期），在某种情况下，一言堂反而是更有担当的体现。

（9）强势的领导力往往是自上而下的，但也有先自下而上再自上而下的，这都没问题。但是作为一号位，必须有一张绘到底的蓝图、一把尺子和一杆秤，这是一号位的责任。否则后面的共识就可能方向偏差、定力不足，一个组织没有主心骨是不行的。

（10）没有百分之百的共识，核心价值观不是普世价值观，如果一家企业的核心价值观是能够让全体员工都满意的，那么这个企业文化就是缺乏个性、趋于平庸的。核心价值观一定是组织最具特点、最有力量、最能驱动企业打胜仗的品质。某种情况下，一号位会允许团队因为坚守它而做出一些出格的事，甚至组织会承担因此而受到的一些损失。

四、系统设计方可落地

文化建设的系统性排在第三位。该维度在调查中有 86% 的支持率。以下是具有代表性的共性认知或访谈原声。

（1）凡事有因才有果，对于文化建设，应该更关注"为什么"，也就是输入的部分。"为什么"想不透，"是什么"就没那么重要了。所以，文化调研诊断环节的系统性是文化建设的重中之重。

（2）系统性调研诊断是立体的，从大的方面来说甚至要跨越时空。时间层面：必须敬畏历史，文化要有传承；还要洞察当下的不足，其反面就是文化导向；更重要的是要着眼未来，让文化引领发展。空间层面：本质是不能就文化谈文化，空对空地谈，必须将文化跟战略、跟组织、跟人才紧密结合起来，这样才有效、有价值。

（3）当"为什么"的部分有精准洞察和输入之后，反而不用太担心"是什么"，即文化体系的输出。因为文化体系的结构是经过实战验证过的，逻辑比较清晰，使命、愿景、价值观、理念、行为都大同小异，但是每一个结构下的用意、逻辑、内容、用词甚至解读，是与"为什么"的部分精准对应的，这个文化体系的对应系统非常重要。

（4）文化体系内容确立后，要关注宣贯。对于宣贯，不同的组织方式可能不同。如果是强制型文化，那就是强灌输，然后执行，在执行中再去理解，强化执行。如果是民主型文化，那就是一次一次互动式宣贯，先讲明白，想明白，甚至教明白，然后再去做。这种宣贯模式要有系统性设计。

（5）宣贯后必须有学习，学习后必须理解消化，理解消化后才能内化于心外化于行，这个规律其实也是一套系统。那就该长期关注学习得怎么样，理解得怎么样，对团队的思想和行为有什么影响。

（6）文化不能仅体现在一本手册上。文化建设本身是一套系统工程，要用战略规划的高度甚至超过战略规划的高度去思考，文化也要有规划，通过系统建设让文化形成生产力和影响力。

（7）文化是需要管理的。PDCA 循环（Plan、Do、Check 和 Act 四个阶段，即计划、执行、检查和处理）的动态管理闭环，任何一个专业都需要，文化也不例外。另外，文化的管理恐怕不能仅仅依靠某个岗位或某个部门，还需要一个系统性的组织，充分发挥一号位引领、文化组织统筹，各级组织、各级干部协同推动的作用，最后实现文化全员共建，甚至影响企业的产业文化、生态文化。

五、言行一致才被认同

文化建设的一致性排在第四位。该维度在调查中有 82% 的支持率。以下是具有代表性的共性认知或访谈原声。

（1）组织跟人一样。人与人打交道会选择靠谱的人，组织之间打交道会选择靠谱的组织。什么叫靠谱，简单理解就是说到做到。既然文化已经发布出来，宣贯下去，就意味着广而告之。那后面能不能说到做到，兑现承诺，就非常重要。关键的就是言行一致，要么不说，要么说就一定要做到。

（2）文化虽然是组织对内的核心驱动力，但这种驱动力只有体现在市场表现上才够力道。所以，文化必须深度融入企业的经营，企业通过文化去升级企业的业务模式，去提升组织的运营效率，进而去创造客户的价值，以此带来经营效益，这就是文化与经营的一致性价值。

（3）当文化驱动经营持续向上的时候，就意味着企业接受了市场的检验，赢得了合作伙伴的尊重，得到了客户的认可，进而让消费者和整个生态形成了对企业品牌的认知，所以文化对内是驱动力，对外是品牌影响力。这就是文化与品牌的一致性价值。

（4）所有优秀的组织，内部管理也一定是相对优秀的，企业内部所有的组织、授权、流程、制度和机制，都是管理规则。组织的规则是企业管理层设计的，设计这些规则都是有其用意的，这个用意，就是规则背后的规则，就是文化。所以，当员工看到企业的规则跟企业的文化是一致的时候，信任感和认同感会陡然增强。

（5）人既是文化践行的主体，又是文化感知的客体，所以人在文化建设中至关重要。企业倡导怎样的文化，就应该凝聚怎样的人，企业摒弃怎样的文化，就应该剥离怎样的人，所以一家企业是如何看待人、对待人，如何选人、用人，如何发展人、激励人的，就代表了这家企业有怎样的文化。这是文化与人才管理的一致性。

（6）文化看不见，摸不着，但又无处不在，无时不在。文化体现在企业每一个人的日常工作和生活当中，一点一滴皆文化，绝不可忽略日常的、不起眼的小事，因为这些事往往更真实和准确，从而才能以小见大，在小事中见文化。

六、奖罚分明才有导向

文化建设的导向性排在第五位。该维度在调查中有 78% 的支持率。以下是具有代表性的共性认知或访谈原声。

（1）一个优秀的组织，必须有识别优秀人才的能力。谁是文化的标杆和榜样，谁是文化的阻力甚至敌人，必须能及时、准确地识别出来。根据二八原则，这两类人一般合计占企业总人数的 20%，但企业要用 80% 的精力重点关注。

（2）识别出优劣后，要第一时间给予相应的奖惩。奖优罚劣是硬道理，因为员工都在看，如果好的不奖，差的不罚，那么后面企业说得再好、做得再好，员工也很难再相信企业。要通过有效奖惩创造一种导向出来，人都是趋利避害的，中庸的人会被这种导向分流。

（3）对于规模巨大的集团，各级组织都要做到有效识别，奖罚分明，所以抓好各级组织的干部，让他们具备这样的觉悟和能力，确保文化导向的广度能够覆盖全集团。不能让做得好的人被埋没，做得差的人逍遥自在，这会寒了员工的心。

（4）奖惩的力度也很重要，要拿捏好这个度。要确保激励后能够对其他人产生激励的作用，至少激励员工愿意朝着好的方向努力。奖罚有力，才能有效。如果奖励和处罚都是不痛不痒的，那么文化的导向作用就发挥不出来。

（5）当一个组织通过有效识别、奖罚分明建立起导向的时候，中庸的人就会向有利于自身的方向走，进而做出有益于组织的选择。良币会越来越多，劣币会越来越少，组织整体的氛围会越来越好，员工整体的素质能力和战斗力会持续提升，这就是导向的价值。

（6）当导向一旦形成，就不需要企业进行太多硬性的管理。员工会自我进行筛选和进化，因为良币都愿意与更多的良币在一起，而排斥劣币。当员工的行为趋于自发的优胜劣汰时，组织活力则处于最佳状态。

（7）一号位这个角色，对整个组织的导向具有决定性作用。有时一号位下意识的一个表情、脱口而出的一句话、随机的一个动作、几秒钟的犹豫、一个很小的错误判断或一次情绪化的自我意识，都可能会让下属对导向产生怀疑，并且会将这种怀疑在组织间快速地传递。因此，一号位要时刻严格要求自己。

七、有效复制才可持续

文化建设的复制性排在第六位。该维度在调查中有 75% 的支持率。以下是具有代表性的共性认知或访谈原声。

（1）组织能力的优势在于将个体性胜利复制成系统性胜利。而文化的能量则在于为这个系统性胜利注入一股精神力量，进而凝聚、复制、激发更多拥有共同追求、共同价值观、敢打硬仗、能打胜仗的团队。

（2）当企业文化体系相对健全后，组织存量的部分已相对稳定，基于企业快速发展的需要，企业需要高质量且可持续的人才队伍，关注组织增量的部分，此时就要看企业文化体系的复制能力。

（3）文化的复制也是一项系统工程，企业必须清楚哪些事情是可以固化下来的，固化下来后能不能标准化，标准化之后能不能提高效率产生效益，这是企业发力的主线。

（4）除了依靠系统以外，人对人的复制仍然是主流。这里面至少要关注三类人：第一类是上级对下级的复制，抓住上行下效这个道理是本质；第二类是老人对新人的复制，这是一种师带徒的传帮带；第三类是先进对后进的复制，这是近朱者赤、与谁为伍的道理。

（5）每个人都不同，完全复制其实是不可能的，但复制这个过程必须有，因为这个过程，本质上就是增加良币、转化常人、驱逐劣币的过程，这是企业非常需要的。

（6）当复制过程变为常态，鲜明的组织氛围就会形成。所谓氛围，是指可以让一位新人受到潜移默化、不知不觉的正向影响，使其对企业产生归属感。

（7）当然"复制人"没有选对人来得快，所以企业文化复制系统的源头，其实在于入口的精确管理。具体就是把企业的价值观，进化为能力素质模型，将能力素质模型进化为评价中心，将其科学运用在人才的招聘或选拔环节，企业的人才质量才会越来越高。

八、持续成长才是真谛

文化建设的成长性排在第七位。该维度在调查中有71%的支持率。以下是具有代表性的共性认知或访谈原声。

（1）基因是改变不了的，企业文化的基因是要永远传承下去的。但这不等于文化体系是一成不变的，它要因时、因地、因事甚至因人而变。与时俱进，迎变应变，迭代成长，这样企业才能跨越周期。

（2）成长这件事，其实每时每刻都在发生，就看是不是有心人。如果日事日毕、日清日高是企业的文化，那么企业员工随时调整、提升自己，让自己变得比昨天更好，才能让这样的企业文化成为一种习惯，让企业持续成长。

（3）所有的成长，都离不开复盘。企业文化建设7要素模型意味着每一次复盘，都要从真实性、共识性、系统性、一致性、导向性、复制性去逐一分析。每一个维度都不可能一蹴而就，这不现实，企业要的是各个维度一天比一天完善。

（4）复盘后看到了优势和不足，需巩固优势，这个说容易也容易，但说难也难，因为需要企业克服骄傲和自满。至于弥补不足，这确实很难，因为要打破固有的思维，跳出舒适区。

（5）当然在成长中，不能太理想化，任何事物都具有两面性，甚至多面性。当时看巨大的问题，后面再看已经微不足道。当时认为绝对正确的决策，后面再看可能也未必正确。

（6）很多人说成长是手段，但成长也可以是目的地，所以学无止境，成长不停。现在世界太嘈杂，人心也太浮躁，每个人匆匆忙忙，终日奔劳。与其在不确定中彷徨，不如抓住能确定的事，这个确定就是自己的成长。

九、结语

优秀的企业一号位，骨子里都有着对企业的特性与人的特性的深度理解，并能够最大限度地做到知行合一，将企业的发展和人的成长融会贯通。

本文意在为真正敬畏文化价值，并旨在对标先进、追求卓越的企业家同仁，提供经验借鉴、思想指引和行动指南。基于本次调研总结而成的企业文化建设 7 要素模型，笔者认为这是与 192 位企业家共创的结果，它集深刻性、先进性与实践性于一体，不仅是企业文化诊断与建设的实战工具，也是指引每一个人"回归生命本真，实现人生意义"的指南。

第八章

■ ■ ❙ 财务管理

1. 地方社保股权管理平台高质量发展展望

▶ 2023-03-07

划转部分国有资本充实社保基金，是国家在经济社会发展和人口老龄化加剧、基本养老保险基金支付压力不断加大等背景下，为充分体现代际公平和国企发展成果全民共享做出的重大战略部署。在中央层面设立全国社保基金理事会的同时，全国各省、区、市纷纷设立社保股权承接管理平台，肩负着管理运营区域内充实社保基金划转的社保股权，并实现保值增值的工作重任。研究这些运营着百姓"养老钱"的管理平台高质量发展问题，既具有重要的经济价值，也具有较大的社会价值。

一、地方社保股权管理平台发展概况扫描

正略咨询对各省级社保股权管理平台进行扫描后发现，不含港澳台地区，共计16家社保股权管理平台为受省财政厅委托，对本省社保股权受托进行管理的企业，平台自身不持有充实社保基金而划转的国有股权；共计9家为社保基金国有股权运营企业，这类企业一般为财政厅/财政局全资企业，在财政厅/财政局领导下，持有省域范围内充实社保基金而划转的国有股权；目前仅有两家以省财政厅自身作为承接主体，直接管理充实社保基金而划转的国有股权。

各省级社保股权管理平台对充实社保基金而划转的国有股权管理通常包括划转管理、权益管理、资本运营、收益管理等内容。这与国资委体系中国有资本运营公司接收的划转股权管理有一定的相似之处，不同之处在于不干预股权划转企业日常生产经营管理，不改变划转对象现行国有资产管理体制，专注划转股权的保值增值。

二、地方社保股权管理平台发展主要驱动因素

地方社保股权管理平台发展主要有"政府政策要求""划转对象需求""科学技术进步"三大驱动因素。

从"政府政策要求"来看，中央和地方社保股权管理平台均为划转国有股权充实社保基金的相关政策产物。政府政策为地方社保股权管理平台提供了目标指引，为其行权履职提供了政策依据，也限定了其主动作为的空间。例如，《财政部 人力资源社会保障部 国资委 税务总局证监会 关于全面推开划转部分国有资本充实社保基金工作的通知》（财资〔2019〕49 号，简称《通知》）明确了划转国有股权充实社保基金承接主体享有知情权、收益权、处置权，这为地方社保股权管理平台开展权益管理和收益管理提供了重要依据。

从"划转对象需求"来看，由于地方社保股权管理平台持有单个划转对象的股权均在 10% 左右，且按政策要求不能干预其经营，故地方社保股权管理平台对所持股权的保值增值管理属于被动资本经营。即必须依赖划转对象的高质量经营管理来促进所持国有股权的保值增值，这意味着地方社保股权管理平台应依托自身的平台优势和资源优势，加强对划转对象的服务、赋能。

从"科学技术进步"来看，对地方社保股权管理平台而言，现代科技贯穿社保股权管理价值链的各个环节，其中较为重要的是以下四个方面的经营场景。

- 一是业务集成。即通过归集业务处理，实现日常股权管理、风险内部管控等业务"一网式"集成办理，数据统一存储。
- 二是在线互动。通过信息科技的应用，实现社保股权日常管理全流程在线办理、查询。
- 三是信息共享。通过信息双向流通，向社保股权企业推送政策法规、资讯、动态、行业投研等信息，为社保股权企业提供产品推荐和信息展示平台。
- 四是外部服务。打造社保股权企业外部合作在线平台，对接金融服务商等合作伙伴，提供投资、理财、融资等对接服务。

三、地方社保股权管理平台高质量发展的突出问题

从正略咨询接触的地方社保股权管理平台来看，其大多存在发展定位不清晰、内部管理不规范、划转资产良莠不齐、资本运作能力不足等短板。

- 发展定位不清晰，主要体现为对社保股权管理的定位不清晰，对社保股权企业如何管、管多少没有清晰的界定。

- 内部管理不规范，主要体现为市场化经营理念尚未全面树立，尚未建立起完备的社保股权管理流程和制度，其中的流程，通常存在流程未固化、有诸多流程空白、流程路径未分类、关键控制点不明确等问题；制度则通常存在制度管理体系不健全，在制度试运行、制度宣贯、制度评估、制度修订与废止等方面存在缺失或部分缺失，以及制度框架和制度层级需要完善，战略匹配性和运营匹配性需加强等问题。

- 划转资产良莠不齐，主要体现为所承接的绝大多数县级划转企业效益较低，划转企业中包括大量地方平台企业，承担了大量公共服务职能，企业盈利能力偏弱，分红能力较弱。

- 资本运作能力不足，通常体现为针对社保股权收益分红的资本运作在企业各业务板块之间未形成有效协同，资本运作平台初步构建，功能尚不完善，以及专业的资本运作人才紧缺等问题。

四、地方社保股权管理平台高质量发展展望及建议

地方社保股权管理平台高质量发展，除了需解决上述突出问题外，还需适应社保基金缺口不断变大、社保资金投资范围变宽、社保股权分红增长变难等外部环境的变化。

- 其中的社保资金投资范围变宽，主要指相对于目前社保资金的投资运用范围极为有限。《通知》规定划转国有资本运作管理办法出台前，划转国有资本产生现金收益的投资范围限定为银行存款、一级市场购买国债和对划转对象的增资。2010—2014 年全国社保基金的平均投资收益率为 4.61%，2015 年国务院常务会议放宽投资限制后，2015—

2021 年全国社保基金平均投资收益率为 8.36%，投资收益率大大提升。因此，为提高地方社保股权管理平台的保值增值水平，未来将投资范围适当扩大至社保股权持股企业之外的股权投资等领域是大势所趋。

- 其中的社保股权分红增长变难，既缘于国企利润下降，也缘于国企改革推进国企总部平台化、总部业务虚化使社保股权企业分红能力下降。2022 年上半年，受到外部环境影响，国内经济增长放缓，反映到地方国企的经营数据上则是利润总额的下降，进而导致分红能力下降。国企总部平台化、总部业务虚化，则是因为地方纷纷将经营性国有资产划入国有资本投资运营公司。由于国有资本投资运营公司作为国资委直接持股的地方一级国企，内部资产良莠不齐，导致其合并利润总额下降。而划入地方社保股权管理平台的国有股权均为地方一级国企，故其利润下降意味着地方社保股权管理平台获得的分红减少。

面对上述内部瓶颈和外部挑战，要实现高质量发展，地方社保股权管理平台要做好"三个强化"工作。

- 一是强化标准化体系建设和信息科技应用。即针对社保股权资产权益、分红收益的管理，一方面要通过标准化体系建设和信息科技应用等，确保"颗粒归仓"；另一方面要做好社保股权的主动管理，做好协同赋能工作。
- 二是强化资本运营能力建设。除做好资本运营的投资计划制订、投资计划实施、投后运维管理、投资退出管理的标准化运作体系外，还应加强自身投研体系建设，加强对企业生产经营情况的分析研判，加强与外部智库和专业机构的交流合作，实现资本运作全环链的能力提升。
- 三是强化上级政策支持的争取。由于社保股权管理具有显著的政策驱动特征，争取必要的政策支持是必需的。政策支持的重点应围绕两方面，一方面是争取获得优质经营性国有股权划入，如地方平台公司下属二级优质企业的股权；另一方面是在投资范围方面争取实现政策上的突破。

2. 司库体系建设——从概念到实施

▶ 2023-12-22

司库本意是执掌兵器卤簿的部门或机构，后指存放和支付汇集资金的地方，如金库和国库。现今是企业集团内或者金融机构内负责资金管理职能的称号，主要负责现金管理、风险控制等职能。

一、司库的历史发展

西方司库管理萌芽的标志性实践是美国无线电报公司采用了由芝加哥第一国民银行、银行家信托公司和美洲银行联合为其提供的"锁箱"服务。即电报公司在各地租用锁箱并授权当地银行每日开启锁箱收集票据，并将票据结算汇至公司账户。这样做减少了票据跨地域的传送，这应是最早的带有司库管理色彩的结算管理办法。

直到 20 世纪 80 年代，国际资本市场、国际货币市场开始进入快速发展期，国际经济交往日益密切，大型企业国际化进程加速，司库功能在这一时期发生质变。司库开始不仅限于流动性管理、融资渠道管理等，还增加了风险管理、避险工具使用、融资渠道拓展、现金流的预测等更为专业化的管理职能。同时也有企业将专司现金管理的职能从财务部分离出来，与财务部并重，为企业战略管理服务。

20 世纪 90 年代，科技进步和经济全球化推动了司库管理进入模式转化阶段。全球掀起了以业务流程再造（Business Process Reengineering，BPR）为主要内容的管理变革，全球大多数大型企业集团进行了企业业务流程再造，在此基础上，资金管理模式由分散模式向集中模式发展，司库管理取得了进一步的发展。

2023 年 9 月，国务院国资委召开中央企业司库体系建设推进会，会议要求，各中央企业要以建设世界一流企业为目标，围绕全面增强中央企业核心竞争力和核心功能，以司库体系建设为基础，加快推动财务管理数智化转型升级，助力企业高质量发展。

在国务院国资委的相关要求下，中国石油化工集团有限公司、中国石油天然气集团有限公司、中国宝武钢铁集团有限公司、国家电网有限公司、中国航空集团有限公司、中国东方航空集团有限公司、中国南方航空集团有限公司、中国中化控股有限责任公司、中粮集团有限公司、中国五矿集团有限公司、中国建筑集团有限公司、国家开发投资集团有限公司、招商局集团有限公司、华润（集团）有限公司、中国移动通信集团有限公司、中国电子信息产业集团有限公司、中国第一汽车集团有限公司等众多集团企业都设立了司库部门。

二、司库体系的搭建

2022年，国务院国资委发布《关于推动中央企业加快司库体系建设进一步加强资金管理的意见》《关于中央企业加快建设世界一流财务管理体系的指导意见》，文件对中央企业司库体系建设提出了明确目标和具体工作要求。

从国务院国资委文件解读来看，司库体系应该包括资金运营、资金管理、风险防控三个模块。

1. 资金运营

（1）银行账户管理

将集团各级银行账户的开立、变更、注销纳入集团统一管控，实施线上分级审批和系统台账管理。实现银行账户银企直联全覆盖，打通数据通道，实现银行账户实时监控，及时掌握资金状况和异常变化。建立银行合作评价准则，优化银行合作，降低风险。

（2）资金集中管理

基于司库系统建立资金集中管理平台，建立跨账户、跨单位、跨层级、跨区域的资金池，提升集团资金集中管控能力，实现金融资源合理调度及集团内资金共享。

（3）资金结算管理

基于司库系统建立集团电子结算平台，统一对外接口，实现业务结算全流程线上审批和电子结算，逐步减少银行网银支付和支票、现金的使用。同时，依托司库系统规范资金结算审批标准和权限，完善前端业务发起、在线流转审批、自动核算校验的结算流程，实现业财信息共享和合规管控。

（4）票据管理

依托司库系统建立集团统一的票据池，实现票据开立、接收、背书、贴现、兑付的线上管理。将票据纳入资金计划管理，充分利用票据参与结算，提高票据使用效率。同时，积极推动与票据交易所、银行等机构系统实现直联，力争实现票据信息的动态采集、可视监控和兑付预警。

2. 资金管理

（1）债务融资管理

根据债务风险管控要求，对年度融资总额和银行授信资源进行统一管理，发挥资源统筹优势，合理安排债务融资品种和期限结构，有效提升融资资源利用效率。通过司库系统对融资业务实行全流程、线上化管控。基于司库系统的数据管理能力及时监控融资规模、利率、到期日等，对融资成本过高、债务结构不合理等风险进行预警。

（2）应收账款管理

集团健全供应商和客户信用体系，严格监督资信审查、信用评级和准入管理，依托司库系统监测供应商和客户信用状态变化，动态调整信用等级并及时在集团内共享，将失信企业纳入黑名单并采取相应的风险管控措施。实时监控、分析应收账款账期、金额等数据，预警应收账款逾期风险。建立应收账款清收责任制和配套激励约束机制，对逾期应收账款要及时采取必要的保全措施。

（3）借款担保管理

基于司库系统将借款担保纳入统一管理，严控借款与担保范围、规模和对象，防范信用风险及代偿风险。企业需重点关注借款与担保业务的全生命周期管理机制和融资担保业务的内控体系，明确集团本部及各级子企业借款与融资担保的权限和限额、利率及费率水平，梳理借款与融资担保管理的流程步骤与职责，加强借款与融资担保业务中的预算管理、合规管理和风险管理，在集团范围内建立"全程化、可视化、规范化"的借款与担保管理体系。

（4）供应链金融服务管理

集团应建立规范化、标准化的供应链金融服务体系，依托司库系统，搭建供应链金融服务平台，围绕产业链上下游业务、资金等信息，发挥数据和服务支撑作用，优化服务对象筛选，核心企业融资评估，引入优质金融资源，有效贯通贷前、贷中、贷后供应链金融业务全流程，严控融资企业信用风险、法律合规风险、业务操作风险等，提高供应链金融服务质量和效率。

3. 风险防控

企业应依托司库体系建立资金风险管理机制，形成事前预警、事中监控、事后分析的风险闭环管理。

（1）资金舞弊风险

企业应不断加强资金舞弊风险管理制度建设，根据事权和财权相分离、不相容岗位相分离的原则，在司库系统内进行权限配置及预警机制设置。同时，收集整理既往已发生的舞弊风险事件并分析成因，不断完善资金舞弊风险防范体系。

（2）资金合规性风险

企业事前应严格控制资金支付申请，预防违规操作；事中将风险防范要点和识别规则嵌入司库系统，在线校验每笔业务发生的合规性，对不满足合规要求的业务及时预警并拦截；事后持续监测资金异动情况，筛查资金风险。

（3）资金流动性风险

资金流动性风险管理的关键是对现金流量进行动态监控、分析与预测，以此判断未来现金流入与流出情况，并结合企业整体资金策略和资金计划，最大限度地降低付款排期错配、备付金不足等潜在风险。

（4）金融市场风险

金融市场风险管理要求企业以自然对冲为主、衍生品交易为辅。首先应明确集团总部、所属境内和境外企业需承担的风险管控职责，通过职责切分实现精细化管控；其次要实现金融工具使用全流程线上管理和实时监测；最后要形成金融市场风险长效管理机制，持续跟进企业金融工具的交易情况。

三、司库体系价值

① 提高资金使用效率：通过集中管理和统一调配，减少资金沉淀和浪费，提高资金使用效率。

② 降低财务成本：通过优化融资结构和降低结算成本，有效降低财务成本。

③ 增强决策支持：通过实时监控和精细控制，为企业决策提供更加准确、及时的数据支持。

④ 提升风险控制能力：通过对风险的全面监控和预警，有效防范和应对各种风险，提升企业风险控制能力。

⑤ 促进企业管理创新：通过企业资金管理体系的建设，推动企业管理模式的创新和变革，提高企业的管理水平和竞争力。

⑥ 增强企业信誉：通过建立透明、规范的资金管理体系，提升企业的信誉度和公信力，为企业发展赢得更多的合作伙伴和市场份额。

⑦ 推动企业可持续发展：通过合理配置资源、降低环境影响、加强社会责任等措施，推动企业的可持续发展战略的实施。

⑧ 优化资源配置：通过合理配置各项资源，包括人力、物力、财力等资源，实现资源的优化配置和高效利用。

⑨ 提升企业形象：通过建立规范、透明的资金管理体系，提升企业的形象和品牌价值，提升企业的市场竞争力。

四、企业司库体系的发展方向

① 拓展业务领域：随着企业业务的不断拓展和升级，企业司库体系将逐渐向投资、融资、供应链金融等领域拓展，实现资金管理的全面覆盖。

② 提高国际化水平：随着企业国际化的不断推进，企业司库体系将逐渐提高国际化水平，实现跨境资金管理、外汇交易和海外投资等业务的自动化和远程化。

③ 强化数据分析能力：随着大数据时代的到来，企业司库体系将逐渐强化数据分析能力，实现数据的深度挖掘和分析，为企业决策提供更加准确、及时的数据支持。

④ 优化融资结构：随着企业融资需求的不断增长和融资环境的不断变化，企业司库体系将逐渐优化融资结构、降低融资成本和提高融资效率，为企业发展提供更加稳定和可持续的融资支持。

3.国有企业"四位一体"全面风控体系建设解决方案

▶ 2023-03-09

从 2006 年首次提出风险体系建设要求，到 2015 年逐渐清晰地强调在各大风险相关的企业功能上关注协同和整体效率提升，国务院国资委对大风控体系的建设提出了更加细化和精准的要求，其中包括体制机制、制度建设、风险管理、信息化管控、监督评价的全面融合思路、建议和目标要求。国有企业（简称国企）在已经落实功能的各个部门中开展大风控融合体系建设，需要的不仅仅是目标，更重要的是适合企业差异化需求的路径和方法。

正略咨询在与国企的逐步探讨、测试、应用的过程中，形成了一整套针对法务、合规、风险、内控四大体系融合工作，基于最佳实践的"四位一体"风险防控（简称"风控"）体系建设方法论——四则运算法："要素融合做加法、流程融合做减法、管理提升做乘法、资源配置做除法"。

风控高效融合体系公式如图 1 所示。

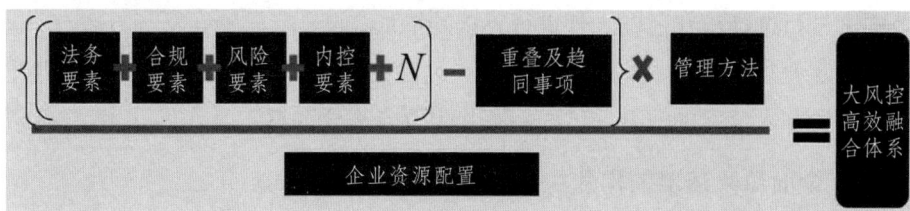

图 1　风控高效融合体系公式

四则运算法的工作内容分为两个圈层：核心风控圈层、企业风控圈层。

- **核心风控圈层**。推进风控体系的各管理要素的融合建设，并形成一体化的风险管理运作机制。聚焦各个管理体系自身的风险管理要素的融合、制度流程精简，提升风险管理的精细化程度。核心风控圈层包含全面风控管理体系的核心要素，涉及管理目标、制度体系、考核评价、宣传培训、信息管理、文化建设，以及这些核心要素的运行流程和与流程相配合的制度体系。核心风控圈层工作是要素融合做加法、流程融合做减法。

- **企业风控圈层**。重点解决企业部门协作、资源配置带来的问题，通过机制创新及资源配置优化实现风险管理效率和效益的提升。企业风控圈层包括整个企业范围内与大风控相关的所有事项，涉及战略规划、治理体系、组织架构、业务单元、各职能模块及集团下属企业范畴。企业风控圈层工作是管理提升做乘法、资源配置做除法。

一、要素融合做加法

将分散在法务、合规、风险、内控四个管理体系中的风险要素，进行有机融合，叠加形成全面风控体系的管理要求。叠加过程启动前，需要对叠加的框架进行设计，可以依据法务、合规、风险、内控的现有体系设计去选定要素。

国有企业通常可以将四大风控管理体系的风险管控要素划分为：责权界定、工作标准、风险管理、事项审查、违规管理、信息与沟通、宣传和培训、计划与报告、文化建设等，或根据自身的具体管理或业务需求，在这一范围中进行选择或在范围之外进行要素的增加。

确定叠加框架后，将法务、合规、风险、内控现有管理要求按照框架进行梳理后并入统一的框架。过程中有几个要点需要注意。

1. 全面风险清单的构建

应当基于企业在法务、合规、风险、内控四个管理体系中企业已经建立的基础清单，将所有清单中的事项进行分类和汇总。选择风险清单的分类标准的依据主要来源于对现有四大管理体系成熟度和合理性的判断，可以将内控体系中的"十八项指引"或风险体系中的"五大类风险"等作为全面风险清单加总的基底。在清单的制定中，需要建立统一的标准规范，如编号规则、名称规则、风险点描述的用语规范，对风险发生的概率和影响程度形成量化或分级指标。

2.全面风险事件库的构建

在四大管理体系中,风险的管理范畴突出的优势是对外部因素的关注。所以,事件库应该以风险的视角收集同行业、同类别、同分类企业可参照的风险事件,结合国企自身的历史风险事件,形成风险事件库参照。风险事件的统计可以涵盖风险描述、风险时间、风险成因、解决方案等内容,以此来统一风险辨识思路。

二、流程融合做减法

四大管理体系都有各自差异化的视角和功能,融合过程就是求同存异的过程。通过对四大管理体系管理流程的梳理,可以有效地识别趋同事项,保留差异化事项。

1.风险清单及风险事件库

基于"加法"完成的风险清单及风险事件库,可以对每一个事项进行法务、合规、风险、内控四类风险类型标注,锁定风险应对的管理流程,并对相关的现有制度进行补充,如图2所示。

2.风险点标识

在全面风控体系运作过程中,通过控制方式的不同在相应流程中进行风险点标识,与风险清单中的控制手段相对应,加大风险控制的力度,如图3所示。

3.以"1+N"的制度体系作为"四位一体"核心风控圈层的融合成果

- "1"指《"四位一体"全面风险防控管理控制手册》,是公司风险一体化管理纲领性文件,对职能融合、体系融合、组织机构及职责、基本管理模式、基本管理流程等予以明确。
- "N"指在统一的基本制度框架之下,保留差异视角,将合同管理办法、法律纠纷管理办法、国际准则手册、内控合规手册、风险应对手

图 2　风险清单及风险事件库（部分）

风险编号/名称	风险点描述	风险一级分类	风险二级分类	风险发生概率	风险影响程度	风险定级	控制点编号/名称	控制标准	责任主体	合规制度（内部）	合规制度（外部）	控制类型	控制频率	工作流程	内控	合规	法务	控制动作
E1.1R1 治理结构风险 E1.1组织机构	公司治理结构和章程不符合国家有关法律法规的要求。缺乏科学有效的职责分工和制衡机制，可能存在导致公司发展战略难以实现的风险；公司治理结构和知识结构及素质不符合合规人员的要求，可能难以有效地履行职责，存在决策失误的风险；公司议事规则、监督机制不明确，执行不规范，经营方面的权力难以相互制衡，可能导致公司治理的存在导致公司经营的风险；公司治理机制无法对公司发展战略相应的风险，公司未建立的董事会及各专业委员会，可能导致重大决策事项未经充分论证，存在决策失误的风险	战略		较高	影响程度大	重要	E1.C1 建立治理结构	公司按照相关法律法规的要求建立规范的治理结构，包括党委（常委）会、股东会及董事会（常委）会、管理层、经理办公会，监督，执行三个层面的职责决策，限制相互分离，形成各治理结构产生其治理合法合规，结构人员能力素质满足履行职责的要求	经理办公会、党委（常委）会及董事会、专业委员会	组织架构图、公司章程	《中华人民共和国公司法》	预防式	每次		★			

区分风险类型为流程标注做参考

外部合规制度以现行法律为主，补充部分法规行规率

风险信息库中增加"四位一体"融合后的风险点，优化流程

流程名称	安全监督检查工作流程	层级	3
制定、主责部室	安全监察室		
	流程内容		
所属单位	相关部室	安全监察室	主责部室分管领导

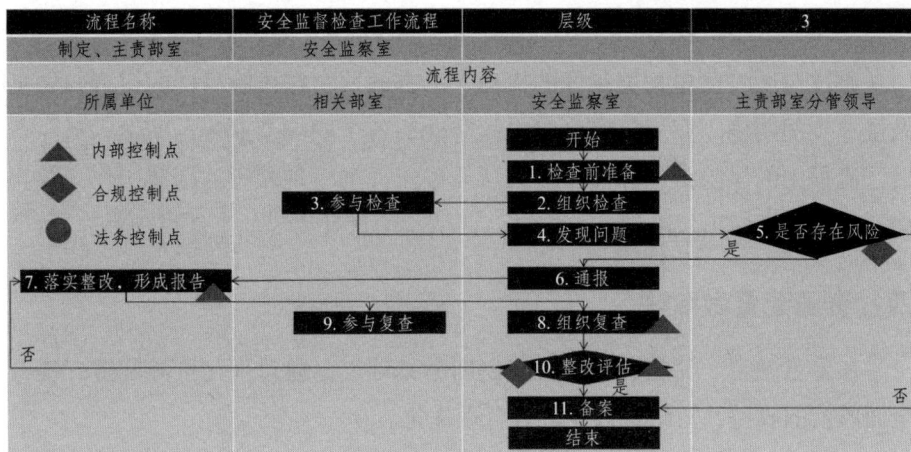

图3　风险点标识

册、风险评价手册等作为《"四位一体"全面风险防控管理控制手册》对具体事项进行细化的规定，从而在构建风险一体化管理制度体系融合过程中，将各大管理体系中的通用和重复事项进行合理简化。

三、管理提升做乘法

"四位一体"全面风控体系的建设过程也是对企业整体管理功能的赋能。对融合管理体系的运行机制做合理创新，会对管理效率形成有效提升，让风控工作与各项管理功能相互优化、事半功倍，体现乘法效应。

1.治理与组织层面

在组织架构设计上，从治理层、管理层和执行层各个层级定位出发，统一组织职能，对组织架构进行精简，明确风险防范相关职责，避免职能的重复交叉。

治理层的设计重点是要符合相关政策规定，如首席合规官、总法律顾问的设立；管理层需要重点明确权限分工；执行层则需要强化部门职能分工和协同机制。组织架构的设计核心目标是将一体化风控的要求嵌入企业管理的各个环节，促进决策、经营、管理过程的紧密配合。

2. 管理制度与流程层面

通过对风险清单相关制度的梳理，一方面，会在风险事件的权责归属上做进一步的明确，归属范围会扩大到企业的各个职能及业务条线上；另一方面，流程中的风险点的标注，涉及从业务流程到管理流程的衔接工作，并且会对相关制度做出风险识别、应对、评估、信息反馈等的工作事项补充。

四、资源配置做除法

在要素融合、流程融合、机制创新的基础上，通过优化资源配置，提升全面风控的收益，对组织效能进行合理优化。

1. 管理资源的分配

为更好地落实法务、合规、风险、内控一体化管理体系建设，企业需要持续加强建设风险管理人才队伍，培养一批真正掌握风险管理技术和方法的专业化团队。同时，要进一步完善人才选聘、管理的机制，拓宽人才职业发展通道，充分调动各类人才的积极性和主动性，真正做好建立法务、合规、风险、内控一体化管理的人才支撑。

2. 数字化资源的分配

企业需要构建一体化风险管理信息化平台，如涵盖法务库、风险库、内控库、供应商库、案件库等企业内部数据库，进而强化对风险案例数据、风险清单等风险管控数据的积累。企业需要打通各管理信息系统的数据库，将风险管控要点嵌入业务管理流程，实现对业务管理的按角色、按岗位的风险提示及风险审查。

企业可以充分利用大数据、人工智能等技术手段构建风险预警系统和模型，实现对各环节的风险把控，落实风险预警机制。

4.国有地产企业内控体系困局

▶ 2022-01-04

在国家"房住不炒"的总基调下,房地产业宏观调控进一步收紧,审慎扩张、精益运营和多元经营将成为下一轮房地产业立稳市场的重要抉择。面对行业的转折性调整,各大房企纷纷强化内部经营管理体系的建设。本文将从内部控制(简称"内控")的视角,探讨地产行业内控体系建设的困局,并试图从协同内控体系和运营管理体系的角度出发提出改善建议。

一、内控体系建设目标

2010 年 4 月,财政部会同证监会、审计署、国资委、银监会(现已撤销)、保监会(现已撤销)等部门在北京召开联合发布会,隆重发布了《企业内部控制配套指引》(简称"配套指引")。该配套指引连同 2008 年 5 月发布的《企业内部控制基本规范》,共同构建了中国企业内控规范体系,自 2011 年 1 月 1 日起首先在境内外同时上市的公司施行。

总体而言,企业内控的目标分为五大层面,包括战略目标、运营目标、合规目标、资产目标及报告目标。其中,战略目标是最高层次目标,战略目标是对企业全局的一种总体构想,是企业整体发展的总任务和总要求,是企业宗旨的展开和具体化,是对企业经营活动预期主要成果的期望值。运营目标是核心目标,企业需要设立自己的使命和愿景,制定战略目标和战略规划,确立运营目标并将目标层层细分,制定和执行实现目标的具体计划。运营目标是战略目标的细化、分解与落实,是战略目标的具体化。合规目标、资产目标及报告目标是内控的基础性目标。

《中央企业全面风险管理指引》将企业风险管理的目标界定为五个方面:一是确保将风险控制在与总体目标相适应并可承受的范围内;二是确保内外部,尤其是企业与股东之间实现真实、可靠的信息沟通,包括编制和提供真实、可靠的财务报告；三是确保遵守有关法律法规；四是确保企业有关规章制度和为实现经营目标而采取重大措施的贯彻执行，保障经营管理的有效性，提高经营活动的效率和效果，降低实现经营目标的不确定性；五是确保企业建立针对各项重大风险发生后的危机处理计划，保护企业不因灾害性风险或人为失误而遭受重大损失。

二、地产行业发展趋势

近年来，国家坚持"房住不炒"基本定位，加快形成"稳地价、稳房价、稳预期"的行业长效管控机制，促进房地产市场平稳健康发展，以发挥房地产经纪稳定器作用，房地产业未来仍是国民经济的重要组成部分。在国家重大区域发展战略、新型城镇化、经济改善、消费升级等因素驱动下，预计"十四五"期间，房地产市场总量将继续保持稳定增长态势，但地产市场将出现二级分化，一线、二线城市仍是地产商投资首选，三线、四线城市房地产市场进一步回归理性，投资热度将有所缓解。地产行业竞争将进一步加剧、利润空间下降等趋势显著，多元化布局和产业化发展成为各大房企的首选。

面对行业的新变化，资源获取能力、投资经营能力、运营管理能力、人才培养能力的持续优化提升是房企应对调控、立稳市场和持续发展的不二选择。"十四五"期间，盲目扩张的发展模式，忽视精细运营的发展调性将难以在"白银时代"的地产行业取得成功，甚至可能成为地产行业被整合兼并的对象。

三、地产企业内控困局

随着地产"白银时代"的到来，以企业战略目标、运营目标、合规目标、资产目标和财报目标为导向的企业内部控制体系面临以下发展困局。

1. 内控体系不健全

地产企业内控体系不健全，主要有内控体系更新不及时、出现重大风险防控漏洞和内控效率低下三大问题。

（1）内控体系更新不及时

企业未形成内控体系评价 – 内控缺陷整改 – 内控体系更新的管理闭环，企业内控体系配套制度未形成动态调整更新机制，难以适应复杂的市场环境和持续更新的企业内部管理体系，内控体系更新滞后让企业战略发展和经营管理等重大领域的风险日渐放大，可能导致企业内控失效，甚至出现重大经营损失。

（2）出现重大风险防控漏洞

随着国家宏观调控进一步收紧，房企尤其是国有房企的投资向审慎转变，投资决策的风险评估及其应对措施成为其中不可或缺的一环，延续过往投资决策惯性，对资金风险、市场风险重视程度不足，投资决策缺乏体系化的风险评估机制，成为部分国有房企的重大风险防控漏洞。

（3）内控效率低下

国务院国资委《关于加强中央企业内部控制体系建设与监督工作的实施意见》要求企业内控体系建设部门要与业务部门、审计部门、信息化建设部门协同配合，推动企业"三重一大"、投资和项目管理、财务和资产、物资采购、全面风险管理、人力资源等集团管控信息系统的集成应用，逐步实现内控体系与业务信息系统互联互通、有机融合，进一步提升内部控制效率和效能。当前，部分国有地产企业尚未建立内部系统贯通、数据共享、权限分明的内控信息系统，致使企业内控效率低下。

2. 管理体系不适配

（1）投资经营的运行效能不足

国家对地产行业的宏观调控和日趋激烈的市场竞争加大了房企获取土地的难度，对房企的精益化经营提出了更高要求。当前部分房企由于土地储备不足，未形成滚动开发的良性循环，在企业激进的战略目标限制下，难以形成有效支撑的全面预算，致使企业经营管理闭环失效，影响了企业内控的有效性。

（2）运营管理体系运行不佳

一是知识体系建设滞后，房企在投资立项、定位报告、工程踏勘、规划设计等专业领域未形成基于区域和城市的标准知识体系及动态更新机制，不仅降低了投资决策和规划设计的效率，且不利于保障可行性研究定位和规划设计的准确性，同时容易出现对相关区域规划、建设条件调研不充分而导致项目进度偏差的问题。

二是大运营管理体系尚未成型，房企从业务协同和效率效能方面需要构建大运营体系，但受制于信息化水平不足、管理授权不到位、配套专业人才不足等因素，涵盖规划、工程、成本和营销的大运营管理体系难以落地。

（3）产品标准化建设适用性不佳

当前部分全国化布局的房企以集团一套产品标准作为指引，对全国各区域市场的适用性和指导性不足，结合区域市场特征的差异化、标准化体系建设不足，在房企高周转的条件限制下，难以形成准确的项目经营和管理规划，间接导致后期工程施工产生大量的设计变更和工程签证，加大了工程施工的内控压力，甚至降低了工程施工的效率和质量。

四、发展自适应内控体系

企业内控体系建设并非一劳永逸的，而是伴随企业发展阶段和业务特征持续优化的动态体系。同时，内控体系也并非孤岛，它与企业的运营管理体系息息相关，缺乏良好的管理体系，再完美的内控体系也将无所适从。因此，房企需建立自适应的内控体系并推动内部管理体系完善，从而反哺内控体系，共同确保企业战略目标和经营目标的实现。

1. 内控体系自适应完善

（1）持续完善内控体系

加快更新和完善企业内控制度体系，持续更新与企业行业特征、战略发展相适应的企业内部控制手册和风险控制矩阵，建立系统全面、标准明晰的内控管理体系，将风险管理和合规管理要求嵌入业务流程，促使企业依法合规开展各项经营活动，实现"强内控、防风险、促合规"的管控目标，形成全面、全员、全过程、全体系的风险防控机制，切实提升内控体系有效性，加快实现高质量发展。

（2）健全重大风险防控机制

加强企业防范化解重大风险全过程管控，加强经济运行动态及资本市场指标变化监测，提高集团公司对经营环境变化、发展趋势的预判能力，同时结合内控体系监督评价工作中发现的经营管理缺陷和问题，综合评估企业内外部风险水平，有针对性地制定风险应对方案，并根据原有风险的变化情况及应对方案的执行效果，有效做好企业间风险隔离，防止风险由"点"扩"面"，避免发生系统性、颠覆性重大经营风险。

（3）加强信息系统管控

通过数据中台和业务中台建设，打通各业务领域之间的信息系统，构建内部信息传递闭环，解决信息孤岛问题。

一方面要以统一数据标准为前提，加快数据中台的建设和推广，推动数据由分散管理向集中管理转变，形成各业务模块数据的统一输出平台，满足不同业务系统之间相互获取数据的需求；对历史数据进行提取和加工处理，设定数据访问权限，方便企业内部人员在权限范围内灵活查询、分析和使用数据，全面提升经营管理决策的效率。

另一方面要建立流程管理、风险管理、控制点管理、自我评价管理、缺陷整合管理和内控报告等核心模块及功能，并建立该系统与企业资源计划（Enterprise Resource Planning，ERP）系统、办公系统、流程管理系统、审计系统、绩效考核系统、综合报告系统等管理系统和业务系统的集成，实现内控信息系统与其他各类系统的数据共享。

此外，要梳理和规范业务系统的审批流程及各层级管理人员权限设置，将内控体系管控措施嵌入各类业务信息系统，确保自动识别并终止超越权限、逾越程序和审核材料不健全等行为，促使各项经营管理决策和执行活动可控制、可追溯、可检查，有效减少人为违规操纵因素。

2.内控隐患解决方案

（1）投资运营机制优化

强化政策研究和风险评估，降低一级项目开发的政府履约风险，制定一级、二级联动开发的制度机制，提升一级、二级联动开发管理能力，构建一级、二级联动开发的内部协同机制。强化企业资源整合能力，采用多元手段加快土地储备，进一步提升企业经营计划和全面预算管理的有效性。

（2）运营管理体系优化

一是推进可行性研究定位、规划设计和工程踏勘等关键业务领域的知识体系建设，建立基于区域和城市的知识库及其动态更新机制，提升项目可行性研究定位、规划设计和工程踏勘的精准度，优化对应业务领域的项目运营管理效率和项目风险前置管控能力。

二是转变运营管理模式，推动以工程管理为主导的运营管理模式向集规划、工程、成本和营销于一体的大运营管理模式转变。

（3）产品标准体系建设

深化产品标准化建设，推动产品标准体系迭代更新，建立基于区域或城市的标准化产品，确保标准化产品的指导性和适用性；适当延长项目规划设计方案周期，提升项目规划设计的准确性，减少前期规划设计偏差。

五、结语

内控不是万能的，不能认为有了内控体系就有了一切。无论内控的设计和实施多么好，也只能合理保证企业目标的实现，而非绝对保证。内控无法杜绝错误的判断和决策，也无法完全防止可能导致组织无法实现其目标的外部事件发生。也就是说，即使是一个有效的内控体系，也有可能出现失败，这是因为内控存在固有局限性。因此，不断推动企业内控的自适应发展，通过内控体系识别投资经营、产品设计、运营管理等方面的漏洞，同时持续推动问题整改和内控水平提升，是房企确保内控相对有效性的核心。

第九章

■ ■ 人力资源管理

1. 企业战略性人力资源管理研究

▶ 2023-08-08

从现代经济学（也称发展经济学）中的生产要素配置理论看，在企业的早期发展、中期发展、高质量发展阶段，起主导性作用的要素分别为土地、资本、技术。由于技术的创造者是人，因此在企业进入高质量发展阶段后，普遍突出了人才的核心竞争力。目前，我国企业在统一大市场中，一方面将原来的规模化竞争转移到了同行业质量体系管理标准制定权的竞争（俗称定价权）与供应链管理竞争方面。另一方面需要通过人才在知识产权方面的创新，为其竞争提供源源不断的动力。因此，在当前阶段，企业十分需要加强战略性人力资源管理工作。下面先对战略性人力资源管理的基本内容与主要作用进行简要介绍。

一、战略性人力资源管理概述

1.概念

从概念界定看，战略性人力资源管理包括了企业发展战略与人力资源管理两个概念，是从发展战略主导角度研究人力资源管理，并将后者作为企业发展战略的重要组成部分，预期通过发展战略与组织变革之间的对应关系，发挥人力资源管理的多重作用，辅助企业完成一系列战略目标等。从近年来的企业实践经验看，战略性人力资源管理始终将以人为本作为基础，突出人才在企业中的核心地位。同时，要求企业在战略布局后，积极运用战略性人力资源管理模式，发挥其多重作用。

2.主要作用

战略性人力资源管理的模式化特征十分突出，在企业中应用该模式可以产生多重作用，使企业减少中间环节、少走弯路，更为经济地管理人力资源，更为合理地开展组织变革，使人力资源在深度的理论层面、广度的技术层面、精度的人才开发层面获得综合应用等。实践经验表明，企业应用战略性人力资源管理模式后，能够提升企业执行力、增强核心竞争力、推动企业高质量发展。

例如，企业在风云变幻的市场中，受外部风险与内部风险的影响，容易出现突发状况，此时需要企业从长远角度考虑，提前做好预防性措施，并在提升执行力的基础上保障综合效益产出。又如，企业的核心竞争力已集中到人才身上，借助战略性人力资源管理可以建立人力资源主导的生产要素配置方案，并通过对人才优势的开发、挖掘、应用等，帮助企业化险为夷。尤其在高质量发展阶段，技术创新已经成为企业战略实现的主要手段，此时应用战略性人力资源管理，可以围绕产品的设计、采购、生产、营销、售后等分工情况，更为合理地进行组织变革，更为精准地配置"机、技、环、法、管"等资源，促进企业实现高质量发展目标等。

二、企业战略性人力资源管理面临的问题

1. 创新不足阻碍企业高质量发展

近年来，虽然企业在参与统一大市场中的同行业竞争与本土转型升级过程中，清醒地认识到了战略性人力资源管理的重要性，但是，在管理模式方面的创新不足阻碍了自身在高质量发展阶段的实践，造成了部分企业并没有达成预期的管理目标。

从原因方面看，此类企业十分看重战略性人力资源管理，在实际的管理模式方面，仍然沿用常规的人力资源管理模式，只是在战略目标导向下制定了长远的人力资源管理战略，规划了长期人力资源管理与短期人力资源管理目标，预期通过人力资源管理效率的提升实现其管理目标。实践经验表明，这种管理模式并没有将企业战略与人力资源管理之间的关系做进一步分析，从而导致战略目标确定后，企业较难借助人力资源管理进行配套的组织变革，仍将重点放在人力资源管理效率提升上。由此可见，此类企业没有深入地认识、分析战略性人力资源管理中战略与组织变革的关系，更没有清晰地认识到人力资源管理在二者之间所起的纽带作用等。因此，在当前阶段，此

类企业需要积极转变管理理念，通过转变管理模式等，促进其高质量发展目标的实现。

2. 联动性差导致"全战略"匹配不足

在"双循环"新发展格局下构建的统一大市场下，企业始终处于被动地位，受到市场这只"看不见的手"的引导与调控。然而，企业为了让市场在资源配置中的作用得到充分发挥，需要始终保障"全战略"下的人才优势得到发挥。具体而言，在市场经济体制日益完善的条件下，企业需要借助市场价格机制调整企业在全产业链上的人力资源配置，从而使自身在供应链（也称经济链、价值链）竞争中，通过对人力资源的优化配置，一方面提升研发设计环节的竞争力，另一方面则在营销环节产生更大效力。

进一步讲，企业的战略目标体现在企业的愿景与具体的战略规划方案中，企业要在明确的战略目标下开展战略性人力资源管理，首先需要对总的战略目标进行层层分解，这样才能形成"全战略"到"分层战略"的转变，从而在确定的细分目标导向下，使人力资源管理始终与"全战略"处于联动之中，通过将人力资源管理优化配置到分层目标实施的岗位中，保障战略目标的落实。事实上，部分企业的"全战略"规划十分详细，但是受到"分层战略"不足、细分目标时不精准等因素影响，容易造成战略性人力资源管理与"全战略"不匹配的现象，从而使战略性人力资源管理实践效果大打折扣。

3. 人力资源开发部分薄弱

战略性人力资源管理中，十分注重对人力资源的开发与挖掘，从近年来的管理经验看，部分企业将企业的战略目标，与人力资源的组织结构、团体发展、个体发展等进行了多元研究，认为构建立体型的人力资源开发方案，更加有利于战略目标与人力资源管理手段之间的高度匹配。

然而，部分企业在制定战略性人力资源管理方案时，对人力资源开发的认识不足，既缺乏人力资源开发意识，也没有为其开发提供适配性较高的平台。例如，企业战略目标要得到落实，需要生产制造具体的产品（有形产品、虚拟产品），此时，生产中的团队协作十分关键，而且与实际分工环节的岗位职能密切相关。此时，既要对团体组织形式进行优化，又需要对个体人才的综合素质进行全面培育。近年来，部分企业一味地"做减法"，错误地将分工理论应用到了战略性人力资源管理之中，认为专业性可以帮助企业更好地提升竞争能力。事实证明，企业经营管理中的分工程度越深，越需要综合素质型人才，而不是像制造产品一样，借助分工深化提高生产制造效率与效果等。因此，从整体上看，部分企业的人力资源开发部分仍然比较薄弱，需要进一步通过对人才的培育等，满足其实际的人力资源开发需求。

三、企业战略性人力资源管理的应对举措

1. 结合新理念，创建战略性人力资源管理模式

首先，建议企业从战略性人力资源管理理念出发，围绕该理念，梳理出战略观念、组织变革观念、人力资源管理观念、以人为本观念等。然后，按照意识形态理念中的观念联合构建思想体系的方法论，更为全面地理解基于战略性人力资源管理理念的观念体系，深化对战略性人力资源管理理念的认识。其次，企业需要在更新理念的基础上提炼战略性人力资源管理模式，并在该模式下，按照企业战略目标规划—企业组织变革需求—人力资源管理手段的基本应用思路，确保战略目标始终与人力资源管理手段之间保持互动关联，并在二者的相辅相成关系条件下，根据战略目标规划的变化，选择适配于企业组织变革需求的人力资源管理手段等。

例如，我国企业在近年来通过公司治理后，建立了以股东大会、董事长、总裁、副总裁等为主的治理结构，而且在向部门及员工进行管理延伸的同时，配套设置监事会、审计管理委员会等，整体上的治理结构符合现代企业发展要求。但是，要真正发挥出战略性人力资源管理模式的多重作用，企业需要在该治理结构的基础上，进一步对业务、财务副总裁以下的管理组织进行一些变革，如制造类企业的生产部、营销部、研发部等，需要根据订单的变化、项目的变更等，及时调整组织变革情况，使人力资源优势得到最大化发挥。此时，企业需要借助该模式确保目标、需求、手段之间的一致性与同步变更等。

2.运用新技术，促进企业各部门间的资源融合

企业开展战略性人力资源管理，已经积累了诸多经验，部分企业之所以没有实现"全战略"与战略性人力资源管理之间的联动，是因为"全战略"的层层分解不足与企业各部门之间的人力资源协同效应不高。建议按照因果关系逻辑，针对此类原因制定匹配性的应对举措。具体如下。

（1）首先，企业结合现代经济学中的生产要素配置理论，区分不同的发展阶段并将自身定位在高质量发展阶段。然后，根据高质量发展阶段的技术赋能路径，明确配置技术要素的实践路径。这样，企业可以梳理出统一大市场条件下配置技术要素的主要实践路径，并将技术要素的配置，精准锁定到人力资源的优化配置上。最后，在"全战略–分层战略–具体目标"的分层逻辑下，按照产品生产制造产业链条中能够扩大企业可营利空间的设计、营销两大主要环节，更为合理地配置人力资源，促进前端与末端的知识产权创新。一方面通过前端的创新尝试探索基于知识产权的新型获得途径（即售卖知识产权）；另一方面则在末端借助"企业定位""产品营销""市场分析"等，更为全面地了解企业在统一大市场中的竞争优势与劣势，最终借助营销方面的知识产权创新扩大市场占有率等。

（2）企业需要在现有的信息管理平台上，设置专门的信息共享板块，并通过实时的信息交流与沟通，让各部门之间的资源获得共享与融合。例如，各部门的人力资源属于具体项目约束下的团队组织，当人力资源通过部门岗位被分化后，企业需要从整体上的项目生产运营管理角度，清晰地认识到各部门岗位上人才之间存在的协同合作关系，并借助团体组织管理方法，使其职能得到联合，让不同人才的优势获得资源整合及应用等。例如，研发部门的产品工艺设计、生产部门的工艺控制、营销部门的多元产品推广、信息部门的数字孪生仿真等，只有通过具体操作人员之间的协同合作，才能在最短时间内，确保最大效益产出目标的实现。由此可见，企业战略性人力资源管理模式应用过程中，始终需要突出人才的创造能力，并将该能力分配到分级目标中，才能创造出满足各目标实施的具体手段、技术、方法等。

3.培育新人才，提升人力资源开发效率与效果

战略性人力资源管理模式应用时，面临的最大困难是人力资源开发不

足，这也是当前阶段部分企业面临的实际问题。根据以往的实践经验，需要从外部招引人才，并在内部增强人力资源的培训，通过对人才知识结构的优化、专业技能的拓展、职业素养的提升等，使人才的综合素质获得全面提升，并实现对潜在价值的开发与挖掘等。具体建议如下。

首先，企业需要从战略性人力资源管理模式出发，在常规的人才培训的基础上，增加专项培训方法，针对新引进的人才、企业原有人才，进行知识结构、专业技能、职业素质方面的专题训练，提升所有人才的综合素质。其次，企业需要在培训的过程中充分发挥人才档案管理的重要作用，借助对人才的日常评价、培训评价、培训后的转变评价等，开发、挖掘人才潜在的能力，并在实际项目中，通过"按能配置人才"的方式，使人力资源获得最佳配置。尤其是对部分企业而言，亟须加强企业文化建设，并借助企业文化将所有人才凝聚到企业战略目标上，从而通过构建企业"人才共同体"，使企业在以人为本的价值主导下，通过尊重人才、重视人才、发展人才、培育人才，以及企业与人才共同成长等，创建一种与该共同体适配的集体价值观与企业行为方式，最终推动战略性人力资源管理模式的成熟与推广应用等。

四、结语

总之，企业战略性人力资源管理内涵丰富、作用巨大。在新时期，企业高质量发展阶段，开展战略性人力资源管理研究与推广应用过程中，需要加强对其实践问题的分析并制定相应的解决措施。结合上述分析可以看出，当前阶段，企业战略性人力资源管理中存在的问题主要集中在管理模式创新不足、联动性不足、人力资源开发欠缺三大方面。因此建议按照"具体问题，具体分析，针对性解决"的基本思路，按照高质量发展阶段提出的"理念赋路、技术赋能、人才赋智"三条实践路径，创建战略性人力资源管理模式，促进各部门的资源融合，并提升人力资源开发效率与效果，从根本上提高企业的全要素生产率。

2. 多元化集团如何建立人才培养体系

▶ 2022-12-14

改革开放以来，多元化发展成为许多大型集团公司的选择。很多企业在从事原来主业期间，又通过投资、兼并、重组和增加产品线等方式，在多个相关或不相关的产业领域同时经营多项不同业务。另外，在地域上从单一区域发展到跨区域、跨省市，甚至遍布全国乃至全球。最终形成了多业务、多区域、多文化的相关或非相关多元化集团。目前，国内的多元化集团企业数量众多，包括央企、地方国企、大型民企等。笔者曾经合作过的多元化集团也有很多，央企如华润集团，旗下业务涵盖零售、电力、地产、医药、水泥、燃气、金融等多个板块，业务覆盖全国甚至海外。地方国企如成都产投集团，旗下业务涵盖产业投资、产业地产、产业服务、产业金融等。大型民企如新希望集团，主要经营领域包括农牧、食品、化工、资源、地产、基础设施、金融投资等。

一、多元化集团在人才培养体系方面存在的问题

多元化集团在业务发展过程中，对人才的需求非常迫切，特别是集团中高层负责人、业务板块的经营管理团队、集团总部专业条线的管理团队等核心人才，这些人才大部分需要在集团层面统筹规划和内部培养。但是在实际工作中，大部分多元化集团在人才培养体系的建立和实施都面临一系列问题。

1. 缺乏统一的中长期人才规划

大部分多元化集团缺乏统一的中长期人才规划。没有从集团整体层面考虑与未来业务发展规划匹配的人才需求与供给规划，没有开展系统的人才盘点和培养工作。一方面，由于部分高层领导长期以来更关注业务发展，对管

理体系和人才队伍建设不够重视。另一方面，部分集团总部缺乏人力资源管理专业人才，既不掌握人力资源开发专业方法，也不熟悉各业务板块具体情况，没有能力制定涉及多个业务板块的人才规划，只能自下而上，由各子公司自行编制人才规划，最后由总部简单汇总。

2. 缺乏统一的基础管理体系

大部分多元化集团缺乏统一的基础管理体系。例如，总部与子公司的组织结构差异较大（包括部门与岗位设置不统一、岗位名称与职责不一致等）、总部与子公司职级体系不统一、总部与子公司薪酬体系差异大等。造成这些差异的原因很多，一方面是因为多元化集团的业务板块、企业规模、发展阶段差异较大；另一方面，通过兼并收购的各家子公司管理模式与文化氛围不同，以及有的企业是先有核心子公司、后有集团，集团本身的管理基础薄弱。这些因素都会造成整个集团缺乏统一的基础管理体系，集团总部与子公司核心人才无法在集团内部实现顺畅流动和轮岗，不利于从集团层面识别和培养复合型人才。

3. 缺乏统一的职级体系和人才标准

大部分多元化集团缺乏统一的职级体系和人才标准。没有从集团层面出发根据业务板块特点、岗位类别划分岗位序列，没有完整的职级和任职资格体系，无法明确各类别、各层级人才评价标准，人才识别和培养缺乏依据。另外，也没有将职级体系与薪酬体系、绩效考核体系对接，无法形成合力。

4. 缺乏统一的人才盘点和测评

大部分多元化集团没有开展统一的人才盘点和测评。部分集团或子公司还处于人事管理初级阶段，不具备人才管理的专业能力，不掌握胜任力模型、综合评价中心等相关专业工具，无法对人才的综合能力进行系统盘点和测评，难以对后续人才培养提供科学依据。

5. 缺乏统一的人才培养体系

大部分多元化集团没有建立统一的人才培养体系。多数企业的人力资源部门不掌握职业生涯与职业发展、学习地图、继任计划、领导力开发等专业知识和技能，通常只能开展简单的新员工培训、中基层管理者常规培训等工作，无法建立和实施与战略、市场相适应的系统的人才培养体系。

二、多元化集团建立人才培养体系建议

1. 制定统一的中长期人才规划

多元化集团应该制定统一的战略规划，明确集团及各业务板块的定位、目标，包括新老业务布局规划、各业务板块的业务模式创新及竞争策略等。在此基础上，从集团层面统筹制定与未来业务发展规划匹配的人才需求及供给规划。

特别是针对集团中高层负责人、业务板块的经营管理团队、集团总部专业条线的管理团队等核心人才，集团总部人力资源部要发挥组织部、干部管理部的作用，在集团层面统筹规划。首先根据业务目标倒推所需要的核心人才的数量、结构、能力及薪资要求等信息。然后对集团目前的人才情况进行系统盘点，掌握现有核心人才的数量、结构、能力和薪资情况，以及未来可能离职的信息。在此基础上，明确核心人才需求与供给的差距，制定核心人才招聘、培养计划，特别是涉及跨子公司及总部内部轮岗培养的，需要制订3～5年的中长期培养计划。

2. 建立统一的基础管理体系

多元化集团应该尽快建立统一的基础管理体系，包括组织结构、岗位、职级、薪酬、绩效等内容。针对不同业务板块、不同发展阶段、不同管理模式、不同文化氛围的特点，在集团层面制定统一的原则和框架，在通用的职能部门尽量实现统一，在特殊的业务部门保留差异化。比如，不同业务板块的人力资源部门经理，其岗位职责、职级、薪酬等级、固定薪酬水平、常规绩效考核指标基本保持一致、差异较小，但是在浮动薪酬、业绩考核指标方面，应与所在业务板块的规模、经营效益紧密挂钩。这样既能实现集团的统一性与业务板块的差异性相结合，也有利于人力资源专业人才在集团内部轮岗流动。另外，还要建立统一的信息化系统，将以上基础管理体系与信息系

统对接，实现信息化、数字化、智能化，提高管理效率。

3. 建立统一的职级体系和人才标准

多元化集团要尽快建立统一的职级体系和人才标准。从集团层面出发，建立"管理＋专业"双通道职业发展体系。根据总部功能定位、业务板块特点、岗位类别等因素，横向划分岗位序列，纵向划分职级等，如图 1 所示。另外，需要通过岗位价值评估等方式，将各序列职级一一横向对应，例如，研发序列中级工程师对应职能序列高级经理，销售序列区域经理对应生产序列高级技师，等等。同时，制定各序列、各职级的任职资格标准，包括基本任职条件、专业知识与技能、胜任素质模型等内容，明确各类别、各层级人才标准。最后，将职级体系与薪酬体系、绩效考核体系对接。

4. 开展统一的人才盘点和测评

多元化集团应该利用统一的方法和工具开展人才盘点和测评。针对人才标准的不同内容，采取差异化的专业盘点测评工具。例如，针对基本任职条件可采用资格审查、自行举证等方式；针对专业知识可采用笔试方式；针对专业技能可采用关键行为评价、现场技能比武、360 度评价等方式；针对胜任素质模型、领导力模型可采用心理测验、结构化面试、无领导小组讨论、案例分析、综合评价中心等方式。通过以上系统化、专业化方式，对核心人才的综合素质、专业技能、管理能力、未来潜力等进行系统盘点和测评，出具个人及团队盘点测评报告，明确核心人才的优势与短板，为后续人才培养和发展提供科学依据。

某多元化集团下属公司高管胜任能力整体盘点测评数据如图 2 所示。

图 1　某多元化集团统一的职级体系

职级	总部管理通道 层级	子公司管理通道（职级/层级）	专业通道（职级/层级）	科研序列	职能序列	营销策略子序列	直接销售子序列	生产及质量子序列	生产及质量操作子序列	牧业技术子序列	牧业操作子序列	保障序列
16	M13 总裁（决策管理层）	M13	16									
15	M12 副总裁	M12	15									
14	M11 总裁助理	M11 总经理	14									
13	M10 总经理（领导管理层）	M10 副总经理	P13　专家专业级	专家	专家	专家		总师		总师		
12	M9 副总经理	M9	P12	资深研究员				专家		专家		
11	M8 总经理助理	M8	P11	高级研究员	专家	专家		资深师		资深师	技师	
10	M7 总监	M7 总经理助理	P10　资深专业级	研究员	资深师	资深师		高级师		高级师	高级工	高级工
9	M6 经理（中间管理层）	M6 总监	P9　高级专业级		高级师	高级师	资深销售	师		师	中级工	中级工
8	M5	M5 经理	P8				高级销售				初级工	初级工
7	M4 主管	M4	P7	专员	师	师	初级销售	专员		专员		
6	M3 班组长（基础管理层）	M3 主管	P6　经理						技师			
5	M2	M2 班组长	P5　中级专业级　主管		专员	专员			高级工			
4	M1	M1	P4　初级专业级　班组长/组长						中级工			
3			P3						初级工			
2			P2									
1			P1　基础操作级									

副职默认降一级

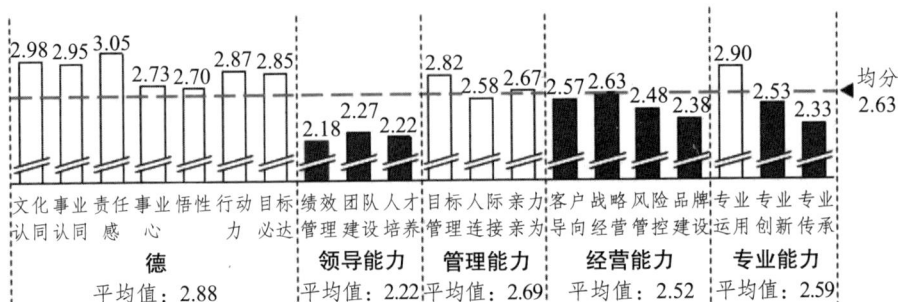

图 2 某多元化集团下属公司高管胜任能力整体盘点测评数据

某多元化下属公司高管胜任能力个人盘点测评结论如图 3 所示。

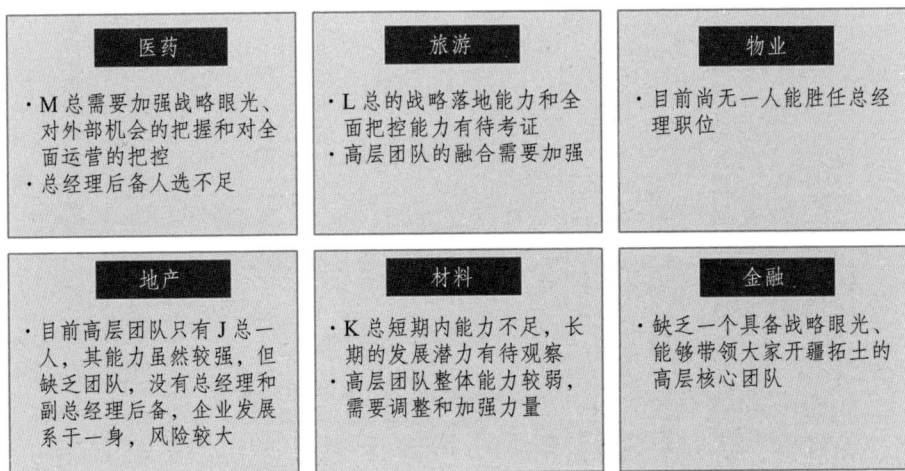

图 3 某多元化集团下属公司高管胜任能力个人盘点测评结论

5. 建立统一的人才培养体系

多元化集团应该尽快建立统一的人才培养体系。特别是针对中高层核心人才，集团总部人力资源部要统一制定职业生涯与职业发展规划，根据人才盘点和测评结果，制订 3～5 年中长期培养计划。利用学习地图、领导力开发等专业工具和方法，制定和实施在岗培训、轮岗培养、导师计划、教练辅导、继任计划、领导专项任务、工商管理硕士（Master of Business Administration，MBA）商业课程学习、案例分析、拓展训练、行动学习等多种方式相结合的培养方案。

3. 有效实施业绩薪酬双对标，助推国资央企价值创造

▶ 2023-05-11

在国资委启动国有企业对标世界一流企业价值创造行动背景下，很多国资央企为确保对标行动取得预期效果，作为对标行动重要保障措施，以价值创造为核心实施业绩薪酬双对标。正略咨询通过梳理多个国资央企业绩薪酬双对标咨询项目，总结了国资央企实施业绩薪酬双对标需要注意的事项。

一、实施对象注意事项

业绩薪酬双对标一般多应用于国资央企负责人的薪酬管理，一方面通过业绩薪酬双对标明确负责人的薪酬水平，也即所处的薪酬分位值；另一方面通过业绩薪酬双对标明确负责人年薪的调整策略，但业绩薪酬双对标并不是适用于每一家国资央企负责人，需要注意实施对象还是有一定局限性的。

- 一是市场化程度不高的企业很难实施业绩薪酬双对标，对在集团内部承担功能性作用且主营业务面向集团内部的企业一般不适用，对主营业务受行业或国家政策影响大且业务模式在持续探索的企业一般不适用。
- 二是实施对象一般为国资央企的二级企业或三级企业，这类企业直面竞争，市场化经营程度高，而国资央企集团总部负责人很少进行业绩薪酬双对标。

二、对标企业注意事项

国资央企实施业绩薪酬双对标，尤其要注意对标企业的选择。

- 一是对标企业选择标准要适用，精准选择对标企业是基本目标，但如

果选择受限条件太多，能够匹配的对标企业自然就少，而科学的双对标是需要有一定量的对标企业作为样本数据的基础，经过反复对比，建议一般选择细分行业相同、经营模式相似、企业规模相近等三个核心标准，在此基础上再进行对标企业的取舍。

- 二是注意对标企业是选择上市企业还是非上市企业，上市企业每年发布的年报可以很好地解决对标数据的可获得性、连续性、准确性和全面性，但国资央企非上市企业对标数据就很难获得，也面临一些潜在合规问题，虽然部分企业可以通过债券评级报告等潜在渠道获得一些对标数据，但数据可获得性、连续性没有办法保证，数据也不全面，因此总体上建议将A+H股上市企业作为首选对标企业。

三、对标指标注意事项

如何选择国资央企对标指标是业绩薪酬双对标的关键。对标指标选择有不同的方式和侧重点，如有的选择利润总额、营业收入、净资产收益率三个指标来进行行业业绩对标。

为确保指标覆盖的全面性、科学性和合理性，正略咨询建议按照国务院国资委《中央企业综合绩效评价管理暂行办法》规定的企业综合绩效评价指标体系确定对标指标，对标指标从四个维度划分为盈利能力状况（净资产收益率、总资产报酬率）、资产质量状况（总资产周转率、应收账款周转率）、债务风险状况（资产负债率、已获利息倍数）、经营增长情况（销售增长率、资本保值增值率），但实际选择指标或赋予指标权重时，还应该注意企业所处的行业特征、发展阶段等因素。从实践经验看，并不是每一家企业都能够从四个维度进行全面的指标对标。

四、对标数据注意事项

在业绩对标数据方面，国务院国资委每年发布国有企业绩效评价标准值，这个标准值用于对每一个细分行业领域内的国有企业进行经营业绩统计分析，但由于样本量过大，使每一个细分行业领域业绩评价标准值水平总体偏低，在一定程度上不利于激励企业实现业绩的改善和提升，因此应主要选择对标企业的业绩数据作为基准数据源。但对标企业业绩数据的处理需要注意以下方面问题。

在业绩数据方面。

- 一是业绩数据的时间跨度，一般应选择近 3 年业绩数据为一个统计周期，并通过数据的平滑处理，尽量避免行业的周期性及企业特定年度业绩爆发等因素的影响。
- 二是业绩数据的分级分档，对业绩数据等级的划分一般按照业绩分位值进行分档，一般分为五个等级——优秀值、良好值、平均值、较低值、较差值，也可以分为七个等级，可根据实际需要进行划分。

在薪酬数据方面。

- 一是要注意选择对标企业同类可比职位，并按照同口径统计年度薪酬总额（基本年薪＋绩效年薪＋任期激励），以此为基础明确细分行业薪酬水平对标标准。
- 二是要注意获取对标企业同类可比职位的薪酬数据，而不是扩大为细分行业的薪酬数据。在获取途径方面，除了通过年报等渠道外，对特定对标企业还应进行薪酬数据的调研。

五、结果计算注意事项

在明确对标企业、对标指标、对标数据后，就可以进行对标结果的计算，并按照相应分位值赋予对应系数，从而得到业绩对标标准值、薪酬对标标准值。一般按照插值法计算实际对标结果。以业绩对标系数计算为例。

- 单项指标对标系数＝对标区间下限对应系数＋（指标实际值－对应区间下限值标准）÷（对应区间上限值标准－对应区间下限值标准）×（对应区间上限系数－对应区间下限系数）。
- 综合业绩对标系数 $=\sum$（单项指标对标系数 × 权重）。

六、结果应用注意事项

在业绩薪酬双对标结果应用方面，有的是按照精准匹配来进行薪酬的调整，比如，业绩处于什么样的分位值，则按照业绩对标系数计算对应的薪酬分位值，但根据实践经验，业绩和薪酬很难做到精准匹配，更多时候业绩水平要适当高于薪酬水平，应重点比较业绩对标系数和薪酬对标系数之间的差距，是否在合理区间内，在此基础上再采取合理的薪酬策略。

通过插值法计算出业绩对标系数和薪酬对标系数后，业绩对标系数一般高于薪酬对标系数，但建议总体差距应在 5%～20%，若两者之间的差距高于这个区间，则反映出国资央企负责人薪酬水平显著低于现有的业绩水平，应上调薪酬总额。若两者之间的差距低于这个区间，但差距为 –15%～5%，则可根据实际酌情调整薪酬水平，这里可参考的是国资央企负责人过往薪酬的增长幅度和调整频率。若两者之间的差距低于 –15%，则反映出国资央企负责人薪酬水平显著高于现有的业绩水平，应下调薪酬总额。

国资央企实施业绩薪酬双对标，应考虑适当引入第三方专业咨询机构参与，从对标企业选择、对标数据处理等方面接受专业服务和建议，确保业绩薪酬双对标结果具有较高的信度、效度，为国资央企有效建立市场化经营机制，建立以业绩为导向的正向激励机制奠定坚实基础，也鼓励引导国资央企超越竞争对手、超越自我，助推价值创造取得更大的成绩。

4. 大型国有企业集团劳务派遣用工特点解析

▶ 2023-12-19

随着我国经济的快速发展，大型国有企业集团面临着日益复杂和多变的业务挑战，而劳务派遣作为一种灵活的补充用工形式，越来越受大中型国有企业的欢迎，成为为这些企业应对快速市场变化和优化人力资源配置的有效途径之一。

一、劳务派遣的必要性

目前，大型国有企业中劳务派遣员工数量已占相当大的比例。劳务派遣的必要性主要源于对灵活用工模式的需求，这种模式能够帮助企业根据市场需求和业务周期的变化灵活调整人力资源，尤其是在面对季节性波动、项目性工作或特殊技能需求时，劳务派遣员工一般在临时性、辅助性、替代性的岗位上任职。通过劳务派遣，国有企业可以降低直接雇佣员工的成本，减少企业与员工之间的劳动关系纠纷，同时一定程度降低法律风险。

二、相关法律法规要求

在我国，劳务派遣的实施受到《中华人民共和国劳动法》《中华人民共和国劳动合同法》和其他相关法律法规的严格规定。这些法律法规旨在保护派遣员工的权利，例如，被派遣劳动者享有与用工单位的劳动者"同工同酬"的权利。此外，还有对劳务派遣企业的资质和管理的相关规定，以确保劳务派遣企业的合规性。

三、大型国有企业集团劳务派遣特点

1.中国石油天然气集团有限公司

- 建立专业化团队：中国石油天然气集团有限公司（简称"中石油"）拥有专门负责劳务派遣的专业团队，负责监督和管理所有派遣工作。
- 制定严格的合作标准：与劳务派遣公司合作时，中石油设定了严格的标准，包括要求合作伙伴具备必要的资质和良好的市场声誉。
- 实施绩效管理系统：中石油实施了一套绩效管理系统，用于评估和监控派遣员工的工作表现，确保服务质量。

2.中国移动通信集团公司

- 灵活的用工模式：中国移动通信集团公司（简称"中国移动"）采用了灵活多样的用工模式，根据不同的业务需求和市场变化，调整派遣员工的数量和类型。
- 员工培训和发展计划：中国移动为派遣员工提供了培训和职业发展计划，以提高其工作技能和职业竞争力。
- 重视员工权益：中国移动在合同中明确规定了派遣员工的权益保护措施，确保他们的福利和工作条件符合法律法规要求。

通过劳务派遣，企业能够根据市场需求快速调整人力资源配置，提高企业的灵活性和响应能力。通过外包非核心业务的劳务派遣，企业能够将更多的资源和注意力集中在核心业务上，从而提高整体的运营效率。

四、关键成功因素

成功实施劳务派遣需要考虑多个因素。

1.拥有熟悉劳务派遣法规和市场的专业团队

这样的团队不仅精通相关法律法规，还对市场趋势有深刻的理解，能够有效指导企业在复杂的劳务环境中做出明智的决策。通过专业团队的专业知识和经验，企业能够在遵守法律的同时，优化其人力资源配置，增强竞争力。

2. 制定高效的人力资源规划

为了适应不断变化的市场和业务环境，企业不仅要拥有足够数量的员工，还需要员工具备多样化的技能和经验。通过制定合理的人力资源规划，企业能够在保持高效运营的同时，灵活应对各种挑战，确保业务连续性和竞争力。

3. 有效的财务管理

一个健全的财务管理系统对确保派遣员工的福利保障和及时支付至关重要，其包括了准确的预算规划、资金流的监控及及时的薪酬发放机制，它不仅影响到员工的满意度和忠诚度，还直接关系到企业的声誉和合规性。此外，透明和高效的财务处理流程也有助于提升企业在市场上的竞争力，吸引和保留优秀人才。

4. 资质要求与合作伙伴的选择

（1）资质要求

在选择合作伙伴时，应确保对方拥有合法资质，如人力资源服务许可证、劳务派遣经营许可证等。国有企业若与没有合法资质的劳务派遣单位合作，将导致派遣行为无效，无效的直接后果是与被派遣者形成事实劳动关系，用工企业将承担起用人单位的责任，并随时面临劳动合同用工模式下的各种劳动争议风险。

（2）合作伙伴选择

与拥有丰富经验和合法资质的劳务派遣企业合作，对确保企业人力资源管理的有效性和合规性至关重要。这样的企业不仅能提供符合法规要求的服务，还拥有深入的行业洞察力和巨大的人才网络，能够迅速响应企业的用工需求，以及能提供定制化的解决方案，以满足企业特定的业务需求，从而提升企业的业务效率和竞争力。

五、行业利润率

随着经济的快速发展和劳动市场的持续变革，劳务派遣行业正显示出一个稳健的增长趋势，但是劳务派遣行业的服务费用受到市场竞争的影响，价格波动较大。同时，劳务派遣行业的经营成本较高，包括人力资源管理、招聘培训等方面的成本。根据中国人民大学组织与人力资源研究所的预计，预计到 2025 年，我国劳务派遣行业规模将达到 9 000 亿元以上。

六、未来发展趋势

劳务派遣在促进体制内就业机制转换、促进城乡就业结构转变，以及调节劳动力市场供求形势等方面发挥着重要作用。而随着劳务派遣规范化程度不断提高及市场环境的改善，企业的用工需求规模将随着企业发展不断提升，对人才的需求也更加多样和灵活，大型国有企业对包括劳务派遣在内的各种形式的灵活用工模式的需求也将不断增加。未来，劳务派遣将作为一种重要的就业形式、用工形式，继续在大型国有企业集团中发挥特殊的作用。

5. 从"选育用留"到"选育用流"——
足球界人力资本经营启示

▶ 2023-12-28

"选育用留"与"选育用流"虽然仅一字之差，但背后是人力资本经营逻辑的巨大差异。相较于城市和企业，足球界人才流动率更高，其人力资本经营逻辑更强调"开放的人才观念""动态的组合演化""主动的经营行为"。在 VUCA 时代背景下，人才流动越来越普遍，也越来越频繁。"选育用流"的人力资本经营逻辑给了企业很多启发与借鉴，但同时也在"估值量化""组合优化""增值路径规划"等方面提出了更多、更高的新要求。

• **关键词**：人力资本、人才流动、估值量化、增值路径。

一、人才流动是普遍客观现象

美国经济学家舒尔茨最早提出了"人力资本"的概念，在内生增长理论中，人力资本是重要的生产要素，对经济发展具有直接影响作用，特别是人力资本的质量成为经济增长的主要驱动因素。人力资本是通过教育、卫生保健、人才吸引政策等投入产生的，未来有可能带来收益的一种经济资源。作为生产性资本，人力资本是依附于人身之上的具有经济价值的知识、素质、能力等质量要素的集合，只能由其载体本人使用和保持，不可分割，也无法独立存在。

同物质性资本相比，人力资本作为一种生产要素，其流动性更强，且迁移成本更低。人力资本与人身自由密不可分，在经营者视角下，人才流动必将带来人力资本流动，伤亡、退休等客观因素和基于职业发展的主观选择等都会导致人力资本的流动。在社会主义市场经济蓬勃发展的今天，人才的跨区域、跨组织流动日益频繁，使人力资本的流动更快、更复杂。但在不同时期、不同组织内，人才流动水平的高低各有不同。本文将分别从区域、企业、球队三个视角展开论述。

1. 人口在迁移

2009—2021 年中国流动人口变化情况如图 1 所示。

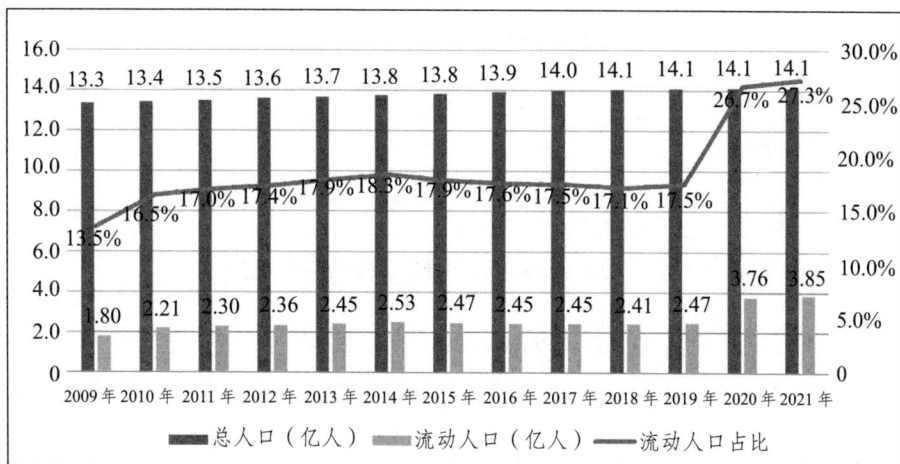

图 1　2009—2021 年中国流动人口变化情况

随着城镇化的持续推进和市场经济的不断发展，人口流动成为我国社会发展的基本特征。根据国家统计局的公开数据，我国流动人口总量从 2009 年的 1.8 亿人增长到 2021 年的 3.85 亿人，流动人口占总人口比重从 13.5% 增长至 27.3%，全国超 1/4 的人口处于流动状态。

第七次全国人口普查数据显示，全国人户分离人口为 4.93 亿人，流动人口为 3.76 亿人，与 2010 年第六次全国人口普查数据相比，人户分离人口增加 2.31 亿人，增长 88.52%，流动人口增加 1.54 亿人，增长 69.73%。

2000—2020 年中国人口流动变化趋势如图 2 所示。

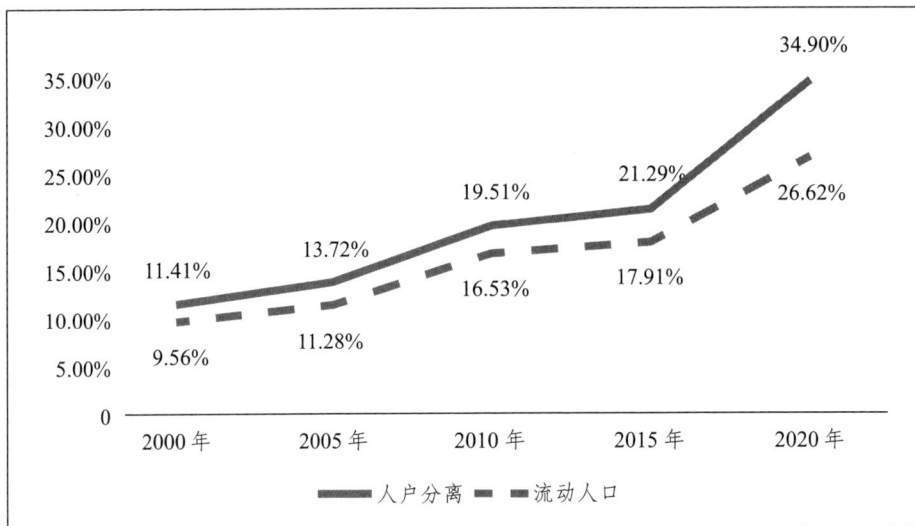

图 2　2000—2020 年中国人口流动变化趋势

我国人口流动体现出绝对规模猛增、流动愈加活跃的新特征；人口流动以省内流动、城乡流动、向东部地区流动为主的特征更为稳定。我国真正迎来了人口"流动时代"。

2. 职员在跳槽

前程无忧发布的《2023 离职与调薪调研报告》显示，2022 年员工整体离职率为 17.9%，相比 2021 年 18.8% 的离职率略有下降，但整体人员流动仍处于较高水平。猎聘大数据研究院发布的《2022 春节后开工一周中高端人才就业数据报告》显示，2022 年春节开工后有 24.95% 的员工具有跳槽想法。从实际发生的客观离职数据比例和主观的跳槽意愿来看，我国整体的员工流动率处于较高水平。

前程无忧发布的《2022 春季职场跳槽观察》显示，全国劳动力人口平均年龄以下的求职平均跳槽周期正不断缩短，员工的跳槽频率不断提高；代际差异自"90 后"起更加明显，在"00 后"就业群体中，具有 2 次跳槽次数的占比为 27.3%，平均每两位"00 后"便有 1 人有过跳槽经历。

2018—2022 年我国员工整体离职率如图 3 所示。

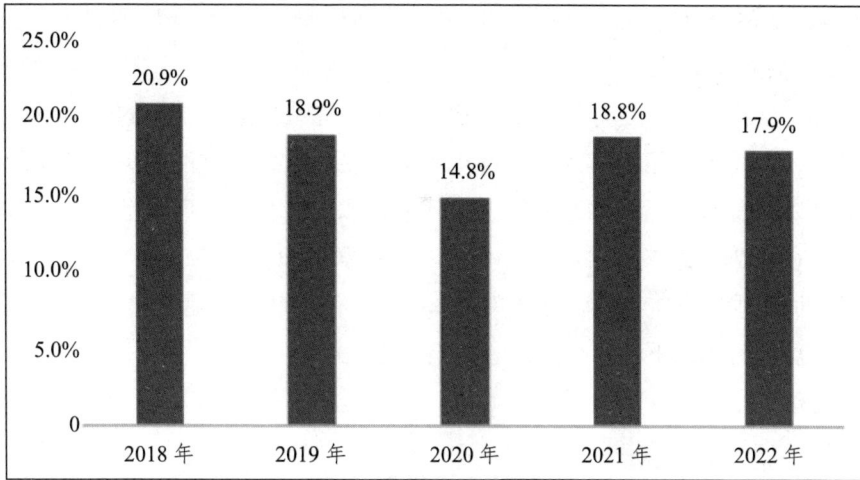

图 3　2018—2022 年我国员工整体离职率

3. 球员在转会

2017—2021 年全球男子职业足球球员年度转会次数如图 4 所示。

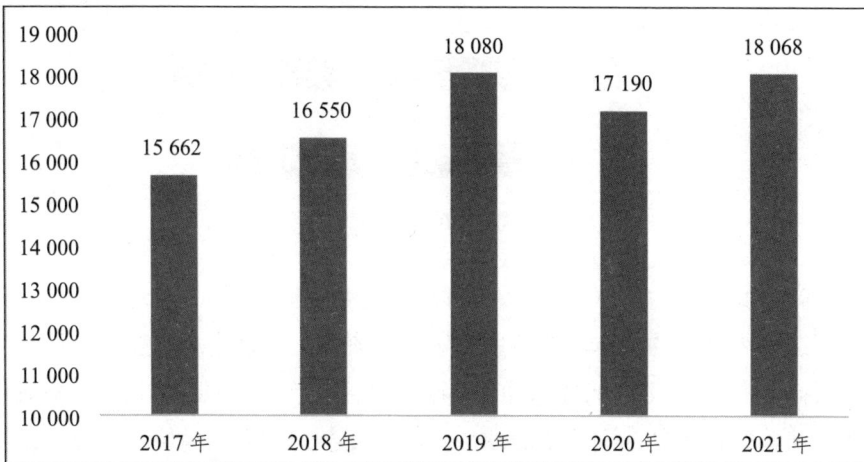

图 4　2017—2021 年全球男子职业足球球员年度转会次数

　　根据国际足联的报告，2021 年全球转会市场共发生了 18 068 次男子职业足球运动员转会，女足共有 1 208 名球员转会，2021 年足球职业球员转会率为 14.8%。据德国足球杂志《踢球者》统计，2021 年德甲联赛的转会率为

10.2%，受转会市场不景气的影响，德甲联赛近些年转会率相较于 2019 年的 26.3% 高流动表现而言差距较大。

在高度商业化的足球俱乐部经营生态中，除成年职业球员的转会或租借流动外，严苛青训培养体系下的青年球员、足球教练、体能训练师、球队数据分析师等都具有高流动性的特点。其中，球队主教练的离职率维持在 30% 左右，在 2021—2022 赛季英超、西甲、意甲联赛 20 支球队共有 10 名主教练离职，而意甲联赛中有 3 支球队单赛季历经 3 任主教练，冠绝欧洲五大联赛，职业足球经营体系下各参与主体的高流动特性可见一斑。

足球生态如图 5 所示。

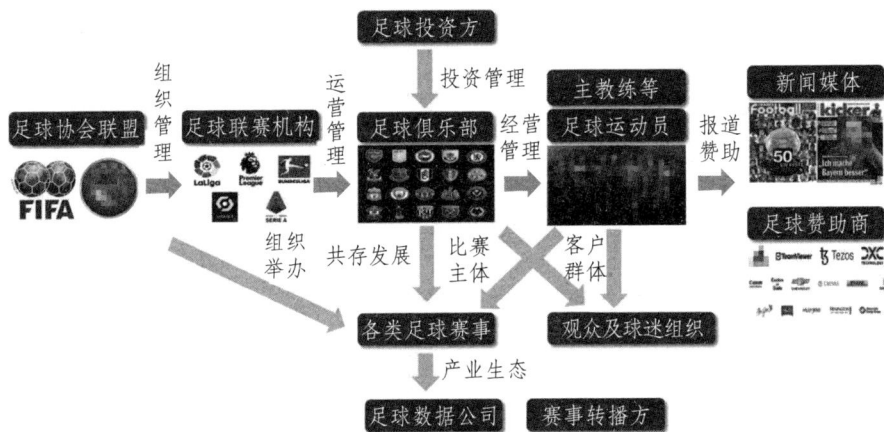

图 5 足球生态

在高度商业化的足球生态下，在以足球俱乐部为主体，以球员经营和核心赛事运营为基础的足球产业链中，不论投资方、赞助商还是观众和球迷组织，对高竞技水平比赛的要求水涨船高，职业足球逐步演化出从严苛成熟的青训培养选拔机制，到严格的球员注册和复杂的转会租借机制，再到精细的分级联赛机制等一系列成熟的运营机制，在这套严密的机制下，足球运动员、教练员、球迷及其球迷组织、足球联盟、联赛机构、各级足球俱乐部、投资方、赞助商、媒体机构、数据分析机构等各类主体参与其中，形成具有复杂关系的生态网络。在这样高度商业化、职业化的激烈竞技生态下，球员的职业生涯一般在 35 岁左右结束，高淘汰率和短职业生涯共同决定了球员在整个职业生涯中的高度流动特性，使研究足球界人力资本在高流动背景的经营逻辑和成功要素对企业在面对竞争日益激励、商业化程度不断提高、人才流动日益频繁的挑战时具有重要的借鉴和参考意义。

4. 小结

通过上述对我国宏观的整体人口流动，以及企业和足球界的人力资本流动情况的介绍，可以得到以下三点结论。

- 第一，从共性上看，人才的流动是人力资本经营管理主体必须面对的客观现象，人口在迁移、职员在跳槽、球员在转会是每天都在发生的事件。一方面，人才自身承载人力资本在不断变化；另一方面，组织对人才的需求也在不断变化，围绕更公平、更高效的基本逻辑，人才与组织的匹配组合一直在动态演化。

- 第二，从横向对比上看，足球界的人才流动具有显著的商业化特征。由于职业竞技体育短职业生涯的特征，为满足球员自身价值最大化和俱乐部人力资本整体投入产出平衡或增值的要求，从球员进入职业足球的培训体系中开始，球员不可避免地面临着高淘汰和高流动的压力，给职业足球人力资本经营提出了更高的要求，进而会产生基于短职业生涯、高商业化背景下的一系列人力资本经营管理的量化工具和经营逻辑。

- 第三，从趋势上看，随着经济发展，城市和企业的人力资本流动也在逐渐加快。在商业化不断加深、人才流动不断加快的背景下，传统的"选育用留"的人力资本经营逻辑可能难以适应。人才流动愈加频繁带来的人力资本频繁流动和经营管理挑战必须得到不同行业各人力资本经营主体的高度重视，高流动率和高度商业化的足球界的人力资本经营逻辑及其相关重要的量化工具对企业而言具有一定的参考借鉴意义。

二、足球界人力资本经营逻辑简析

"选用育流"是足球俱乐部的基本经营逻辑，这种经营逻辑同高度商业化和高流动率的足球生态相吻合。从足球青训营到二线队再到一线队，足球俱乐部一直贯彻"选育用流"的理念。观察、选拔富有潜力且符合俱乐部价值的小球员，通过悉心的培训、训练、指导，让小球员吸收足球知识、建立足球理念、提高足球技术，再通过大量的比赛发挥球员的特长，同时进行动态的考核和筛选，实现俱乐部青训球员的新陈代谢。俱乐部对成年职业球员的管理同样遵循这样的逻辑，通过转会市场的操作挑选目标球员，根据球员的特点、球队战术理念等进行人力资本投入，促进俱乐部人力资本的保值增值。即通过系统培训、薪酬激励，实现球员能力提升和球队成绩提高的经营目标，当俱乐部评估球员为俱乐部带来的收益高于俱乐部所支付的成本时，便有可能发生以球员的转会或租借行为为代表的人员流动。

1. 获取人力资本交易溢价是俱乐部的重要收入

一般而言，一个职业足球俱乐部的收入主要有六个来源，分别是市场收入、电视转播收入、股东出资（会员会费）、球票收入、商业活动收入和球员转会收入。其中，电视转播收入是职业足球俱乐部主要收入来源之一，特别是对中小俱乐部而言，2019 年英超联赛的中小俱乐部中，电视转播收入占营业收入之比最大的比例为 88.4%，而占比最小的比例也达到了 66.8%。广告赞助和特许经营收入是另一项重要收入来源，但不同俱乐部之间的差异较大，2019 年英超联赛中曼联足球俱乐部的商业赞助广告收入占比超过 40%，而布莱顿足球俱乐部的比例仅为 6.7%。

以曼联足球俱乐部 2021—2022 财年数据为例，商业收入为 2.578 亿英镑（占总收入的 44.21%）、电视转播收入为 2.149 亿英镑（占总收入的 36.84%）、比赛日收入为 1.105 亿英镑（占总收入的 18.95%），职业足球俱乐部的商业化特质明显。

同时，球员的转会支出与收益能够有效调节球队的财务表现，对平衡俱乐部的资本结构有着极为重要的作用。阿贾克斯、本菲卡、多特蒙德等足球俱乐部是通过发掘和买入高潜力球员，并在自行开发培育后，在转会交易环节获取交易溢价，依靠转会交易溢价获得资产增值收益的典型代表。

多特蒙德足球俱乐部 2017—2018 赛季收入达到创纪录的 5.36 亿欧元，

而俱乐部在德国杯和冠军联赛中早早出局，导致商业转播和门票收入减少，但有两位球星的转会交易为球队带来了近 2 亿欧元的收入，转会总额占多特蒙德足球俱乐部当年收入的 40% 以上。

2. 球员身价是赛事结果预测的重要参考

除历史战绩外，双方上场球员身价对比往往是胜率预测的重要参考信息。球员及球队身价越高，比赛胜率预估就越高，因为拥有高身价的球员及球队往往意味着有更强大的实力。

足球拥有其他运动远无法比拟的商业价值。例如，C 罗等足球运动员，具有极高的竞技水平和超凡的商业价值。加之大量资本涌入足球领域，促使球员转会费水涨船高，顶尖足球运动员的身价一路飙升，以亿计数。衡量各支国家队知名度的重要指标是足球转会新闻网站 Transfermarkt（转会市场，简称"德转"）给每名球员标记的身价，将这些球员身价加总，就可以得到每支国家队的身价。

通常情况下，对胜利的概率往往采用一些机器学习模型来评估，如决策树或者支持向量机（Support Vector Machine，SVM）。除此之外，还可以使用概率建模进行预测，如贝叶斯网络。但无论如何，机器学习都会搜集球员和球队历史数据和背景资料作为相关参考数据对两支球队的胜率进行预测，从而生成准确的预测结果。

3. 人力资本配置优化是俱乐部业绩的重要保障

人力资本投入成本是各大足球俱乐部的最大支出项，通常占营业总收入的比例超 60%，对俱乐部的盈利能力具有重要影响。曼联 2022 年年报显示，由工资总额和球员注册权摊销加总得出的阵容开支金额高达 5.33 亿英镑，关于阵容的人力资本投入占当年营业收入的 91.4%。对阵容的优化配置是各俱乐部实现长期稳定发展的重要手段。一般而言，获得合适的阵容组合球员的途径分别是球队提拔自身青训培养的球员和通过转会市场购买、租借。

其中，曼城、巴黎圣日耳曼等俱乐部是通过转会市场操作购买高水准的球员，提高球队整体实力斩获冠军，实现球队整体人力资本增值的典型代表。德国转会市场数据显示，瓜迪奥拉执教曼城足球俱乐部 6 个赛季以来，其引援花费已超过 10 亿英镑，帮助俱乐部斩获包括 4 座英超冠军在内的 11 座冠军奖杯。

巴萨、曼联等俱乐部虽也在转会市场上一掷千金，但也曾凭着自家高效青训体系产出的杰出球员，帮助俱乐部斩获冠军，可谓是通过"青训＋转会"的全链条经营模式实现球队整体人力资本增值的典型代表。西班牙豪门巴萨青训体系知名球员层出，巴萨梦三队围绕梅西开展构建，依靠一些青训球员，在不到 4 年时间里斩获 13 个冠军。

4. 小结

足球俱乐部视角下的"选育用流"人力资本经营逻辑更加强调开放的人才观念、动态的组合演化和主动的经营行为。不同于传统的"选育用留"人力资本管理逻辑，面对人员的高度流动性，足球界对人才流动的客观规律和现实情况有更加清晰的认知，是在开放的人才进出流动观念下，通过主动的介入管理，不断对球队的人力资本进行动态组合演化，找到合适的组合配置，进而实现球队整体人力资本价值最大化。这种观念开放、动态演化、主动经营的管理逻辑对球员的准确估值和科学增值提出了更高的要求。可以说，如何实现球队人力资本估值和增值是各大足球俱乐部经营管理的核心。只有通过准确的人力资本估值，才能更好地帮助球队对目标引进和卖出的球员价值进行判断，实现合理的转会市场操作；也只有通过科学的增值路径，才能提升球员个体和球队整体的实力、素质，实现球队整体长期竞争实力的稳步提升。

三、足球界人力资本估值实践

对足球俱乐部而言，球员转会交易有助于球员的价值发现，转会交易价格是球员人力资本估值很好的修正参考。但这是事后的既定结果，只有通过建立身价估值模型帮助俱乐部实现对球员价值的长期动态预测跟踪，找到决定人力资本价值的关键影响要素和价值决定逻辑，才能有的放矢地进行主动管理。

足球俱乐部通过球员身价估值模型可对球员人力资本进行量化评估，为俱乐部的球员使用、培训、转会等经营环节提供参考。本文将重点介绍折现估值法、回归估值法和众源估值法三种主要的估值模型。

1. 折现估值法

理论上可以采用净现金流折现法对球员的身价进行估值刻画。

（1）基于买方俱乐部的球员人力资本定价模型

一名球员为一个俱乐部带来的预期收益是球员参加比赛为球队带来的收益、球员未来商业收入和球员未来转会或租借收入的折现值之和，可以用公式表示：

$$I_r = \sum_{t=1}^{T} \frac{M_t}{(1+r)^t} \cdot H \cdot B + \sum_{t=1}^{T} \frac{P_t}{(1+r)^t} \cdot V \cdot B + \sum_{t=1}^{T} \frac{R_T}{(1+r)^t} \cdot (1-B)$$

其中：M_t 代表第 t 年球员参加比赛为球队带来的收入（包括球队比赛奖金、电视转播收入等）；$t=1 \sim T$ 代表无法为该俱乐部参加比赛的年份；H 代表球员参赛数量占球队一年所有比赛的比例；P_t 代表球员在第 t 年总商业活动收益；V 代表合同中规定的球员需上缴商业收入的比例；R_T 代表未来球员转会或租借收入的收益；r 代表折现率；B 代表第 t 年球员依然效力于该俱乐部的概率。

球员的预期费用则主要是指球员的税前工资的折现值。其表达公式为：

$$C_r = \sum_{t=1}^{T} \frac{W_t}{(1+r)^t} \times B$$

其中：C_r 表示在俱乐部接受该球员时未来工资支出的折现值；W_t 表示第 t 年该俱乐部支付给该球员的税前工资。

假设原俱乐部无须向该球员支付工资，工资由新俱乐部完全承担，则接收球员的新俱乐部对球员的人力资本定价的模型可以表示为：

$$P_r = (I_r - C_r) \times S$$

其中，S 表示新俱乐部为球员提供的工资薪酬。

（2）基于卖方俱乐部的球员人力资本定价模型

如果一个足球俱乐部想要出售本队的一名球员，那么其所能接受的转会费即该球员的人力资本价值的最小值，即该球员为本俱乐部当期带来的补偿值，应该等于该球员为本俱乐部带来未来收益的现值减去本俱乐部为该球员未来所支出费用的现值。其表达公式为：

$$P_s = (I_s - C_s) = \sum_{t=1}^{T} \frac{I_t}{(1+r)^t} - \sum_{t=1}^{T} \frac{C_t}{(1+r)^t}$$

其中：I_s 表示该球员未来为本俱乐部带来收益的现值；C_s 表示该球员未来支出费用的现值；I_t 表示第 t 年该球员为该俱乐部带来的总收益；C_t 表示第 t 年该俱乐部向该球员支付的总费用。

2. 回归估值法

也有不少研究者采用回归模型对球员身价进行估值分析，采用的量化模型包括多元线性回归、对数模型、指数模型等回归模型，并通过采用 XGBoost 模型、决策树、随机森林、主成分分析（Principal Component Analysis，PCA）方法、机器学习等方法提高预测准确程度。其表达公式为：

$$Y = a_1 \cdot x_1 + a_2 \cdot x_2 + a_3 \cdot x_3 + \cdots + \varepsilon$$

其中：Y 表示该球员的身价；x_1、x_2、x_3 等表示该球员的年龄、射门能力、场均评分等预测参数；ε 为预测模型的残差。

例如：基尔希斯坦（Kirschstein）等运用聚类分析和多元稳健回归的统计方法，研究发现通过球员的能力值分数、年龄和角色在很大程度上能解释球员的身价。此外，足球球员所在的俱乐部的声誉对球员的身价具有重大影响；布拉诺尔（Prabhnoor）等运用多元线性回归、岭回归、决策树、随机森林、梯度提升五种回归方法，对球员身价进行回归分析。研究发现，通过引入国际足球联合会（FIFA）评分、球员人气指标、先前的身价等解释变量，可以有效提高对球员身价的预测精度；廖彬等通过 XGBoost 模型构建球员身价预测模型，运用机器学习的方法根据不同的球员场上位置对球员身价进行预测分析。研究发现，不同位置的球员影响其身价的因素的重要程度不同。

3. 众源估值法

在欧洲足坛，德转的球员身价估值通常被认为是最准确的。格哈茨（Gerhards）研究发现已经表明，德转公布的球员身价和已实现转会费存在93%的相关性。

德转使用创新的众源技术来对欧洲专业足球运动员的身价（即转会价值）进行量化估值。该网站上的注册用户可以提交自己对球员价值的估计，德转会汇总这些估计值，以得到对每名球员的综合估值。通常，德转数据库中的每个联赛每个赛季都会进行两次身价更新。

整个量化估值过程分为三个环节。第一个环节是基础信息整理——德转会整理关于球员的基础信息，包括赛事相关信息等。第二个环节是使用众源技术评价收集——通过大量的志愿者讨论、分析收集的信息，并且为球员评分。据德转官网介绍，这些志愿者会考察很多因素，包括进球、助攻、年龄、前景、伤病史等。第三个环节是专家汇总修正——德转的工作人员会定期汇总分数，筛选掉可信度低的，估算出球员身价。

四、足球界人力资本经营增值实践

1. 量化经营对象并建模

在体育运动科学、视频技术、数据分析技术等新兴技术发展助力下，建模量化球队业绩表现的各项影响因素，将球队经营问题转化为工程学问题。

- 在球员层面，除了对常见的身高、体重、身体构成，如骨盐含量、体脂率等各项身体客观数据参数化外，在视频技术的加持下，可以将射门数、传球数、运动轨迹等技战术表现参数化，通过大数据分析技术，结合球员年龄、近期比赛表现、伤病史等，对该球员下一场比赛基本表现参数进行定量预测。

不光是足球俱乐部，FIFA足球游戏公司每年也都会对游戏中的球员进行能力预测，而且过程严谨有序，其预测结果有一定的参考价值。由教练、专业球探和季票持有者组成的专业数据审查员团体，会通过观看比赛及录像，根据相应的能力量化指标体系为球员分配各种评级。而该评级数据经过处理后为球员的能力量化提供参考。公司将此主观能力评价与外部统计数据（数据来自 Opta、Enetpulse、FootballDatabase、WhoScored 等专业数据机构）结合使用来确定球员的具体能力数字和球员评级。FIFA 球员能力的评级系统由6 个一级指标和 29 个二级指标构成，如图 6 所示。

PAC（速度）	SHO（射门）	PAS（传球）
·加速度 ·冲刺速度	·进攻位置 ·临门一脚 ·射门力道 ·远射 ·凌空抽射 ·点球	·视野 ·传中 ·任意球精度 ·短传 ·长传 ·弧线
DRI（盘带）	DEF（防守）	PHY（身体）
·敏捷 ·平衡 ·反应 ·控球 ·盘带 ·沉着	·拦截 ·头球精度 ·防守意识 ·抢断 ·滑铲	·弹跳 ·耐力 ·力量 ·积极性

图 6　FIFA 球员能力指标体系

- 在球队层面，借助网络科学理论，可以将球员之间的踢球风格、能力特征及默契程度进行参数量化，为球队的引援和阵容配置提供相应的技术参考。在 FIFA 游戏中，球员之间的默契程度越高，球队整体实力表现越好。FIFA 23 的基本逻辑是需要团队整体在国家、联赛、俱乐部三项指标上相近，球队内同国家、联赛、俱乐部的球员越多，球队的整体默契程度越高，比赛实力越强、表现越好。

2. 秉持长期主义持续投入

人力资本培养和增值是一个长期性、综合性的复杂工程，需要持续地投入，足球俱乐部经营关注在单赛季突出的比赛表现和经营绩效，如获得比赛冠军或者商业收入的大幅提升，但对绝大多数俱乐部而言，长期稳定的持续增长才是经营的核心目标。如果不秉持长期主义持续投入，皇马怎么能在连续 6 年止步欧冠十六强之后创造五年四冠的奇迹。

对足球人才培养而言，更加突出地表现出长周期持续投入、严考核高淘汰率、关注科学系统训练的特点。以足球人才培养的基础性工程青训体系为例，足球青训体系的建设是一个长期的复杂工程，需要俱乐部在选才、培训、竞技、医疗和基础设施等方面长期大量地投入资源。具体的花费取决于青训机构的规模、地理位置、培训水平等因素，高水平的青训机构往往需要投入大量资金才能维持运营。例如，曼城足球俱乐部 2014 年的青训基地基础设施建设投入高达 2 000 万英镑。

考虑到青训机构的运营成本是长期的，难以短时间内收回，这对青训机构资金来源的稳定性和长期发展规划的可靠性提出了更高要求，同时也不可避免地导致严格的考核和较高的淘汰率。为了保证青训机构的长期发展和青年球员的不断成长，现代足球青训体系不断引入虚拟现实、运动追踪、数据分析、人工智能、视频分析等新兴技术，以帮助球员提高技能、加强体能和提高比赛表现力，同时帮助青训机构选拔考核人才和不断优化人才培养方案。

3. 在既定规则下探寻最优解

随着以人工智能为代表的信息技术的快速发展，在追求效率和效益的要求下，似乎人们正在进入一个"最优解"时代，在既定规则下利用人工智能的强大算力进行推导演算，人们越来越追求做任何重要事情时的最优解路径。

以 NBA 篮球的战术为例，随着人工智能等新兴技术在比赛技战术安排方面的应用，NBA 单场比赛中三分球出手的比例从 20 年前的 17% 上涨到 2021 年的 40%，小牛队量化研究总监表示，未来预计三分球出手率将会达到

60% 以上。通过科学系统的训练方法，球队对球员三分球能力的要求也水涨船高，不遵守这种"最优解"战术方案的球员会越来越少。通过对现行规则的科学计算，NBA 整体的战术风格向着最优解的方向不断靠近，可以说即使 NBA 修改了比赛得分规则，依靠发达的信息技术支持，人们也会很快找到并执行新的最优解方案。

"最优解"时代背景下，依照现有的既定规则和客观资源约束，通过探索球队的最佳组合配置和最适应的技战术风格体系，进而获得最好的球队竞技比赛表现，成为各大足球俱乐部经营的基本目标。球队整体战术理念的革新，可以充分发挥每名球员的特长、提高球队整体的竞技实力，最终实现俱乐部整体的人力资本增值。

在足球商业化发达的欧洲，"tiki-taka"战术十分有名。这种战术起源于 20 世纪 70 年代的阿贾克斯队，时任球队主教练的里努斯·米歇尔斯（Rinus Michels）要求球队遵循"整体足球"的战术打法，即每名球员都要全面掌握各种位置的技术。这种帮助阿贾克斯队取得骄人成绩的战术后来被称为"全攻全守"。经过克鲁伊夫、范加尔和里杰卡尔德的传承和创新，这种战术打法在瓜迪奥拉执教下的巴萨俱乐部发扬光大，并直接影响到西班牙国家队的战术理念，帮助西班牙国家队先后斩获欧洲杯和世界杯桂冠。

"tiki-taka"战术强调通过大量的短传和控球来控制比赛节奏，从而打破竞争对手的防线并创造机会。该战术要求球队作为一个整体组织进攻或防守，进攻时以 3 ~ 5 人形成一个以一脚传球为主的区域，通过区域的压迫和转化实现整体的流畅运转和机会创造。这种通过球员之间动态网络组合的整体性踢法改变了以往强调以身体对抗为主的技战术理念，使不少个子小、速度快、身法灵的"小快灵球员"成为该体系下的宠儿。

通过 tiki-taka 战术，巴萨俱乐部找到了适合自身的最优战术风格，并依照此体系的要求以梅西为核心，获得了巨大成功。从球队内部来看，球队内部不同的球员配置可能会产生不同的化学反应。从外部来看，球队面对更强或更弱的球队，往往需要构建不同的心态。面对较弱队时，为增强球队的凝聚力，要更注重球队构成的同质性，形成互动、建立信任、提升默契，从而保持心态，即"稳"；反之，面对较强队时，则可能更强调激进心态，注重球队构成的异质性，创新进攻打法，即"争"。

　　未来随着人工智能技术的进步及其和足球数据分析的充分融合，通过对比赛实时情况的数据分析，人工智能可以根据场上比赛的动态网络分析为教练提供更准确的赛事分析和战术建议，从而进一步提升球队的比赛表现。这种在"最优解"时代通过数据分析不断创新球队网络结构的动态组合，找到最适应的战术打法，不仅可以改变以往战术体系下单个球员的劣势，也可以提升球队整体的比赛表现，进而通过提高转播收入、商业赞助收入、球员转会收入等实现球队整体人力资本增值的目标。

五、总结与展望

　　本研究揭示了人力资本加速流动的趋势，并选取了商业化程度较高、人员流动率较高的足球界作为研究对象。在研究过程中，足球俱乐部"选育用流"的人力资本经营逻辑，以及其估值和增值的具体实践，带来了如下启发。

- 第一，在行业基础设施建设方面，应结合行业的具体特点，不断完善行业的基础经营机制，方便在人才的流动中提供科学准确的人力资本价值参考。从足球界的人力资本经营实践中，不难发现个体的人力资本价值的发现有赖于交易环节，球员的交易价格也是对球员自身和球队整体估值的修正。通过长期的经营实践与优化迭代，目前足球界已经建立起实用的人力资本量化模型，而在企业界，目前企业对人才流动过程中的人力资本衡量主要依靠背调和前雇主介绍函。借鉴足球界的经营经验，未来可以通过专业人员的注册审核机制，对从业人员的能力和素质进行科学准确的量化；通过完善的信息公开机制，方便雇佣方和客户了解从业人员的真实经历与业绩；通过科学的声望评价机制，在约束现有从业人员的道德行为和工作表现的同时，为未来人才的流动和交易提供准确的参考信息。

- 第二，在人力资本估值实践方面，对处于数字化、数智化发展浪潮中的企业而言，应主动适应"选用育流"的人力资本经营逻辑的新要求。结合行业特点、业务特点、岗位特点，依据企业在经营实践中得到的数据不断推进人力资本量化建设，打开影响人力资本价值的黑箱，找到决定员工人力资本的关键因素和价值决定逻辑。通过量化员工的能力素质，进行主动经营管理，助力企业实现人力资本增值。
- 第三，在人力资本增值实践方面，企业需要在员工个体层面和组织整体层面，划分规划路径。在员工个体层面，可以结合个体禀赋特征及各细分指标的估值结果，通过精准培训和实训提升员工个体能力。在组织整体层面，团队内部的人与人之间、人与既定战术安排下的角色要求之间、流程上下游协作之间等，运用"默契值""网络密度"等相关工具方法可能对整体人力资本提升会有帮助。

参考文献

［1］任秋爽 . 东北地区人力资本结构演进对区域经济增长的影响效应研究［D］. 长春：东北师范大学，2022.

［2］许冰，胡俊 . 数字金融发展与人力资本提升——基于中国地级城市层面的经验证据［J］. 技术经济与管理研究，2022（12）：81-87.

［3］朱舟 . 人力资本投资的成本收益分析［M］. 上海：上海财经大学出版社，1999.

［4］高向东 . 中国流动人口省际迁移距离及变化［J］. 人口研究，2018，42（06）：25-34.

［5］周皓 . 中国人口流动模式的稳定性及启示——基于第七次全国人口普查公报数据的思考［J］. 中国人口科学，2021（03）：28-41，126-127.

［6］张琛，丁湘宁 . 职业足球俱乐部资本结构与经营绩效关系的实证研究［C］// 中国体育科学学会 . 第十二届全国体育科学大会论文摘要汇编——墙报交流（体育产业分会）. 河北体育学院，2022：265-267.

［7］T. KIRSCHSTEIN, STEFFEN LIEBSCHER. Assessing the market values of soccer players–a robust analysis of data from German 1. and 2. Bundesliga［J］. Journal of Applied Statistics，2019，46（7）：1336-1349.

［8］PRABHNOOR SINGH, PUNEET SINGH LAMBA. Influence of crowdsourcing, popularity and previous year statistics in market value estimation of football players［J］．Journal of Discrete Mathematical Sciences and Cryptography，2019，22（2）：113-126．

［9］廖彬，王志宁，李敏，等．融合 XGBoost 与 SHAP 模型的足球运动员身价预测及特征分析方法［J］．计算机科学，2022，49（12）：195-204．